KB241437

3년 후, 세계는 그리고 한국은

3년 후, 세계는 그리고 한국은

공병호의 미래글로벌 키워드 **13**

# 3년 후, 세계는 그리고 한국은

공병호 지음

21세기북스
www.book21.com

# '무엇을' '어떻게' 해야 하는가

'글로벌 환경변화와 미래준비', 이것은 지난 5월 말 국제교역 및 통상 업무를 담당하는 국내의 대표적인 기관에서 행한 강연 주제였다. 다루기 어려운 주제라서 몇 번을 고사하다가 용기를 내어 맡았던 강연이었다. 그런데 많은 시간을 들여 강의록을 준비하다보니, 강의록 자체가 정해진 청중들을 대상으로 강연용으로만 사용하기엔 좀 아쉽다는 생각이 들었다. 자연스럽게, 빠른 시일 내에 이 주제로 책을 한번 써봐야겠다는 생각을 하게 되었다. 한 권의 책으로 묶어내기 위해서는 당연히 추가적인 공부가 필요하고 그것을 통해서 나름대로 '환경변화와 미래준비'에 대한 생각을 좀 더 체계적으로 정리해보면 좋겠다는 판단이 선 것이다.

물론 평소에 내가 가져왔던 미래에 대한 가정, 판단, 직관 그리고 통찰력이 어느 정도 올바른지 그리고 어떤 부분이 잘못된 것인지에 대해서도 찬찬히 살펴보고 싶은 욕심 또한 있었다. 그런 질문들을 하나하나 해결하는 과정에서 미래를 준비하는 방법에 대한 구체적인 지식이 쌓이는 효과를 거둘 수 있을 것임은 분명하였다. 그러나 무엇보다도 집필의 출발점은 세상에 대한 개인적인 호기심이었다.

이 책을 쓰기 시작할 즈음부터 마무리할 때까지 주변 세상은 온통 불확실성으로 가득 차 있는 듯하다. 미국의 금융위기와 깊은 불황의 조짐, 세계 금융시장의 불안, 여진이 계속되고 있는 서브프라임 위기, 몇몇 대형 투자은행의 부도, 신흥국가들의 경제성장률 침체, 미국의 금융자본주의에 대한 가혹한 비판 등 좋지 않은 소식이 하루가 멀다 하고 전해지고 있다. 어디 그뿐인가? 경상수지 적자 누적 그리고 날로 침체되고 있는 국내 경제는 미래에 대한 확신을 흔들리게 하는 데 크게 일조하고 있다. 분명 미래에 대한 낙관보다는 비관이 주를 이루는 시대 상황이다. 이러한 때, 우리에게 어떤 미래가 펼쳐질 것인가, 그리고 나와 우리, 즉 개인·조직·단체·국가는 어떻게 미래를 준비해야 할 것인가라는 질문에 대한 해답을 찾아보고 싶은 호기심이 생기는 것은 당연한 일이다.

사실상 미래는 어느 날 갑자기 다가오는 것이 아니다. 이미 우리들 곁에 슬그머니 다가와 저 혼자 진행 중이다. 때문에 미디어는 온통 변화, 변화 그리고 변화를 소리 높여 외치지만 실상 세상은 생각하는 것만큼 그렇게 획획 변하지 않는다. 변화의 특성을 급변이 아닌 진화라는 관점에서 이해하면 우리는 얼마든지 현재로부터 미래의 모습을 유추해낼 수 있다. 현재의 연장선상에서 미래 전망과 준비가 충분히 가능하다. 다만 복잡한 현상 속에서 일시적인 유행이 아닌 지속적인 영향력을 발휘할 수 있는 굵직굵 직한 현상이나 트렌드를 파악하는 일은 아무래도 주관적인 판단이 따를 수밖에 없다고 본다. 어떤 현상을 취할 것인가 그리고 또 어떤 현상을 버 릴 것인가는 미래를 전망하는 사람들이 가진 경험과 판단 그리고 지식이 큰 역할을 할 수밖에 없을 것이다.

이에 필자는 현재 일어나는 복잡한 현상들 가운데 단기적인 유행으로 끝나는 것이 아니라 미래에 지속적으로 영향을 미치게 될 주요 현상 혹은 트렌드를 13가지로 선택 분류해보았다. 그리고 각 현상들의 현재 진행모 습을 개관하고, 미래의 전개방향을 예측하며, 향후 대응방식을 고민해보 았다. 전체 13장은 각기 이러한 세 가지 부분으로 정리되었다. 여기서 미 래 전개방향은 3년 그리고 그 전후를 기준점으로 가정하였다. 물론 이 책 에서 소개된 주요 현상의 효과가 그 기간에만 국한된다는 말은 아니다. 하 지만 앞을 내다보는 사람의 입장에선 전망의 시간대를 가정하는 것이 올 바른 자세일 것이다.

사족이긴 하지만, 20세기가 낳은 걸출한 사학자 폴 존슨Paul Johnson의 말을 인용하고 싶다. "책을 쓰는 일은 어떤 주제를 체계적으로, 의도를 갖고 확실히 공부하는 유일한 방법이다"라는 것이다. 책을 쓰는 사람들은 저마다 다양한 이유가 있다. 어떤 사람은 명성을 구할 것이고, 어떤 사람은 경제적 이익을 원할 것이며, 또 어떤 사람은 사회적 영향력을 원할 것이다. 누군가 필자에게 "미래 관련 많은 책이 이미 서점가에 선을 보이고 있는데 굳이 또 하나의 미래 전망 책을 쓰게 된 중요한 이유가 무엇인가?"라고 묻는다면 나는 이렇게 답할 것이다. 그 어떤 이유보다 개인적으로 이것이 내겐 너무도 궁금한 주제이기 때문이라고.

그렇다. 우선은 나 자신이 미래에 대해서 더 알고 싶었기 때문이고, 또한 다른 사람의 의견이 아닌 나의 의견을 갖고 싶었기 때문이다. 폴 존슨의 지적처럼 자신의 의견을 확실하게 세우는 데는 책을 쓰는 일만큼 좋은 방법도 드물기 때문이다. 독자 여러분께서는 책을 읽어나가는 중에 부족한 점이나 의견이 다른 점을 만나더라도 크게 나무라지 마시고 저자의 학습노트를 읽는 기분으로 읽어주기 바란다. 아무튼 이 책이 여러분의 삶과 미래 준비에 도움이 될 수 있기를 바란다.

# | 차례 |

# 1부

# 글로벌환경,
## 기회에 주목하고
## 생존에 도전하라

# 1장 글로벌유동성, 다이어트는 계속된다

앞으로 2~3년, 세계경제는 마치 금방이라도 터질 듯 공기로 가득 찼던 풍선에서 서서히 바람이 빠지는 상황이 전개될 것이다. 자산가격 상승을 주도했던 풍성한 글로벌유동성의 회수 작업이 추진될 전망이다. 결과적으로 자금 회수가 이루어지면서 자산가격은 서서히 정상가격을 찾아갈 것이다. 이런 과정에서 경제주체들은 정도 차이는 있지만 경기침체, 자산가격 하락 그리고 급속한 소비위축으로 인한 고통을 감내해야 할 것이다. 물론 자본유출에 따라서 예기치 않은 위기 상황을 맞는 국가들도 등장할 가능성이 높다.

## 현상 끝이 안 보이는 금융위기, 그 정체는?

자산가격이란 일단 상승 국면에 들어가면 마치 닿을 천장이 없는 것처럼 상승세를 타게 된다. '앞으로도 더 오를 것이다' 라는 낙관론이 굳건히 자리를 잡게 되면서 대다수 사람들은 별다른 고민이나 의심을 하지 않고 이런 의견에 베팅을 하게 된다. 하지만 언젠가 자산가격 상승이 이미 정점에 도달했다는 생각을 공유하기 시작하는 사람들이 한두 명씩 늘어나게 된다. 이들은 처음엔 소수이지만 나중에는 공론화가 되면서 대다수 사람들이 너도 나도 먼저 자산을 팔고 시장을 서둘러 떠나려 한다. 그리하여 사려는 사람은 없어지고 팔려는 사람들이 시장을 메우게 되면 언제 낙관적인 전망이 있었을까 싶을 정도로 자산가격은 폭락이라 불러도 손색이 없을 정도로 뚝 떨어진다. 거품이 파열음을 내면서 한꺼번에 터지는 경우를 두고 하는 말이다. 여기에다 주택가격 하락과 금융상품 및 금융기관 사이의 밀접한 연계성 때문에 연쇄적인 자산 부실화와 금융 부실화가 진행된다. 즉, 한곳에서 발생한 부실은 주변으로 끊임없이 번져나가는 특성을 지니고 있다.

예를 들어 자산가격 상승의 대표주자 가운데 하나인 주택가격을 보자. 미국발 서브프라임모기지(비우량 주택담보대출) 사태가 본격화되기 전인 2007년 연초까지 선진국 주택가격은 끊임없이 올랐다. 그리고 많은 사람들이 계속해서 오를 것으로 예상했다. 영국의 경제주간지 『이코노미스트』가 조사한 바에 따르면 1997~2006년, 10년 기간에 주요 선진국의 주택가격 상승은 놀라울 정도였다. 아일랜드는 253%, 영국 192%, 스페인 173%, 프랑스 172%, 호주 132%, 덴마크 115% 그리고 미국 100% 등의 순서로, 오른 폭에는 나라마다 다소 차이가 있지만, '급등'이라는 말을 적용해도 무리는 아니었다.

하지만 장밋빛이 악몽으로 바뀌는 데 시간은 얼마 걸리지 않았다. 2006년 12월 이후 불과 1년도 채 되지 않은 시점에서 미국만 하더라도 주택가격은 평균 20% 이상 급락하고 말았다. 자산가격의 하락 속도만으로 보면 이는 1929년 대공황 때보다 더욱 빠른 속도라고 할 수 있다. 또한 하락세가 여기서 멈출 가능성은 없다. 주택시장의 앞날을 암울하게 내다보는 전문가 가운데 한 사람인 예일대의 로버트 실러 교수는 미국의 경우만 놓고 보면 최소 30% 이상 추가적인 하락이 일어날 뿐만 아니라 2012년까지 하락세가 지속될 것이라는 비관적인 전망을 내놓기까지 한다. 그의 전망이 맞아떨어지게 될지 어떨지 두고 봐야 하지만 앞으로도 추가적인 하락을 예상

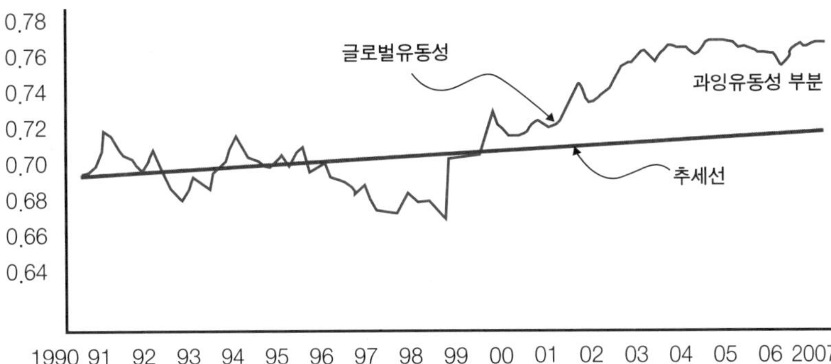


출처: 권순우 · 전영재 외 3인, 「글로벌 금융불안과 세계경제」, 삼성경제연구소, 2008, p.17

해볼 수 있는 데는 그럴 만한 이유가 있다. 그 동안 자산가격 상승에는 장기간 지속되어온 막대한 신용팽창이 결정적인 역할을 해왔기 때문이다.

2000년 버블붕괴에 뒤이어서 국제 금융시장에는 유동성이 큰 폭으로 증가했다. 삼성경제연구소가 발표한 '글로벌 과잉 유동성 추이'라는 자료를 참조하면, 1990년부터 2007년까지 미국과 일본 그리고 유로권에서 경상 GDP(국내총생산)에서 차지하는 광의통화(M2, 현금통화 및 결제성 예금 그리고 2년 미만의 정기 예금적금 등을 포함한 넓은 의미의 통화) 비중을 살펴보았을 때 위 그림에서 확인할 수 있듯이 장기추세선을 크게 벗어나 있음을 알 수 있다. 글로벌유동성의 정도는 글로벌유동성과 추세치 사이의 차이로 측정할 수 있다. 글로벌 과잉유동성을 나타내는 유동성지표(M2/경상GDP)는 2001년 0.71에서 2004년 0.76, 2006년 0.75 그리고 2007년 0.76으로 증가추세에 있다. 이 자료를 참조하더라도 전 세계적으로 통화량팽창이 빠른 속도로 그리고 큰 폭으로 증가해왔음을 확인할 수 있다.

　　그러나 이는 글로벌유동성의 작은 단면을 나타내는 자료일 뿐이다. 중앙은행에서 공급되는 본원통화(M1)보다 범위를 확대한 M2는 시중유동성을 포함하는 대표적인 지표 가운데 하나지만 다양한 금융기법을 이용한 신용팽창의 실상을 제대로 반영하지 못하고 있다. 근래 금융시장의 특징으로는, 과거에는 예상할 수 없을 정도로 다양하고 새로워진 금융기법들이 활성화되면서 만들어낸 신용팽창을 들 수 있다. 뿐만 아니라 신용팽창의 또 다른 요인은 차입금을 적극적으로 활용하여 고수익을 추구해온 사모펀드private equity fund나 헤지펀드hedge fund의 활성화를 들 수 있다. 각각 2조 달러와 1조 5천억 달러(2007년 기준)에 달하는 것으로 추정되는 사모펀드와 헤지펀드는 자체 투자금을 담보로 외부 차입금을 적극적으로 끌어들여 수익을 추구하는 과정에서 막대한 신용을 창조하게 된다.

　　한편 미국 내에 주택가격 하락과 대출금리 상승으로 연체율이 급등하면서 본격화된 서브프라임모기지 사태 이후에 주요 금융기관들의 총 부실규모액이 계속해서 늘어나고 있다. 이러한 현상이 일어난 중요한 이유 가운데 하나는 급속한 신용 재창조의 과정 속에서 어느 기관도 부실규모를 정확하게 측정할 수 없었기 때문이다. 서브프라임 사태의 위험이 본격화되던 2007년 10월과 11월 국제통화기금(IMF)과 경제협력기구(OECD)는 각각 주요 기관별 서브프라임모기지 관련 손실 추정액을 기껏해야 2,000억 달러에서 3,000억 달러 정도로 추산한 바 있다. 다시 말하면 금융상품간 연계성과 금융기관간 연계성을 과도하게 추정하였기 때문에 큰 문제가 없는 것으로 낙관했다. 그러나 시간이 지나면서 점점 그 규모가 늘어났고 2008년 3월에 UBS는 6천억 달러까지 그 규모를 늘려잡게 되었다. 최근에 투자가 조지 소로스는 그 손실규모가 1조억 달러를 넘어설 수 있다고 경고하고 있으며, 많은 기관들이 손실규모가 1조 달러는 넘어설 것이라는 데 동의하고 있다. 이처럼 손실규모가 천정부지로 오르는 원인은 무엇일까?

신용팽창의 실상에 대해서 『화폐전쟁』의 저자인 쑹훙빙은 구체적인 수치를 들어서 통화량팽창과 신용팽창 사이의 연결고리를 설명하고 있다. 그는 신용팽창의 구체적인 사례로 서브프라임을 들어서 설명하는데, 서브프라임은 대표적으로 방대한 역피라미드형의 구조를 갖고 있다. 역피라미드를 상상해보라. 가장 밑에 중앙은행이 발행한 달러라는 종이돈이 있고 그 위에 다양한 금융기법으로 쌓아올린 신용팽창이 자리를 잡고 있다.

맨 아래에 있는 종이돈으로 이루어지는 대출 규모는 4,000~5,000억 달러 정도이다. 서브프라임 위기가 시작되었을 때 부실규모는 대부분 이 정도의 액수에만 초점을 맞추었다. 하지만 대출 위에 7,500억 달러 규모의 CDO(Collateralized Debt Obligation, 자산담보부증권 : 모기지 저당증권 등 위험정도가 다른 여러 채권을 담보로 발행한 합성 증권, 즉 파생금융상품)가 있고 그 위에 50조 달러 CDS(Credit Default Swap, 신용파산스와프 : 기업 파산 위험 자체를 사고팔 수 있도록 만든 파생상품, 부도위험만 따로 떼어내서 매매할 수 있도록 했기 때문에 채권자가 부도에 따른 원금 손실을 피할 수 있는 상품)가 있다(2007년 12월 말을 기준으로 하면 CDS 시장 규모는 58조 달러에 육박하는 것으로 추정됨 – 편집자 주). 그런데 문제는 여기에 그치지 않는다. 저자는 이번 서브프라임모기지 위기의 실체에 대해 다음과 같이 경고하고 있다.

CDS 위에는 다시 합성 CDS, MBS(Mortgage Backed Securities, 모기지저당증권 : 부동산대출 채권을 담보로 발행하는 증권으로 이 가운데 주택대출채권을 담보로 발행한 것을 RMBS[Residential Mortgage Backed Securies, 주택저당증권]이라고 함), CDO, 합성 CDO 등이 함께 상업은행에 담보로 들어가 5~15배의 고배율 레버리지로 새로운

'가짜돈'이 지탱하는 유동성을 받쳐준다. 이 위험한 역피라미드가 기울거나 흔들리기라도 하면 파생금융상품시장에서 가장 규모가 큰 100조 달러의 금리 스와프 시장이 심각한 내부 폭발을 일으킨다.[1]

최근 미국 금융시스템 신용팽창의 주범은 최신 기법인 증권화를 바탕으로 일을 벌여왔다. 증권화는 대출에 대해서 이자를 갚아야 하는 권리를 자본시장에서 사고팔 수 있는 거래 대상으로 만드는 것을 말한다. 즉, 미래의 캐시플로를 만들어 낼 수 있는 자산이라면 주택대출이나 자동차 캐피탈이든 학생대출이든 증권화의 대상이 될 수 있다. 예를 들어, 여러 채무자의 대출을 묶어서 여기서 발생하는 이자 수입을 담보로 새로운 증권을 발행해 판매한다. 여기서 새로운 신용이 만들어지고 이와 같은 일들이 2차, 3차 파생상품의 등장을 가능하게 함으로써 신용팽창이 크게 일어나게 된다.

이때 은행은 대출만 해주면 된다. 사후에 부실이 발생하더라도 증권화로 인하여 증권을 소유한 투자자들이 책임지면 그만일 뿐이다. 결과적으로 채무 상환 능력이 떨어지는 사람들에게까지 은행 대출이 대폭 늘어날 수밖에 없는 구조적인 상황이 만들어지게 된 셈이다. 결과적으로 은행은 CDO라는 신종 금융 수단을 이용해서 차입자의 채무불이행 위험을 은행이 부담하지 않고 대신 시장에 떠넘길 수 있게 되었다.

이 과정을 조금 더 자세히 살펴보면, 먼저 예금은행들은 저소득층 주택 구입자들에게 서브프라임 대출을 제공하고 받은 저당채권(주택담보대출채권)을 시장에 매각한다. 이를 주택저당전문회사들이 사들여서 모은 뒤 이를 담보로 주택저당증권(RMBS)을 발행한다. 이번에는 투자은행이 주택저당증권들을 사들이고 그 속에 편입되어 있는 저당채권들을 합치고 재분류하여 소위 CDO라는 또 다른 파생금융상품을 만든다. 투자은행들은 CDO에 편입된 주택담보대출채권들을 편입 자산에서 나오는 현금 수입의 배분 우선순위에 따라 재구성하여 외국은행 등 기관투자가와 헤지펀드 등의 투자를 받게 된다.

이례적으로 급증한 통화량 공급 위에 다양한 금융기법을 낳게 되는 새로운 신용팽창은 시중에 턱없이 많은 유동성 증가를 가져옴으로써 자산가격을 폭등시키고, 투자자나 소비자 모두를 일종의 화폐착시 현상에 빠져들게 함으로써 자신의 실력 이상으로 투자하고 소비하도록 유도해왔다. 이런 현상은 결코 장기적으로 지탱될 수 없다. '이제 정점에 왔다'고 생각하는 사람들이 주택을 서둘러 매물로 내놓기 시작하고 고금리 정책으로의 선회는 원래 원금과 이자를 제대로 갚을 만한 여력을 갖지 못한 사람들로 하여금 서둘러 주택을 매물로 내놓게 했다. 뿐만 아니라 대출 부실 때문에 고민에 빠진 금융기관들 역시 주택담보대출에 소극적일 수밖에 없다. 결과적으로 집을 사려는 사람도 드물지만 구입할 의도를 갖고 있는 사람이라고 해도 대출을 받아서 주택을 구입하기 힘들게 되었다. 팔려고 하는 사람은 대폭 늘어나고 사려는 사람은 현저히 줄어들면 결과는 가격하락이나 폭락으로 연결된다. 여기에다 주택을 구입하려는 사람들은 추가적인 주택가격 하락을 예상하고 기다리게 된다. 더더욱 사려는 사람이 줄어드는 것을 뜻한다. 지금 주택시장에서 일어나고 있는 상황이 바로 이렇다. 때문에 이런 부분이 정리되어가는 과정에서 상당한 고통이 뒤따를 것으로 보인다. 앞으로 2~3년이 바로 그런 시기에 해당할 것이다.

신용팽창이 가져오는 자산가격의 급등이 2000년 이후 글로벌경제의 가장 큰 특징이었다고 할 수 있다. 이런 현상은 국제금융시장을 넘어서 실물

시장에도 정말 대단한 영향을 끼치게 된다. 풍부한 유동성은 선진국 시장뿐만 아니라 이머징마켓으로 유입되어 자산가격 상승과 동시에 이머징마켓의 성장을 견인하는 데 큰 도움을 주게 된다. 거의 전 세계의 주요 도시들이 주택가격 상승에 풍부한 국제 유동성이 어떤 영향을 끼쳤는지를 예상하는 일은 어렵지 않다. 뿐만 아니라 이 책의 다른 장에서 언급하겠지만, 원유나 철강 및 비철금속 시장 그리고 농산물 시장에 이르기까지 거의 모든 상품시장에서는 가격 급등 현상이 일어나게 된다. 한마디로 자산시장과 상품시장에 엄청난 자금이 공급되었고 이로 인하여 자산 인플레이션 현상이 전개되었다. 그러나 서브프라임모기지 사태로 촉발된 서브프라임 위기는 거품의 파열이 자산시장과 상품시장 그리고 실물시장에 연쇄적으로 영향을 미칠 수 있음을 보여주고 있다.

초기에 예상한 것보다 서브프라임모기지 사태로 인한 손실액이 계속적으로 늘어나고 있음을 고려하면 서브프라임모기지 사태로 시작된 금융위기가 실물경제에까지 미칠 타격이 훨씬 깊고 장기화될 수 있음을 짐작하는 일은 어렵지 않다. 이미 미국경제는 현재 당초 예상한 2% 성장은 고사하고 최악의 경우에는 0% 성장률이나 마이너스 성장률도 예상되고 있는 시점이다. 뿐만 아니라 유럽 국가들과 일본 또한 경기침체의 중심에 서게 되었다. 선진국의 수요 증가에 의존할 수밖에 없는 신흥국가들의 성장률 역시 둔화될 수밖에 없다. 세계 모든 국가들이 불황의 도미노에 빠져 있다고 할 수 있다. 방만한 통화팽창으로 즐길 수 있었던 축제 기간이 길었던 것과 마찬가지로 각국의 경제주체들이 지불해야 하는 비용 역시 앞으로 만만치 않게 커질 것이다.

신용팽창이 축소되어가는 고통스런 과정을 지금 경제주체들이 지불하고 있는 셈이다. 그러나 경기침체 때문에 시중에 풀린 돈을 생각만큼 단기간 내에 회수할 수는 없다. 오히려 금융위기의 진화 과정에서 신뢰 부족으로 인한 신용경색 문제가 불거지면서 세계 각국의 중앙은행은 금리를 낮추고 통화공급을 증가시키고 있다. 당분간 정책금리를 올릴 수 있을 정도로 강공 대응을 할 수 없기 때문에 이미 시중에 풀린 통화량은 단기부동자금으로 새로운 투자 기회를 찾아서 대기 상태에 있다. 그러나 이런 자금은 시장의 불확실성이 어느 정도 가시기 시작하면 얼마든지 새로운 투자처를 향해서 달려갈 수 있는 그런 자금들이 대부분을 차지하고 있다.

## 전망 경기침체, 돈이 없으면 아무것도 없다

일찍이 유럽의 탁월한 투자가로 꼽혔던 앙드레 코스톨라니는 투자에 대해 많은 조언을 남기기도 했다. 그는 투자자들이 유념해야 할 많은 변수 가운데 시중에 풀린 통화량이야말로 주식가격(자산가격)을 결정하는 데 매우 중요한 요인임을 이렇게 설파한 적이 있다.

투자가들의 투자 결정에 가장 중요한 역할을 하는 것은 유동성이다. 대중 심리는 변덕스럽기 때문이다. 대중 심리는 한 순간에 한쪽 극에서 다른 쪽 극으로 바뀔 수 있다. 하지만 유동성 변화는 장기적으로는 아니지만 최소한 단기적으로는 추적할 수 있다. 중앙은행의 결정, 큰 은행들의 대출 정책 등에서 향후 예측을 가능하게 하는 실마리를 찾을 수 있다. 유동성이 없으면 증권시장은 상승하지 않는다. 옛 헝가리에서 집시 음악가들

이 하던 말처럼, '돈이 없으면 음악도 없다!' 돈이 곧 음악이고 주식시장의 연료다.[2]

'돈이 없으면 음악도 없다'는 코스톨라니의 조언은 옛날이나 지금이나 여전히 진리로 통한다. 증권시장뿐만 아니라 다른 자산시장과 실물시장 모두에 통화량의 향배, 즉 넓은 의미에서 신용시장의 향배가 경제상황을 결정하는 데 매우 중요한 역할을 차지하게 된다. 앞으로 세계경제의 앞날을 전망해보기를 원하는 사람이라면 글로벌유동성의 축소가 가져올 수 있는 변화를 예의주시할 수 있어야 한다. 그것은 아마도 '경기침체'라는 한 단어로 특징지을 수 있을 것이다. 글로벌유동성의 축소가 모든 경제주체에 영향을 미치게 될 것으로 보인다. 물론 그 강도와 지속성은 상황 변화에 따라 여전히 유동적이긴 하지만 전반적인 침체 상황이 당분간 지속될 수밖에 없을 것으로 보인다. 우선 설득력 있는 논리를 펼치는 한 이코노미스트의 경기 전망에 대한 의견을 들어보자.

이번 글로벌 경기둔화기는 크게 두 가지 특징을 보일 것으로 전망한다. 첫째, 경기둔화의 정도는 과거의 경기침체기에 비해 상대적으로 완만할 것이다. 이는 2002년 이후 시작된 경기 확장기에 금융 부문에 상대적으로 거품이 많이 끼었던 반면, 기업 부문의 펀더멘털은 과거와 달리 상당히 건전하기 때문이다. 따라서 금융 부문의 거품이 꺼지면서 느끼게 되는 고통은 과거보다 클 수 있겠지만 실물 부문으로의 전이는 상대적으로 완만하게 진행될 것으로 보인다.

둘째, 경기가 본격 회복되기까지의 기간은 과거보다 장기화될 가능성이 크다. 무엇보다 실물경기가 본격적으로 타격을 받기 시작한 시기 자체가 얼마 되지 않았다. 지난 2006년 중반에 시작된 미국 부동산 거품 붕괴와 서브프라임 부실 문제가 미국 실물경제에 영향을 주기까지 거의 1년 이상이 소요되었다. 또 이와 같은 미국의 경제 문제가 이웃 국가들에 영향을 주게 된 것은 그로부터 다시 6개월 이상이 지난 올 2분기쯤부터였다. 미국 이외의 국가들이 느끼게 되는 실물경제의 고통은 이제 막 시작된 것이라 해도 과언이 아니다. 한편, 과거와 달리 세계경기의 거품이 일거에 없어질 수 있는 계기가 기대되지 않는다는 점도 악재라면 악재다.[3]

물론 경기침체가 어느 정도 지속될 것인가, 그리고 그 침체 여파가 얼마나 심할 것인가에 대해서 경제학자들마다 다소 의견을 달리하는 경우는 있다. 하지만 대다수는 앞으로 1년 정도의 짧은 기간 동안의 경기침체를 겪은 다음에 급속히 경기가 회복되는 V자 모습의 경기전망, 즉 경기침체와 회복의 급반등 같은 상황이 일어나게 될 가능성은 그다지 높지 않다고 밝히고 있다. 다수의 경제학자들은 '침체 후 단기 반등을 기대해선 안 된다'는 점을 분명히 한다.

미국 및 세계경제에 대해서 정평 있는 전망을 제시해온 프레드 버그스텐 피터슨 국제경제연구소 소장은 "인플레이션이 장기화될 가능성이 높기 때문에 선진국들은 물가안정을 위해 강력한 긴축을 시도해야 한다"고 주장하면서 "그 결과로 글로벌경제는 스태그플레이션 증상이 여러 곳에서 나타나기 시작하고 있으며, 앞으로 좀 더 심화되다가 2010년쯤에는 심각한 불황으로 이어질 것이다"라는 견해를 제시하기도 한다. 그는 2008년 연초를 기준으로 최소 3년 이상 장기화될 수 있는 깊은 경기침체를 내다

본다. 영국 런던정경대의 찰스 굿하트 교수 역시 "영국은 불황의 중심에 진입하기 시작했으며 불황을 통해서만이 물가안정을 기대할 수 있다는 것이 유럽 시각이다"라고 말한다. 그의 이야기는 단기적인 부양책을 동원하는 일은 바람직하지 않을 뿐더러 시도해서도 안 된다는 지적으로 이해할 수 있다. 그의 지적은 일정한 기간 동안 경기 침체를 경험하면서 거품을 조정하는 과정의 불가피성을 지적하고 있다. 한편 우리나라에서 거시경제에 정통한 박영철 고려대 석좌교수는 "인플레이션을 막기 위해서는 2~3년간의 경기 침체에 따르는 고통이 불가피할 것이다"라는 지적으로 위의 두 사람의 견해에 동의하고 있다.[4]

모든 경제는 나름의 리듬을 타기 마련이다. 굴곡이 있다는 이야기다. 아무리 골이 깊더라도 회복 국면의 계기가 만들어지면 자본은 얼마든지 다시 시장으로 되돌아오게 된다. 그런 점에서 미래를 그렇게 지나치게 비관적으로 볼 필요는 없다. 다만 지난 8년 동안의 신용팽창이 가져온 자산가격 상승이 조정되는 과정에서 경제주체들이 고통스러운 조정 과정을 경험하게 될 것은 분명하다. 지난 8년 동안 동아시아 경제만 하더라도 미국과의 교역에서 얻은 무역 흑자액수인 2조 5천억 달러 정도의 외환보유고를 누적할 수 있었는데 이 중 대부분이 국내 유동성 증가로 연결되었다. 박영철 교수는 유럽 중앙은행의 추정치를 근거로 하여 미국을 비롯한 일본, 유로지역, 영국 그리고 캐나다 등의 총 유동성 증가율은 2000년 이후 매년 10%가 넘게 증가해왔다고 밝혔다. 물론 신흥시장의 통화증가율은 이보다 훨씬 가팔랐음은 물론이다. 이를 조정하는 과정이 본격화되는 것이 앞으로 2~3년간 거시경제의 중요한 현상 가운데 하나일 것이다.

이제 향후 2~3년에 걸쳐서 마치 바람이 빵빵하게 든 풍선의 바람이 서서히 빠져나가는 과정이 전개된다고 보면 된다. 어느 정도 시간이 걸릴지, 풍선에 바람이 빠지는 동안 얼마나 심각한 경기침체를 경험하게 될지는 나라마다 다르겠지만 세계 각국이 비슷한 경험을 할 수밖에 없다는 것은 명백한 사실이다. 일찍이 오스트리아학파의 대표주자인 경제학자 미제스 교수는 "불황은 상처를 치유해가는 과정이다"라는 말을 남긴 바 있다. 필요 이상의 과도한 돈을 끌어다가 부동산 등을 구입하고 소비를 한 사람들이 다시 정상으로 되돌아가는 데 일정한 시간과 고통이 따른다는 것은 불가피한 사실이다.

세계경제 전체가 경기침체에 빠져드는 상황에서 투자자들은 상대적으로 어느 지역이 그중 바람직한가에 대한 해답을 찾게 될 것이다. 상대적으로 침체가 심한 지역을 피하고 그렇지 않은 지역에 대한 투자를 선호하는 것은 너무나 당연한 일이다. 이런 점에서 보면 미국은 상대적으로 유럽지역이나 일본에 비해서 유리한 환경에 있다고 할 수 있다. 최근에 유로존(유로화 사용지역) 및 일본의 경기침체가 예상보다 심할 것으로 예상됨으로써 달러화에 대한 선호가 늘어나고 있다. 『월스트리트 저널』은, 일부 외환딜러들의 경우 미국경제 펀더멘털을 감안할 때 달러화가 유로화에 비해서 30%가량 싸게 평가되어 있다고 말했다고 전한다. 또한 『월스트리트 저널』은 "달러 움직임은 지난 30여 년간 5~7년 주기로 상승 또는 하락세를 되풀이해왔다. 이번에도 6년 이상의 약세를 거친 이후 상승으로 반전되는 단계이다"라는 의견을 밝힌 바 있다(2008. 8. 25일자).

물론 최근처럼 유가가 하락 안정세를 보이는 경우엔 짧은 기간 동안 경기회복세를 보일 수 있는 그런 가능성도 있다. 하지만 오히려 그런 상황이 벌어지는 경우에는 아직 환수되지 않고 대기 상태에 있는 풍부한 글로벌

유동성이 다시 상품시장과 자본시장에 대거 투입되는 상황이 일어날 것으로 보인다. 그런 상황에서 세계 각국의 중앙은행들은 다시 금리를 인상함으로써 물가를 잡는 데 비중을 두게 될 것이다. 결과적으로 세계 각국의 정책당국들은 현재의 팽창된 신용을 서서히 줄여나가는 일이 순조롭게 진행되는 몇 년간은 고통을 감내하는 그런 기간으로 삼을 것으로 보인다. 우리가 단기적인 경기회복 가능성에 대해서 유보적인 입장을 가질 수 있는 이유는 바로 인플레이션 압력이 여전히 상존하고 있기 때문이다.

한편 세계 중앙은행들은 금융위기로 인한 시장의 신뢰도 하락과 신용경색 문제를 극복하기 위해 금리를 낮추고 정책공조를 통해 통화공급을 증가시키는 정책을 선택하였다. 하지만 중장기적으로는 중앙은행들이 시중에 팽창된 대기성 자금의 문제를 어떻게 해결하느냐가 경제를 정상화시키는 데 중요한 문제가 될 것이다. 때문에 단기적으로 통화를 풀고 금리를 낮추는 방안은 오래가지 않을 것으로 본다. 긴급한 신용경색 문제가 해결되자마자 근본적인 처방책으로 회귀할 것으로 예상한다.

중장기적으로 이번 사태의 해결은 정도正道를 취하는가, 그렇지 않은가에 따라 크게 좌우될 것이다. 이는 팽창된 유동성을 해결하기 위해 긴축을 실시하고 저성장을 감수하면서 금리인상을 통해 자금 회수에 들어가는 일이 시행됨으로써 과대하게 부풀려진 신용팽창을 줄여나가는 일이 어느 정도 성공할 수 있는가에 따라서 그 승패가 결정될 것이다. 고금리를 통한 중앙은행들의 통화 환수뿐만 아니라 자산가격의 재조정 과정에서 부실대출을 안게 되는 금융기관들의 부실 털어내기 과정도 실물경제에 영향을 주게 될 것으로 보인다.

한편 금융기관들의 대출 조정이 실물경제에 미치는 영향을 가늠할 수 있는 사례에 대해, 신현송 프린스턴대학교 교수는 레버리지를 들어서 설명하고 있다. 그는 미국 시중은행의 레버리지는 10 정도이고, 뉴욕 월가 투자은행은 10~25배 정도에 이른다고 말한다. 다시 말하면 총자산 대비 부채의 비중이 10~25배 정도로 높다는 점이다. 그런데 그동안 자산가격이 지속적으로 상승해왔고 상승할 것으로 예상했기 때문에 이에 맞추어서 과다한 대출을 해왔다고 할 수 있다. 간단하게 이야기하면 10 정도의 레버리지를 안고 있는 금융회사라면 1억 달러의 손실이 발생하면 그 10배인 10억 달러의 대출을 줄여야 하는 상황이 발생하게 된다. 거품의 축소는 중앙은행의 고금리를 통한 통화 환수 이외에 자산가격 하락에 따라서 레버리지 비율에 걸맞은 금융기관들의 대출회수와 자산상각 등의 형태로 나타날 것이기 때문에 실물경제에 깊은 주름살을 드리울 수밖에 없다. 신용경색의 강도가 심해지면 안정성이 떨어지는 국가부터 투자 자금을 회수하는 현상이 일어날 것이다. 이런 과정에서 이머징마켓에 속하는 국가들의 신용경색 문제가 당분간 중요한 현안 과제가 될 것으로 보인다. 특히 이머징마켓에 속한 국가들 가운데 자본유출 문제 때문에 곤욕을 치르게 될 국가들이 등장할 가능성은 얼마든지 있다.


## 대응 경제정책, 정도를 걸어야 성공한다


고통의 기간이 길어진다면, 경제주체들은 어떻게 해야 할까? 위기가 끝나면 또 다른 기회가 반드시 온다. 기회는 예상보다 더 빨리 올 수 있다. 시중에 풀려나간 자금은 환수하려는 노력에도 불구하고 상당 부분이 대기성 자금으로 유지될 것이다. 불황이 마무리될 즈음에는 이들 자금이 움직이기 시작하는 분야가 어디가 될지를 예상해볼 필요가 있다. 아무래도 환금성이 높은 분야가 될 것이다. 누구든지 불황의 골이 깊어지면 좋은 날은 영영 오지 않을 것이라고 결론 내리기 쉽다. 그러나 늘 불황은 마무리되었고 그 다음에는 항상 또 다른 좋은 시간이 등장했었다. 이런 점에서 투자가들은 새로운 기회를 주의 깊게 지켜보고 나름의 전망 능력을 갖추어야 한다. 경험으로 미루어보면 다수의 경제학자들은 경기침체를 늘 생활인들보다 본능적으로 좀 더 길게 보는 경향이 있다. 그러니까 그들은 경기 전망에서 늘 보수적인 시각을 제시한다. 아마도 이런 부분은 많이 배운 사람들의 특성이라 할 수 있다. 이런 특성도 자기 나름의 판단을 할 때 생활인들이 고려해야 할 점이다. 다시 말하면 경제학자들의 전망보다 '좀 더 낙관적이고, 공세적이고, 주도적인' 관점을 유지할 필요가 있음을 지적해두고 싶다.

하지만 이번 불황을 치유하는 과정에서 고금리는 불가피함을 받아들여야 한다. 고금리 피해자들은 서브프라임 위기에 직격탄을 맞은 사람들처럼 정도의 차이가 있을지라도 대부분 무리한 대출을 끌어안고 주택을 구입한 사람들일 것이다. 지나치게 무리한 수준으로 이자 지불과 원금 지불을 동시에 수행할 수밖에 없는 사람들이 이번 불황의 큰 피해자일 가능성이 높다. 하지만 이미 갖고 있는 자산을 처분해서 빚을 갚고 부채 조정을 하기에는 시간을 놓친 감이 없지 않다. 특히 자산 구입을 고점에서 행한 사람이라면 손실뿐만 아니라 이자와 원금 부담이 만만치 않을 것이다. 그럼에도 불구하고 경기불황에 대한 나름의 판단을 갖고 적극적인 부채 조정과 지출구조 조정에 임해야 한다. 흔히 적절한 대출 수준으로 통하는

'30-30법칙' 즉 총 대출액은 주택 가격의 30% 이내로, 매달 갚아야 하는 이자 혹은 원리금 부담 총액은 월소득의 30% 이내로 유지할 수 있어야 한다. 이를 넘어서는 사람들이라면 경기침체에 대해서 나름의 정확한 판단을 행할 필요가 있다. 감내하기 힘들다는 판단이 들면 다소의 손실을 감안하더라도 원금을 줄일 수 있는 조치를 취해야 한다.

이번 불황에서도 역시 승자그룹들은 등장하게 될 것이다. 이들은 동원 가능한 현금 자산을 갖고 있는 개인들이나 풍부한 내부유보를 갖고 있는 기업들일 것이다. 의외로 저렴한 가격에 자산이나 기업을 매입할 수 있는 기회들이 오게 된다. 불황이란 평균적으로 어렵다는 것을 뜻할 뿐 늘 승자와 패자는 나누어진다. 환경변화를 예의주시하면서 자신에게 던져진 의미를 파악하고 지나치게 '힘들다'는 전체 분위기에 함몰되지 않도록 노력해야 한다. 되돌아보면 환경 변화가 급변하는 시기에 승자들이 대거 등장했음을 기억할 필요가 있다.

기업들은 불황이 장기화된다면 자신에게 미칠 수 있는 효과를 좀 더 면밀하게 따져볼 필요가 있다. 지나치게 부채 의존도가 높은 기업들의 경우는 불요불급한 자산 매각에 대해서도 신속하게 움직이도록 해야 한다. 경기침체 하에서 유동성 위기를 경험하는 기업들도 나오게 될 것이다. 무리한 대출을 통해서 외형 확장 위주로 달려온 기업들의 경우가 문제가 될 것이다. 그밖에 상품이나 서비스의 경쟁력 상황에 대해서 그리고 불황기의 고객들 선호도 변화에 대해서도 면밀히 분석해야 한다. 가능한 비용 구조를 합리화해서 불요불급한 비용 지출을 줄이는 노력도 게을리해선 안 된다. 불황기라 하더라도 구매력을 가진 사람들은 여전히 중요한 위치를 차지할 수 있다. 이들을 타깃으로 어떻게 수익을 올릴 수 있는지에 대한 방안에 대해 깊은 고민이 있어야 한다. 불황기일수록 한계선상에 있는 사람들 순서로 타격을 더 많이 받게 된다. 하지만 불황이든 호황이든 간에 구매력을 가진 사람들은 늘 존재하기 마련이다. 이들은 자신의 구매력을 크게 줄이지 않을 것이다. 기업들이라면 위기 상황에서 자금 문제가 발생하지 않도록 각별히 유의해야 한다.

그리고 정부는 정석으로 문제 해결을 시도해야 한다. 이런 저런 사람들의 훈수를 듣다 불황의 본질을 정확하게 이해하지 못한 채 어중간한 경기부양책만을 조금씩 남발하다보면 그야말로 불황을 장기화시킬 수 있는 가능성이 있음을 정확하게 이해해야 한다. 이번 불황의 큰 특징이 과도한 신용팽창으로 인한 과도한 자산가격 상승이 조정되는 과정에서 발생하는 불황임을 잊지 말아야 한다. 그래서 정석대로 경제정책을 집행해나가야 한다. 눈앞의 고통을 피하기 위해서 생산성이 낮은 분야에 재정을 동원하는 식의 경기부양 성격의 정책들을 남발하는 것은 현재의 불황을 더욱 더 심화시키고 연장시키는 결과만을 낳게 된다. 경제는 결코 거짓말을 하지 않는 법이다. 경제 원리를 무시하고 축배를 들게 되면 언젠가 그 비용을 지불하게 된다. 그 언젠가가 바로 2008년을 기준으로 향후 2~3년 정도에 해당한다고 본다.

# 2장 석유가격, 더 이상 과거형은 없다

현재의 유가는 예측 가능한 유가상승의 추세선을 벗어난 이례적인 '오버슈팅' 현상이다. 일부 전문가들이 예상하는 배럴당 150달러나 200달러의 시나리오는 장기적으로 그다지 가능성이 높지 않다. 다만 중요한 것은 더 이상 과거와 같은 저유가 시대는 가고 말았다는 사실이다. 고유가 체제를 벗어나려는 산업과 기업의 구조조정으로부터 시작해서 대체에너지 개발 사업 등 고유가 시대는 또 다른 도전의 기회를 제공할 것이다.

## 현상 온갖 생존을 위협하는 유가급등

'60달러에서 130달러를 넘어서', 이 책을 한창 쓰고 있을 시점에 필자가 한 잡지에 기고한 글의 제목이다. 2005년 5월 두바이산 유가는 배럴당 60달러 수준이었다. 그리고 1년이 지난 시점에는 120달러를 훌쩍 넘어 1년 만에 꼭 배 이상 뛰어올랐다. 우리의 시계를 한참 뒤로 돌려보면 정말 기름값이 저렴했던 시절도 있었다. 1996년 1월부터 1999년 8월까지 두바이산 기준으로 보면 평균 유가는 배럴당 10달러에 불과했다. 오랜 기간 거의 정체 상태를 유지하던 기름값은 2003년에 33달러 수준 그리고 2005년에는 61달러 수준에 머물러 있었다. 그러던 것이 서서히 증가 추세를 유지하다 2006년부터 본격적인 상승세를 보이면서 2007년 10월부터 2008년 2월까지는 평균 유가 80달러로 8배나 급등하게 된다. 당시만 하더라도 대다수 전문가들은 이런 급등 현상을 단기적인 사건으로 받아들였다. 그래서 '많이 오른다고 해도 100달러 이상이야 되겠는가' 라고 반문할 정도로 유가급등에 회의적인 시각이 많았다. 100달러는 이른바 '유가상승의 심리적 저항선' 에 해당했다. 하지만 결국 100달러를 넘어서 유가는 계속 고공행진을 하였으며, 현재 100달러 이하로 떨어지기는 했지만 추가적인 불안감은 여전한 실정이다.

그러면 현재 유가는 과거 우리가 경험했던 1974년의 1차 석유위기와 1980년의 2차 석유위기에 비교할 때 어느 정도 수준일까? 삼성경제연구소에 따르면 물가상승률과 석유의존 경제구조를 고려할 때 1차 오일쇼크는 현재 유가를 기준으로 하면 85.1달러 수준이고, 2차 오일쇼크는 151.8달러에 맞먹는다고 한다. 1974년 제4차 중동전쟁으로 시작된 1차 오일쇼크로 인하여 1973년 1월 2.6달러 수준이었던 두바이산 유가는 1년 만에 4.5배 수준인 11.7달러에 도달했다. 또한 1978년 12월 이슬람 혁명에 성공한 이란의 석유 수출 중단으로 시작된 2차 오일쇼크로 인하여 두바이산 석유가격은 1978년 12월 12.7달러에서 1980년 12월 3배인 37달러 수준까지 오르게 되었다. 당시 선진국을 비롯해서 우리나라는 물가급등과 저성장으로 인하여 심각한 고통을 경험했음은 물론이다.

유가를 기준으로 배럴당 80달러는 이미 1차 오일쇼크에 맞먹는 수준으로 유가가 급등했음을 나타내는 지표다. 앞으로 추가적인 석유가격의 인상이 계속될 때 석유를 자급자족할 수 있는 산유국을 제외한 국가들이 경험할 수 있는 심각한 경기침체와 물가급등 현상을 역사적 경험으로부터 추측해볼 수 있다. 예를 들어, 1차 오일쇼크가 발생했을 때 한국은 경제성

표 1 1, 2차 오일쇼크 당시 OECD 성장률과 물가상승률

단위: %

| 년도 | 1차 석유위기(1973-74)<br>경제성장률(물가상승률) | | | 2차 석유위기(1979-80)<br>경제성장률(물가상승률) | | |
| --- | --- | --- | --- | --- | --- | --- |
| | 1972 | 1973 | 1974 | 1978 | 1979 | 1980 |
| 한국 | 4.8(17.4) | 12.8(14.1) | 8.1(30.8) | 9.4(12.0) | 7.1(23.8) | −2.7(44.2) |
| OECD | 5.7(5.0) | 6.3(7.5) | 0.3(12.3) | 3.9(7.9) | 3.3(9.9) | 1.0(12.9) |

출처: 삼성경제연구소 자료, 2008.

장률이 12.8%에서 8.1%로 무려 4.7%나 급락했다. 이때 OECD국가들은 6.3%에서 0.3%로 6%나 급락했다. 반면에 물가상승률은 급등하고 있음을 〈표 1〉 자료를 통해서 확인할 수 있다. 정도의 차이가 있을지 모르지만 이것이 현재 우리나라를 비롯해서 전 세계 국가들이 경험하고 있는 경제 상황이라고 보면 된다.

　무엇보다 에너지를 자급자족할 수 없는 대다수 국가들은 우선 원유 수입대금 증가로 인한 경상수지 적자문제를 안을 수밖에 없다. 한국의 경우만 하더라도 2003년에 원유 수입대금은 230억 달러 수준에 머물렀지만 2007년에 원유 수입대금은 603억 달러 수준으로 증가했다. 현재의 유가 상승 추세가 계속된다면, 2008년 원유 수입대금은 1,000억 달러 수준을 넘어설 수 있다는 전망이다. 이것은 고스란히 경상수지 적자로 연결될 수 있음을 말해주는 것이다. 한편 우리나라의 경우 2007년에 원유 수입량은 8억 8,540만 배럴임을 고려하면, 평균 유가가 10달러 상승할 때마다 90억 달러 정도가 수입 대금으로 지불되어야 함을 뜻한다. 그만큼 대다수 원유 수입국가들은 추가적인 재정 부담을 안을 수밖에 없고 동시에 무역수지 악화 문제로 힘든 시기를 보내게 되었다. 특히 한국의 경우는 경상수지 누

적적자로 인해 촉발된 외환위기의 경험이 있기 때문에 경상수지를 방어하기 위해 각고의 노력을 해야 한다. 이런 점에서 보면 유가급등 자체만으로도 경제위기 상황이라 불러도 무리가 없는 셈이다. 이런 점에서 현재 정부가 지나치게 안일한 상황판단을 하고 있다는 생각이 든다.

유가급등은 보통 사람들의 생활로부터 기업 그리고 국가 생활 곳곳에 영향을 미치지 않는 곳이 없을 정도다. 시민들에게는 물가급등, 어민들에게는 조업 단축, 기업들에게는 물류비 및 임금 등의 각종 비용 증가, 농민들에게는 유류비 증가 등으로 연결되어 생산비용의 증가와 물가상승 압력이라는 악순환 고리를 만들어내게 된다. 특히 생산활동 자체가 유류 의존도가 높을 수밖에 없는 업종에서 일하는 사람들에게 유가급등은 그야말로 생존을 위협하는 일로 받아들여질 수 있다. 지구촌 곳곳에서 유가 인상에 반대하는 시위가 계속된 데는 그만큼 유가급등이 생존권 차원의 문제와 연결되기 때문인 것이다.


## 전망 유가전망, 먼저 급등 원인을 밝혀라


그렇다면 앞으로 유가는 어떻게 될까? 우리가 관심을 갖는 것은 단기간에 안정될 가능성이 있는가라는 점이다. 전문가마다 유가급등에 대한 원인 분석이 다르기 때문에 결과적으로 유가에 대한 전망에서도 크게 차이가 나고 있다. 미국 모건 스탠리의 애널리스트인 올 슬로러는 올해 7월 6일 국제유가가 7월 초까지 배럴당 150달러까지 인상될 것으로 내다보면서 그 원인을 '아시아 국가들의 원유 재고 증가로 인한 강한 수요 증가'로 들었다. 이런 전망에 힘을 더하는 전문가들이 늘어난 적이 있다. 리비아의 고위 석유 담당관리인인 쇼크리 가넴은 "유가는 6월 말을 기준으로 배럴당 140달러까지 상승할 수 있으며, 여름이 끝나기 전에 배럴당 150달러까지 상승할 수도 있다"고 전망하기도 했다. 그의 진단은 원자재에 대한 투기와 달러화 가치 변동성 증가 때문이었다. 그러나 그의 전망은 빗나가고 말았다.

그렇다면 유가급등은 어디가 정점일까? 원인이 어디에 있는가를 정확히 파악할 수 있다면 그만큼 유가 전망에 도움을 받을 수 있을 것이다. 올해 5월 22일, 미국의 재무장관인 헨리 폴슨은 한 방송국에 출연해서 유가급등에 대한 자신의 견해를 밝힌 바 있다. 그가 내린 결론은 이번의 유가급등은 투기 자본과는 별다른 관련성이 없고 대부분 수요와 공급 문제 때문이라는 것이었다. 그는 금융업계 출신답게 유가급등은 수급의 문제일 뿐 금융업계가 책임져야 할 일은 없다고 잘라 말했다.

이번의 유가급등은 수요와 공급 간의 불일치 때문에 발생한 현상이기에 투기세력을 비난할 수 있는 문제는 아니다. 나도 이번 유가급등 현상에 대해 즐거워하는 것은 아니지만, 단기적으로 이러한 가격상승을 멈추게 할 해결책은 없다. 당분간 유가가 더 상승할 것으로 본다.

반면에 전혀 다른 의견을 제시하는 전문가들도 있다. 5월 27일, 일본 각의를 통과한 2007년도판 「에너지에 관한 연차 보고」(백서)에서 일본 정부는 "최근 유가급등은 대단히 이례적인 현상이다. 현재의 유가급등분 가운데 50~60달러 정도는 수급 요인에 의해 결정되고 나머지는 투기 자금의 유입과 지정학적 리스크로 오르고 있다"고 밝힌 바 있다. 배럴당 130달러를 넘는 현재 가격의 3분의 1 이상을 투기자금이 밀어올리고 있다는 지적이다. 백서는 투기자금 흐름에 대해서 강한 우려를 표하고 있으며 국제사회의 공동 대응이 필요하다고 지적한다.

한편 6월 5일, 영국-네덜란드계 국제 석유메이저 셸의 CEO인 제로엔 반 데르 베르는 최근 유가의 이상급등 현상 이면에는 심리적인 요인이 큰 역할을 하고 있으며 수급상의 문제는 그다지 크지 않다는 점을 강조한 바 있다. 그는 석유시장과 관련해서 "공급에 문제가 없다는 석유수출기구(OPEC) 많은 회원국들의 견해에 공감한다. 세계적으로 석유 공급 부족 문제는 없다. 중동에서 선적이 밀려 있지 않을 뿐더러 물량을 구하려고 대기 중인 경우도 역시 없다"고 밝힌 바 있다. 다만 그는 "석유가 여러 원자재들처럼 변동성이 크며 다루기도 어렵다"는 점을 지적하면서 최근의 이상급등은 추가적인 인상 가능성에 큰 비중을 두는 인물들에 의한 심리적 요인에 힘입은 바 크다고 말했다.

같은 현상에 대해서도 이처럼 보는 사람의 시각이나 입장에 따라서 다양한 의견이 나올 수 있음을 확인할 수 있다. 이럴 때는 감각보다는 실증분석 자료를 참고해보자. 자료는 각자의 선입견을 가능한 배제한 채 추세 자체만으로 미래를 내다보는 데 도움을 줄 수 있기 때문이다. 삼성경제연구소가 지난 4월 2일에 발표한 「원자재가격의 급등원인과 전망」이라는 보고서는 2005년 3월부터 2008년 2월까지 시계열 자료를 이용해서 원유 가격급등의 요인을 분석했다.

이것은 투기자금, 지정학적 리스크, 달러화 약세, 수급요인 등의 변수가 가격급등에 어느 정도 영향력이 있는가를 분석한 것인데, 분석결과는 유가상승분을 100%로 환산할 때 투기요인이 40.3%, 지정학적 리스크 요인이 39.7%, 달러화 약세 요인이 4.5%, 수급요인이 1.8% 그리고 기타요인이 13.7%로 나타났다. 기여율에서 압도적인 우위를 차지하는 것은 투기요인으로, 공급부족과 달러화의 추가적인 약세를 예상하고 원유 시장으로 대거 유입된 투기자금이 40.3%나 차지하고 있음을 알 수 있다. 반면에 수급요인은 기여율이 1.8%로 예상과 달리 미미한 수준에 머물고 있음을 알 수 있다. 결론적으로 삼성경제연구소는, 2008년 유가가 수급요인을 제외한 나머지 요인들 즉 투기자금, 지정학적 리스크, 달러화 약세 등은 2008년 하반기로 갈수록 개선될 전망이기 때문에 2007년에 비해서 24.1% 상승한 연평균 84.8달러에 머물게 될 것이라는 낙관적인 전망을 내놓고 있다. 특히 보고서는 미국의 계속적인 금리인하로 인하여 원유시장에 지속적으로 유입이 증가해온 투기자금은 미국발 금융불안이 하반기로 갈수록 안정되면서 석유 선물시장으로의 유입속도가 둔화될 수밖에 없을 것으로 내다보았다.

사실상 유가가 일시적인 현상이 아니라 장기에 걸쳐서 100달러를 넘어서는 일은 이례적인 일이다. 필자도 현재의 고유가는 장기간 지속될 수 없는 단기간에 걸친 일종의 과도한 '오버슈팅'에 해당한다고 본다. 오랫동안 100달러를 넘는 수준의 유가가 형성될 수는 없는 일이다. 하지만 실현 여부를 제쳐두고라도 한때 150달러 혹자는 200달러 선까지 달하게 될 것으로 내다보는 의견이 빈번하게 등장하기도 하였다. 단기적으로 이처럼 유가가 급등하는 데는 글로벌유동성 증가가 큰 몫을 담당했다고 본다.

2000년 IT 버블붐의 파열음이 울리면서 세계 각국은 불황을 막기 위해서 경쟁적으로 금리 인하를 단행했다. 2003년 6월을 기점으로 금리인하를 종결하고 금리인상으로 미국의 연방준비은행(FRB)이 방향을 선회하기까지 글로벌시장의 유동성은 대폭 증가했다. 이후 17차례에 걸쳐서 시중의 과 잉유동성을 흡수하기 위한 금리인상이 이루어졌고 2007년 8월에는 연준 의 기준금리가 5%대에 도달했다. 하지만 서브프라임모기지 사태가 불거 지면서 다시 연준은 8차례에 걸쳐서 금리인하를 단행했고 현재 기준 금리 는 1.5%(10월 기준)에 도달했다. 만일에 서브프라임모기지 사태가 불거지지 않고 계속해서 유동성을 환수하는 조치가 이루어졌다면 현재와 같이 투기 자금의 원유시장과 원자재 시장 유입으로 인한 가격상승폭은 낮아졌을 것 으로 보인다.

하지만 이와 달리 또 하나의 무시할 수 없는 요인은, 최근의 유동성 증 가는 본원통화의 증가에 따른 통화량 증가에도 원인이 있지만 각종 파생 상품들이 우후죽순처럼 생겨나면서 크게 늘어나는 추세도 무시할 수 없는 수준에 이르게 되었다는 것이다. 예를 들어, 헤지펀드만 하더라도 1990년 에는 1천억 달러에 불과했지만 2006년에는 1조 2천억 달러까지 증가했 다. 뿐만 아니라 사모펀드 역시 1996년과 2006년 사이에 무려 4.2배나 절 대 규모가 늘어났다. 그밖에 LBO(차입인수), ABS(자산저당채권) 등과 같은 신금 융기법들이 유행하면서 글로벌유동성 증가에 힘을 더하게 되었다.

또한 달러화 가치 하락도 일정한 몫을 담당했다. 서브프라임 사태로 인 한 경기하락을 우려한 미국이 계속해서 금리인하를 실시함으로써 달러화 가치 하락세가 가속화된 적이 있다. 지금은 그 추세가 역전되었지만 원유 대금 대부분이 달러화로 결제되고 있기 때문에 달러화 약세는 산유국의 구매력 감소로 이어지고 산유국은 다시 유가를 인상하는 악순환이 일어나 고 있다. 심지어 아마디네자드 이란 대통령은 "미국은 원유를 가져가고 대 신 휴지조각을 준다"고 불평을 털어놓을 정도다. 상황을 과장한 이야기지만 이 부분 역시 그동안의 유가급등에 부분적인 원인이었음을 부인할 수 없다. 달러가치가 하락하면 석유 수출국이나 석유수출회사 역시 수익성 악화로 증산이나 설비 투자를 위한 자원 확보가 어려워지고 결과적으로 공급 불안 요인을 제공하게 된다. 또한 달러가치 하락은 실물 상품이나 자산에 대한 투기를 촉진하기 때문에 원유 선물투자를 더욱 부추기게 된다.

칼럼니스트 변상진 씨는 "이들 투기적 거래는 규제도 없고 10% 계약금만으로 10배 가치의 원유를 중간에서 사고팔며 가격을 부추겨 이를 통한 시세차익을 노릴 수 있다"고 지적한다. 물론 달러 약세가 가진 문제점에 대해 미국 정책 당국도 이를 심각하게 받아들이고 적절한 대응책을 찾고 있다. 6월 3일, 벤 버냉키 FRB 의장은 국제통화기금이 바르셀로나에서 주최한 중앙은행 패널 컨퍼런스 위성연설에서 "달러 가치의 변화가 인플레이션과 기대 인플레이션에 미칠 영향에 주목하고 있다. 지속가능한 성장과 낮은 인플레이션을 유지하기 위해 통화정책을 펴나갈 것"이라고 말한 바 있다. 이것은 달러화 약세를 이용해서 국제 원자재 시장에 공격적으로 베팅해온 투기세력에 대한 경고이자 향후 약달러 정책이 바뀔 수 있음을 시사하는 발언이라 할 수 있다. 그의 경고는 일시적으로 현실화된 적도 있지만 서브프라임 사태를 해결하는 과정에서 투입된 막대한 공적자금 규모를 고려하면 과연 미국의 달러가치가 중장기적으로 강세를 유지할 수 있을지에 대해서는 의문을 갖게 된다. 다시 달러 약세 현상이 뚜렷해진다면 이는 곧바로 유가상승의 원인을 제공할 것임에 틀림이 없다.

아무튼 현재 유가를 이상 과열현상으로 보더라도 장기적으로 80달러를 웃도는 고유가 시대는 거의 자리를 잡아나가게 될 것으로 보인다. 그렇다면 그 원인은 무엇일까? 영국의 시사주간지 『이코노미스트』에 따르면

2000년부터 2005년 사이에 추가적인 석유 소비 증가의 5분의 4는 한창 경제적으로 부상하고 있는 이머징 국가들에 의해서 발생한 물량이다. 현재 전 세계 석유 소비 가운데서 아시아와 대양주가 차지하는 비중은 43%에 달하고 있다. 북미와 유럽이 각각 15%와 12% 그리고 중동과 중남미가 각각 17%와 7%를 차지하고 있다. 세계경제의 침체에도 불구하고 당분간 중국, 인도 그리고 그밖의 이머징 국가들은 지속적인 성장을 계속할 것으로 보인다. 그렇다면 이들이 주도하는 석유소비량은 큰 폭으로 늘어날 수밖에 없다. 물론 과거와 같은 고성장이 계속될 것이라는 점은 여전히 미래의 유가를 판단하는 데 큰 변수 가운데 하나라 할 수 있다.

월가의 '큰손'으로 불리는 짐 로저스는 확인된 원유 매장량이 제한되어 있기 때문에 유가가 몇 년간 강세를 보일 수밖에 없을 것으로 내다본다. 7월 6일에 가졌던 블룸버그 TV와의 회견에서 짐 로저스는 수급 요인 때문에 국제 원유 가격이 배럴당 150달러에서 많게는 200달러도 가능할 것으로 내다보았다. 그의 이런 전망은 이머징 국가들의 지속적인 성장에다 원유 매장량의 한계를 그 원인으로 들었다. 그의 생각을 엿볼 수 있는 주장은 최근에 발간한 그의 저서에 설명되어 있다.


1992년 이후로 중국의 석유소비는 2배 이상 늘어나서 하루 540만 배럴이 넘는 수준에 이르렀다. 현재 중국은 세계 석유의 8퍼센트만을 소비하지만 2000년대에 들어 첫 4년 동안 늘어난 소비량의 약 40퍼센트를 차지했다. 만약 중국의 석유 소비가 1990년 이후처럼 해마다 평균 6~7퍼센트 가량 늘어난다고 하면 20년 안에 미국의 현재 소비 수준(하루 2,100만 배럴)에 도달할 것이다.

문제는 중국의 석유 소비가 이제 시작 단계에 불과하다는 것이다. 이 사실은 당신이 석유 기업에서 일하는지 아니면 거기에 투자했는지의 여부에 따라 희망적일 수도 있고 절망적일 수도 있다. 2005년 기준으로 중국은 미국 소비량의 3분의 1이 채 안 되는 석유를 소비하여 미국과 EU에 이어 한참 뒤떨어진 3위 소비국이 되었다. 또 1인당 일일 소비량으로 따졌을 때는 세계 136위였다. 같은 기준으로 한국은 31위, 일본은 32위로서 중국보다 매일 1인당 10배나 더 많은 석유를 소비했다. 확실한 사실은 중국이 원유 순수출국이었던 시기는 이미 지났으며 엄청난 수입 수요를 바탕으로 국제 석유 시장에서 핵심적인 역할을 할 것이라는 점이다. 이에 따라 중국이 목말라하면 가격이 올라갈 것이고 충분히 목을 축이고 나면 가격이 내려갈 것으로 예상된다.[5]

장기적인 유가 전망은 중국의 성장과 이로 인한 중국의 원유 수요에 크게 의존하게 될 것이라는 점이 짐 로저스의 미래 전망이다. 짐 로저스의 주장이 그대로 맞아떨어지게 될지 어떨지는 두고 볼 일이다. 누군가 필자에게 이에 대한 의견을 묻는다면 단기적으로 과도한 유가의 오버슈팅 현상이 그렇게 오래가지는 않을 것이라고 대답하겠다. 국제 금융시장의 환경변화, 달러 약세의 진정, 대체에너지 개발 증가 등과 같은 요인들 이외에 중국의 투자 증가 속도 조정에도 그 이유를 돌릴 수 있다. 이는 중국의 초고도성장이 앞으로도 계속될 수밖에 없을 것이라는 짐 로저스의 지나친 낙관론에 대한 반론에서 비롯된다. 유가조정 가능성을 지속적으로 주장해온 삼성경제연구소의 글로벌연구실장 김경원 전무는 중국의 초고도성장이 유가조정에 미칠 영향력을 이렇게 진단하고 있다. 이는 짐 로저스의 전망과는 다른 의견임은 물론이다.

2005년 이후 세계 석유 증가분의 절반 이상이 중국에 의한 것이었다. 따라서 앞으로 석유가격은 두 자릿수(총투자/GDP, 2005년과 2006년 각각 52%와 56%)가 넘는 중국의 고도성장세의 지속여부가 관건이라 할 수 있다. 답은 부정적이다. 중국의 투자증가는 재정적자 누적 등으로 올림픽이 끝나는 2008년 하반기 이후 지속되기 힘들다. 2009년 이후에는 이전까지의 증가율에 매우 못 미치는 증가율을 보일 가능성이 높다. 따라서 경제성장률도 2009년 이후 중국의 잠재성장률은 7%대로 떨어질 가능성이 높다. 만약 중국의 투자증가가 지속되지 못한다면 중국 경제의 성장률 둔화로 이어질 가능성이 높다. 이로 인해 원유를 포함한 수요 또한 증가세가 현저히 둔화되거나 줄어들 것이다. 그 결과 원유가격은 올 하반기 또는 2009년 중으로 크게 조정받을 가능성이 높으며, 만약 중국의 경제 둔화가 잠재성장률 이하로 성장세가 떨어지는 경착륙을 보일 경우 다른 요인 없이도 원유가격이 급락할 가능성을 배제할 수 없다.[6]

## 대응 위기극복의 구체안이 절실하다

그렇다면 고유가는 우리 사회에 어떤 영향을 미치게 될까? 단기적으로는 대다수 경제주체들에게 고통을 안겨다줄 것임에 틀림이 없다. 그것은 경제성장률 자체를 낮추는 효과를 낳기 때문이다. 예상하는 바와 달리 유가상승이 장시간 지속된다면 이에 비례해서 전 세계적으로 경기침체의 폭은 더욱 깊어질 것이며, 물가상승 압력은 더욱 거세질 것이다. 일부에서 유가상승이 장기적인 현상으로 자리를 잡게 되면 결국 저성장 속의 물가 상승이라는 스태그플레이션을 피할 수 없을 것으로 보인다. 하지만 유가 상승이 장기적인 현상으로 자리 잡을 가능성이 낮기 때문에 스태그플레이 션 현상은 우려에 그칠 것이다. 하지만 그 가능성은 여전히 열려 있다고 할 수 있다.

가능성은 낮지만 만일 장기간에 걸친 유가상승이 현실화된다면, 경제적 으로 소득수준이 낮은 계층일수록 더욱 큰 타격을 입을 것이고, 이로 인하 여 생존권 확보 차원에서 각국은 정치적인 시위나 소요로 몸살을 앓을 가 능성이 있다. 저소득층뿐만 아니라 보통 사람들도 당장 치솟는 물가상승 과 실질소득의 하락으로 인해서 생활에 어려움을 겪게 될 것이다. 각종 국 내외 연구기관들이 앞다투어 성장 전망치를 낮게 잡는 것도 유가상승의 파급효과가 만만치 않음을 드러내고 있지만, 다행히 가능성이 높은 시나 리오처럼 오버슈팅 현상이 단기간에 정착된다면 일시적인 쇼크 정도에 그 칠 것으로 보인다.

한편 중장기적으로 보면 사람들은 이런 추세에 적응해나갈 것으로 보인 다. 그래서 유가급등으로 인한 지나치게 비관적인 시나리오에 휘둘릴 필 요는 없다고 본다. 일각에서는 석유정점(Peak Oil)론이 설득력을 얻어가고 있다. 다시 말하면 더 이상 석유매장량이 없기 때문에 유가는 천정부지로 올라갈 수밖에 없다는 사실을 강조한다. 그러나 물리적인 의미에서 석유 매장량이 없는 것은 아니다. 석유가격이 쌌기 때문에 매장량이 발견되지 않았을 뿐이다. 석유가격이 오르면 동시에 매장량도 늘어나게 된다. 왜냐 하면 매장량은 현재 가격과 기술의 함수관계에 있기 때문이다. 가격이 오르면 그동안 채굴이 어렵거나 비용이 많이 들기 때문에 포기했던 유전들이 경제성을 갖기 때문에 다시 석유 공급량이 늘어날 수밖에 없고 동시에 가격도 내려가게 될 것이다.

물론 대체에너지 개발도 채산이 맞아떨어지기 때문에 관련 기업들에게 커다란 성장 기회를 제공할 수 있을 것으로 본다. 가격은 각각의 경제주체에게 어떻게 행동해야 하는가를 가르쳐주는 바로미터라 할 수 있다. 가격이 올라가면 이에 맞추어 소비를 줄이고 나름의 생존방법을 찾아내리라 본다. 얼마 전 한 모임에서 이명박 대통령이 언급한 것처럼 우리는 일본에 비해서 에너지 절약을 위해 너무 노력하지 않았다. 고유가 시대가 닥치면 허둥댈 것이 아니라 이제 값싼 석유의 시대는 갔다고 생각하고 새로운 환경에 적응하는 방법을 다 함께 찾아야 할 때가 되었다. 역사의 시계視界를 확장하면 경제주체는 늘 위기와 역경을 극복하면서 생존을 위한 새로운 해법을 제시해왔다는 것이 역사의 교훈이다.

경제주체의 입장에서 과거처럼 값싼 에너지 시대가 가버렸다는 점을 있는 그대로 인정할 수 있다면 자신의 생활주변부터 이런 변화를 적극적으로 수용할 수 있을 것이다. 국가적인 차원에서나 개별 기업 차원 그리고 개인 차원에서 에너지 효율성을 올릴 수 있는 나름의 방법을 찾을 수 있어야 한다. 또 다른 측면에서 미래에도 얼마든지 유가급등 현상이 발생할 수 있다는 가능성이 이번 기회에 확인되었기에 관련 기업이나 국책 기관을 중심으로 유정 탐사나 지분 참여 등과 같은 방법을 통해서 안정적인 에너지원 확보에 뛰어들 수 있어야 한다. 위기가 지나고 나면 '별것 아니었군' 하는 식으로 대할 것이 아니라 '이런 위기가 다시 재연된다면' 이라는 질문을 가슴에 새기고 이에 대한 답을 하나하나 마련해야 한다. 이러한 유비

무환의 자세를 경제주체들은 이번 유가급등 현상에서 배워야 할 것이다.

결국 유가급등이 단기 현상으로 끝날 것인가, 아니면 장기 현상으로 계속될 것인가에 따라 그 파급효과는 크게 나누어질 것이다. 어찌되든 국가 차원에서는 전기요금 등의 현실화 같은 방법을 통해서 가격이 개별 경제주체들의 행동을 조정할 수 있도록 해야 한다.

끝으로 지적하고 싶은 점은 한국의 경우 유가상승은 고스란히 경상수지 적자의 기여분 증가로 연결될 가능성이 있다는 것이다. 장기적으로 경상수지 적자의 누적은 자본유출과 경제 위기로 이어질 가능성과 연결될 수 있기에 국가 차원에서 에너지 절약과 에너지 효율성을 올리기 위한 구체적인 노력들이 반드시 이루어져야 한다. 유가급등만으로 경제는 위기상황 혹은 준準위기상황을 가정할 필요가 있다.

# 3장 원자재가격, 정상가격으로 돌아가다

원자재가격 상승에는 풍부한 글로벌유동성이 중요한 역할을 담당해왔으며, 특히 곡물가격 상승에는 이 같은 원인이 결정적 역할을 차지했다. 반면에 철강이나 비철금속 등의 가격상승에는 중국의 고도성장이 주도적인 역할을 해왔으며, 앞으로도 고성장에 대한 기대감이 가격 결정에 중요한 역할을 담당할 것이다. 때문에 곡물가격 상승은 글로벌유동성 축소에 따라 차츰 정상가격을 되찾을 것으로 본다. 철강이나 비철금속 등과 같이 경제성장에 따른 동반 수요를 낳을 수밖에 없는 원자재가격은 단기적인 급등세는 진정되겠지만 중장기적으로는 꾸준한 상승세를 유지할 것이다.

## 현상 가파른 가격상승과 심각한 갈등양상

"수입원자재 가격이 1년 전에 비해 83.6%나 뛰어올라 관련 통계가 나오기 시작한 1980년 이후 사상 최고치를 기록했다"(2008. 6. 13)고 한국은행은 전한다. 원자재 가운데 어느 것 하나 빠뜨릴 것 없이 예상 외로 큰 폭으로 올랐다. 거의 모든 원자재를 수입해서 사용할 수밖에 없는 한국으로서는 원자재가격 추이에 대해 깊은 관심을 갖지 않을 수 없으며, 이미 원자재가격의 급등은 수입 물가에 영향을 크게 미쳐 물가에 큰 부담을 주고 있는 상황이다. 뿐만 아니라 원자재 의존도가 높은 기업들뿐만 아니라 원자재가격 상승에 따라 부품 및 소재 생산기업들의 고통이 커지고 있는 실정이다.

원자재가격의 전체적인 동향을 파악하기 위해서는 IMF가 국제무역에서 거래가 많은 에너지, 비철금속, 곡물, 철광석 등 49개 품목의 현물 및 선물가격을 가중 평균하여 발표하는 'IMF상품가격지수'를 주의 깊게 살펴볼 필요가 있다. 2007년 9월부터 장기추세선을 본격적으로 벗어나기 시작한 IMF 상품지수는 일시적인 폭등 현상이라고 불릴 정도로 장기추세선과의 격차가 확대되고 있다. 단기 내에 이 같은 현상이 진정될 기미가 없을 것으로 내다보는 시각도 제시되고 있다. 사실 종합적인 지수는 전체적인 동향을 파악하는 데 도움이 되지만 실제로 현장에서 가격인상이 어느 정도 이루어지고 있는가를 나타내는 데는 미진한 감이 없지 않다. 구체적인 원자재로 들어가면 상황의 심각성을 금세 이해할 수 있다.

예를 들어, 철광석 가격의 추이를 살펴보자. 철광석 가격은 2003년부터 꾸준히 상승해왔다. 2003년 100을 기준으로 했을 때 2004년 117, 2005년 200.7, 2006년 238.8, 그리고 2007년 261.5로 가파르게 상승해왔다. 2008년에는 전년에 비해서 65%가 급등하여 431.5에 이르게 되었다. 지수로 보면 철광석 평균 가격은 2003년에 비해서 4배 이상 뛰었다고 할 수 있다. 철광석 가격의 급등은 냉연강판, 조선 후판 및 일반 후판 등 각종 철강제품의 가격인상을 가져오고 이는 곧바로 제품 가격의 상승을 가져오게 된다.

중형차 1대를 만드는 데 평균적으로 철광석 1톤이 필요한 점을 고려하면 철광석 가격의 상승은 궁극적으로 소비자의 추가적인 지출이 필요함을 뜻한다. 이처럼 철광석뿐만 아니라 금과 은, 구리, 아연, 니켈 그리고 알루미늄과 같은 비철금속의 가격상승세도 눈에 뜨일 정도로 확연한 현상으로 자리잡고 있다. 각 원자재에 따라 상승폭은 약간씩 차이를 보이지만 대부분 가파른 속도로 증가해왔다. 지난해 자동차업계에서 일어났던 주물 파동이나 타이어 파동 역시 원자재가격 상승으로 인한 부담 배분을 둘러싼 업계 갈등이 수면 위로 드러난 것으로 볼 수 있다. 타이어 공급업체들이 완성차업체에 공급하는 타이어 가격인상폭을 둘러싸고 일어난 완성차업체와 타이어업체 간의 갈등은 천연고무의 톤당 평균가격이 한 해 전 1,949달러에서 무려 65.6%가 상승된 3,213달러(2007년 7월 21일 기준) 올랐기 때문이다. 제조원가의 60%가 원료비용인 타이어업체에서는 12%선 가격인상을 요구했고 소비자가격 인상으로 손쉽게 대응할 수 없는 완성차업체에서는 이 같은 요구를 받아들이기 어렵기 때문에 문제가 발생한 것이다.

한국은행 추계에 따르면 2006년 9월부터 2008년 3월까지 대표적인 곡물 가격은 소맥이 188.2%, 옥수수 138.1% 그리고 대두가 143.7%나 증가했다. 결과적으로 생산자물가에서 중요한 부분을 차지하는 전분과 대두유 가격은 각각 31.6%, 30.9%나 올랐으며, 배합사료 가격 역시 50.4%나 증가했다. 국내 밀가루 가격 역시 72.9%나 증가했음은 물론이다. 결과적으로 가공식품과 외식서비스 등 거의 전 품목에 걸쳐서 가격인상 요인이 발생한 것이다.

## 전망 수요변화를 주시하고 기회를 찾아라

원자재가격 상승을 전망하기 위해서 우선 필요한 작업은 최근 급등요인을 분석해보는 일이다. 삼성경제연구소가 제시한 실증 분석 자료를 참고해보자. 2007년 1월 대비 2008년 2월까지 66%나 가격이 올랐던 철광석의 경우 가격상승분 100을 기준으로 중요한 설명 변수를 분석한 결과 달러화

가치 하락으로 인한 기여율이 55.4%, 중국의 수입 증가분으로 인한 기여율이 32.2%, 시장지배력 등 그 밖의 요인이 차지하는 기여율이 12.4%를 차지한다. 철광석 가격상승의 원인에 대해 이 보고서는 다음과 같은 결론을 내리고 있다.

국제철광석 거래가 대부분 달러화로 결제되고 있기 때문에 달러화 약세는 소맥이나 전기동의 가격상승에서와 마찬가지로 철광석 가격상승에 중요한 역할을 했다. 중국은 세계 최대의 철광석 생산국이지만 자체 수요량이 워낙 많아 세계 물동량의 절반 정도는 수입하는 것으로 알려지고 있다. 참고로 2007년 중국의 철광석 수요량은 11억 톤에 달해 수입의존도(수입량/수요량)가 약 36%를 차지하고 있다. 중국의 수입량은 2003년 12,812만 톤에서 2007년도에는 38,308만 톤까지 증가했다. 한편 철광석 시장은 철저한 공급자 주도시장(Seller's Market)으로 유명하다. 대표적인 공급자 주도 시장으로 알려진 석유시장에서 OPEC 의존도는 41.3% 수준이지만, 철광석의 경우 'Big3'가 세계 물동량의 약 80%를 점유한다고 알려져 있다. 더욱이 철광석 시장은 공급 과점이 형성되어 거의 수요량에 맞춘 생산시스템이 가동되고 있기 때문에 가격이 수급이 아닌 물동량(세계 수입량)에 영향을 받고 있다. 과거의 추세를 보면 'Big3'의 시장점유율이 2000년의 59.3%에서 2004년의 73.4%로 14.2% 오르자 철광석 가격도 19.4달러/톤에서 25.6달러로 31.6% 급등했다. 2008년에도 가격 불안요인이 존재하지만 'Big3'의 시장지배력을 제외한 나머지 요인들은 하반기로 갈수록 점차 개선될 전망이 있기 때문에 2008년의 철광석 가격은 전년 대비 44.1%가 증가한 연평균 172.1달러/톤으로 예상된다.[7]

　중국의 고성장이란 변수를 제외하면 다른 원자재 시장과 특별한 차이점은 철광석 공급 시장 자체의 독특한 시장구조다. 이 시장구조 안에서 수입량 증가에 따라 과점 상태에 있는 공급자들이 자신들의 의향대로 가격을 추가적으로 인상할 수 있는 가능성이 열려 있는 셈이다. 이런 점에서 지난 2000년에서 2004년 사이의 추세는 미래를 내다보는 데 시사하는 바가 크다고 할 수 있다. 이는 공급 메이저 기업들의 시장점유율 증가에 따라서 가격의 주도권이 철강 회사로부터 몇몇 철광석 공급업자로 이동해버린 것을 말한다.

　철광석 시장의 경우 5대 자원 메이저는 BHP빌리톤, 리오틴토, 앵글로 아메리칸, 발레, 엑스트라다이다. 2000년 들어서 이들 기업 사이에 매수합병이 활발하게 추진되었다. 영국과 호주 자본으로 구성된 BHP빌리톤은 2007년에 리오틴토를 인수하기 위해 1조 2,474억 달러의 인수 가격을 제시한 바 있지만 거절당했다. 하지만 2008년 2월부터는 가격을 올려 1조 8,000억 달러로 재협상이 추진 중인 것으로 알려져 있다. 만약 BHP빌리톤이 리오틴토를 인수하는 데 성공하면 시장점유율은 40%를 차지하게 된다. 여기에다 브라질의 발레를 합치면 시장점유율은 70%에 육박하게 된다. 단 두 개의 철광석 공급 기업이 70% 시장점유율을 차지한다면 철광석 가격 형성에 미치는 영향은 막강해질 것으로 예상할 수 있다.

　철광석과 유사한 사례로 니켈의 경우만 하더라도 2006년 초반에 톤당 1만 달러가 형성되었지만 자원 메이저들이 중견 기업들을 잇달아 인수하고 수요 증가와 달러 약세들이 겹쳐지면서 가격은 2만 1,500달러(2008년 7월 기준)까지 올라갔다.

　한편 전통적인 자원 메이저들에 대항해서 신흥국가들은 자국의 경제성

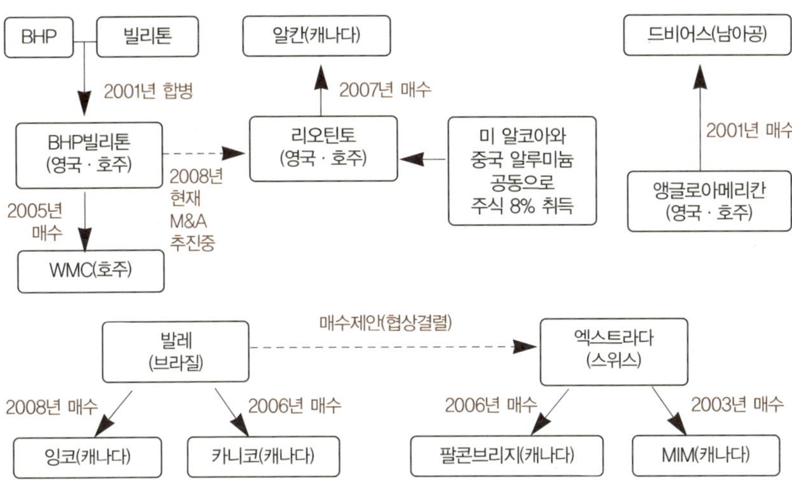


출처: 일본 『이코노미스트』, 2008. 7. 8(재인용, 『한국경제신문』, 2008. 7. 5)

장에 따른 자원 확보를 위해서 국가 차원의 전략적인 메이저 확보에 나서고 있다. 러시아의 노라리스크 니켈, 인도의 VEDANTA, 중국의 중국알루미늄과 우광그룹 등이 대표적인 기업들로 꼽힌다. 특히 BHP빌리톤이 니켈업계 3위인 호주 WMC사를 인수한 다음 2위인 리오틴토 인수를 추진하는 것을 막기 위해서 중국 알루미늄은 미국의 알코아와 공동으로 리오틴토의 지분 8%를 매입하고 추가 매입을 추진 중인 것으로 알려져 있다. 일본의 『이코노미스트』지(2007년 7월 8일자)는 이처럼 원자재 메이저 기업들 사이의 활발한 매수합병 움직임이 철강재를 비롯해서 구리, 니켈, 알루미늄 등의 가격상승 압력에 큰 역할을 맡게 될 것으로 내다보고 있다.

한편 자원 메이저 기업들의 합종연횡보다 미래 원자재가격에 더욱 큰 영향을 미치게 될 요인으로는 중국의 고도성장에 따른 수요 증가를 들 수 있다. 앞으로 중국의 성장세 둔화에 따라 철광석 수요가 다소 조정될 수 있을지 모르지만 중국을 포함한 이머징마켓이 급격한 성장률 둔화를 경험하지 않는 한 철광석 수요가 크게 줄어들 가능성은 별로 없다. 결국 중국의 성장률과 그에 따른 움직임이 철광석 수요가 크게 영향을 받을 수 있는 또 하나의 변수임을 짐작하는 일은 어렵지 않다.

지금까지 중국의 조강 생산량이 배로 늘어나는 데 들어간 시간은 현저히 줄어들었다. 5천만 톤에서 1억 톤으로 두 배가 되는 데 들어간 시간은 10년(1986~1996년), 이후 1억 톤에서 2억 톤으로 늘어나는 데는 7년(1996~2003년), 2억 톤에서 4억 톤으로 늘어나는 데는 3년(2003~2006년)이 소요되었다. 결과적으로 조강 생산에서 중국의 전 세계 점유율은 1980년의 5.2%에서 1996년의 13.5%, 2003년의 22.9% 그리고 2006년에 33.8%를 차지하게 되었다. 앞으로도 이머징마켓의 지속적인 성장에 힘입어 전 세계 조강시장은 연평균 3~4% 정도의 성장은 무난할 것으로 보인다. 물론 이 같은 수치는 지난 2000년부터 2007년도까지 연평균 6.8% 성장에 비해서 확연하게 둔화된 추세다.

한편 대표적인 농산물로서 소맥의 가격증가를 살펴보자. 소맥은 2007년 1월에 비해 2008년 2월까지 가격상승률이 116.8% 증가했다. 가격증가분을 100%로 간주하면 이 기간 동안 투기자금에 의한 가격증가분은 48.1%를 차지했다. 그 밖에 주요 곡물수출국이 과도한 수출을 통제하기 위해 실시한 수출승인제, 수출할당제, 수출세 부과 등과 같은 정책 요인이 16.8%를, 그 밖에 달러화 약세의 기여율이 15.6%를 차지했다. 예상과 달리 인도, 브라질 그리고 러시아 등의 수요 증가나 소맥재고 감소 등과 같은 수급 요인이 차지하는 비중은 불과 1.4%에 지나지 않는다. 농산물 수입 증가에 따른 가격상승과 같은 요인들은 달러화 가치 하락이나 투기적 수요에 대한 기대감이 사라지게 되면 그다지 큰 영향을 미치지 않을 것으로 보인다.

결국 철강, 구리, 니켈, 망간, 알루미늄 등 원자재 시장의 미래를 내다보는 데 있어서도 수요가 어떻게 변화할 것인가를 중심으로 바라보면 미래에 대해 현명한 판단을 내릴 수 있을 것으로 본다. 이머징마켓 특히 이 가운데서도 압도적인 비중을 차지하는 중국 변수를 제대로 고려하는 것만으로도 원자재시장의 추세를 내다보는 일은 어렵지 않다. 중국은 현재 전 세계인구의 25%, 시멘트의 50%, 철강의 33%, 알루미늄의 25%를 소화하고 있다. 중국의 고도성장에 대한 기대감뿐만 아니라 전 세계 주요 원자재 시장에서 중국의 원자재 확보를 위한 노력이 계속되는 한 꾸준한 가격상승을 예상하는 일은 어렵지 않다. 물론 투기자금 유입에 따른 원자재가격의 급등 현상은 조정될 것이다. 조정 이후 상승세가 계속될 것으로 내다보는 데는 원자재 확보를 위한 중국의 적극적인 노력과 이로 인한 가격상승에 대한 기대감 형성이 중요한 역할을 할 것으로 보인다. 필요한 광물자원을 확보하기 위해 동분서주하는 중국과 중국인들의 움직임을 전하는 영국의 시사주간지 『이코노미스트』 기사는 중국의 고도성장이 가져올 수 있는 각종 금속가격 상승에 시사하는 바가 크다.


원자재에 대한 중국의 갈증은 글로벌원자재 시장의 붐을 일으켰다. 콩고에서 구리가 풍부한 카탄가주의 주도인 루붐바시Lubumbashi 주변에는 갑작스런 중국인들의 출현이 시작되었다. 중국인 중개인들은 광석을 사서 그 지역의 50여 남짓한 제련소 가운데 절반을 운영하는 중국인들에게 팔고 있다. 2007년 후반기에 콩고정부는 중국 국영회사로부터 콩고의 철도, 도로 및 광산을 정비하기 위한 120억 달러 규모의 투자를 받는다고 발표했다. 투자의 대가로 콩고정부는 중국 회사가 투자한 금액과 같은 금액의 구리 채굴 권리를 갖는다고 발표했다. 이 투자 금액은 콩고 국민소득의 3배나 될 정도로 막대한 규모이며, 이 투자금액은 서방국가들이 2010년까지 매년 콩고에 지원하기로 약속한 기부금의 10배나 된다. 중국인들은 고도 성장을 유지하는 데 필수적인 원자재를 충분히 확보하기 위해 혈안이 된 나머지 기꺼이 수십억 달러를 콩고처럼 내전으로 찢겨진 가난한 나라에 투자하려고 한다.

물론 콩고는 중국이 원자재 확보를 위해 찾는 유일한 나라는 아니다. 캐나다에서 인도네시아 및 카자흐스탄까지 중국은 기름, 가스, 유연탄 그리고 금속에 대해 개발 및 채광 권리를 사거나 채광하고 있는 회사를 사들이고 있다. 호주에서 가장 큰 석탄물량을 책임지는 항구인 뉴캐슬에는 중국으로 향하는 화물선이 적재 순서를 기다리고 있다. 지난 6월에는 대기하고 있는 선박이 79대에 달할 정도였다. 아프리카와 라틴아메리카 경제는 지난 수십 년 동안 눈부신 속도로 성장하고 있다. 물론 그 이유는 그들이 갖고 있는 원자재에 대한 중국의 수요 때문이다. … (중략) … 중국의 소비가 연료, 금속, 곡류를 새로운 최고점으로 이끌었고, 심지어 운송비용도 최고 비용을 갱신해왔다. 전문가들은 이 같은 붐이 조만간 끝날 것으로 내다보지 않는다. 왜냐하면 미국의 경기침체 때문에 몇몇 원자재가격이 떨어지긴 했지만 원유, 밀, 철광석은 새로운 신기록을 갈아치우고 있기 때문이다. 세계인구의 1/5을 차지하는 중국은 시멘트의 1/2, 철강의 1/3, 알루미늄의 1/4을 소비하고 있다. 중국의 경기 상승보다 더욱 빠르게 중국의 원자재 수입이 증가하고 있다. 한 가지 사례로 철광석은 지난 4년 동안 평균 27% 수입이 증가했다. 결과적으로 서구의 광산들은 일찍이 경험해보지 못한 호황을 즐기고 있다.[8]

중국의 호황이 계속되는 한 그리고 중국이 고도성장을 뒷받침하는 데 필요한 광산 확보를 위해 노력하는 한, 그중에서도 원자재 특히 철광석이나 비철금속 등과 같은 각종 금속에 대한 기대 가격은 계속 높은 수준을 유지하게 될 것이다. 이런 전망에 대해 투자가들 중에서도 동조하는 사람들이 많다.

일본에서도 장기 가치투자펀드로 잘 알려진 일본 사와카미투자신탁의 설립자인 사와카미 아쓰토 사장이 한국을 방문한 자리에서 강연회를 가진 적이 있다. 그 자리에서 그가 내린 결론은 "주식시장에서 금융이 주도하는 시대는 갔다. 앞으로 30년은 에너지, 원자재, 철강, 기계, 식량 등 실물實物이 이끄는 시대가 될 것이다"라는 것이었다. 그는 이에 더하여 "각종 통계나 금융공학, 컴퓨터를 활용하는 기관들이 그동안 투자의 주류를 이뤘다면 앞으로는 소비자인 동시에 주주가 될 수 있는 개인에게 유리한 투자환경이 조성될 것이다. 투자자들은 일반 소비자 입장에서 향후 10년을 이끌어갈 기업이 어디인지를 생활 속에서 찾아내야 한다"고 덧붙였다.

생활 속에서 투자 기회를 찾아야 한다는 그의 조언에 귀를 기울여야 한다. 복잡한 수치나 분석을 사용하지 않더라도 생활인의 한 사람으로서 특정 부분에 대한 수요가 증가하고 공급이 제한되는 현상을 발견한다면 주목할 필요가 있다. 그곳에서 기회를 찾을 수 있어야 한다.

 ## 안정적 자원 확보, 전략이 필요하다

경제주체 가운데서 특히 제조기업의 경우 원자재가격은 특정 기업 입장에서 관리할 수 있는 여력이 제한된 분야에 속한다. 그것은 일종의 외부 환경에 의해서 주어지는 것으로 받아들일 수밖에 없을 것으로 보인다. 때문에 원자재 비중이 높은 완제품 생산 기업이나 부품 소재 기업들의 수익성이 전반적으로 악화되는 것을 피할 수는 없을 것이다. 원자재가격이 인상되었다고 하더라도 원가 인상분을 고스란히 소비자 가격에 전가할 수 있는 기업들은 별로 없기 때문이다. 특히 경쟁이 치열한 대부분의 업종에서는 원가 상승분 가운데 일정 부분만을 가격인상으로 보전받을 수 있을 뿐이다.

결국 기업이 선택할 수 있는 대안은 제품 생산 과정에서 원재료 낭비를 철두철미하게 줄일 수 있는 혁신을 지속적으로 시도하는 것이다. 원자재가격이 지속적으로 상승하는 추세가 불가피하다고 가정하면 중장기적으로 원자재 의존도가 높은 기업의 수익성 악화 또한 불가피할 것이다. 그렇다면 경쟁사와 뚜렷하게 차별화할 수 있는 신상품 개발로 고객에게 새로운 가치를 제공함으로써 가격인상에 대한 저항감을 낮출 수 있도록 해야 한다. 뿐만 아니라 새로운 성장 동력을 개척함으로써 위기 극복책을 찾아낼 수 있어야 한다. 하지만 원자재가격의 인상 추세가 그야말로 장기화된다면 규모나 수익 구조면에서 열세에 있는 중소 규모 협력 기업들의 경영난은 더욱 심각해질 것이다. 그럴 경우에는 모기업과 협력업체들 사이에 납품가격 현실화를 둘러싸고 갈등이 계속될 가능성이 높다.

그러나 시야를 더 길게 확대하면 원자재가격 상승이 반드시 마이너스 요인으로 작용하는 것은 아니다. 가격상승이란 도전은 원료절약형 기술 개발이나 원료대체형 신상품 개발에 커다란 인센티브를 제공할 수 있기 때문이다. 예를 들어, 연비를 획기적으로 개선하기 위한 자동차 엔진 분야에서의 고성능 컴퓨터 칩 사용이나 하이브리드카 개발은 대표적인 사례에 속한다고 할 수 있다. 과학자들은 현재 사용하고 있는 에너지와 물질에 대해 10배 이상의 가치를 창출할 수 있다고 주장한다. 물론 단기간에 가능한 일은 아니지만 미쓰비스 일렉트릭 아메리카의 전 CEO를 지냈던 다치 기우치는 최근작 『기업은 열대우림에서 무엇을 배우는가』라는 책에서 "지난 세기에 기계는 노동생산성을 무려 40배나 향상시켰기 때문에 자원생산성을 10배 향상시키는 일은 큰 문제가 될 수 없다"고 말한다. 지식과 정보 그리고 아이디어를 재구성함으로써 자원 절약형 기술과 상품 개발에서 기업들은 기회를 선점할 수 있어야 한다. 하이브리드카 분야에서 기회선점을 이룬 도요타는 자원절약형 기술이나 상품 개발이란 점에서 대표적인 사례에 속한다.

특정 원자재에 대한 의존도가 유난히 높은 기업의 입장에서는 원자재의 안정적인 공급원을 확보하는 데 심혈을 기울여야 한다. 원자재 공급 기업에 대한 지분 취득이나 장기계약 수립 등의 적극적인 미래 준비가 필요하다. 물론 오늘날처럼 원자재가격이 본격적으로 인상되기 이전에 이런 움직임들이 활발하게 전개되었다면 좋았겠지만 지금부터라도 중장기적인 상승세를 기정사실로 받아들이고 안정적인 공급원을 마련해야 한다.

한편 원자재가격 상승은 자원 빈국으로부터 자원 부국으로 부의 재분배가 활발하게 일어남을 뜻하기도 한다. 또한 강대국을 중심으로 자원확보 경쟁은 더욱 치열해질 전망이다. 앞에서 이미 살펴본 바와 같이 중국이 아프리카로부터 시작해서 중남미, 아시아에 이르기까지 적극적인 자원외교를 펼침으로써 기존의 선진국들 역시 자원확보 경쟁에 뛰어들 것으로 보인다. 냉전시대에는 국가간 이념을 둘러싼 갈등이 존재했다면 21세기에는 원유와 각종 금속 등 원자재를 둘러싼 대국간의 치열한 자원확보 경쟁이 전개될 것이다. 따라서 국가차원의 적극적인 자원확보 전략 수립이 있어야 한다. 우리나라 경우엔 국가가 계획을 수립할 수는 있지만 역시 실행은 종합상사나 대기업을 중심으로 이루어지는 것이 더욱 효율적일 것이다. 이런 점에서 보면 최근 몇몇 민간 기업을 중심으로 원자재 자원개발 투자가 증가추세에 있는 것은 바람직한 일이라 할 수 있다.

그런데 자원확보를 위해 공기업이나 정부 기관을 중심으로 이루어지는 대규모 투자에서는 상당한 주의가 요망된다. 왜냐하면 공적 성격의 기관이 중심이 된다면, 수익을 거두는 데 장기간 시간이 요구되는 프로젝트를 제대로 수행할 수 있는 가능성이 매우 낮기 때문이다. 다시 말하면 사업성이 없는 프로젝트가 경제 외적인 논리에 따라 추진됨으로써 자원낭비로 이어질 가능성이 높은 것이다. 끝으로 원자재가격 상승은 경제성장률 둔화, 경상수지 악화, 그리고 물가상승 등과 같은 결코 바람직하지 않은 효과를 낳게 된다. 이에 모든 경제주체들이 주어진 환경변화라는 틀 내에서 위기의식을 갖고 구체적인 실천으로 대처해야 한다.

# 4장 이머징마켓, 떠오르는 기회에 주목하라

세계경제에 불확실성이 드리워지면서 이머징마켓의 지속적인 성장에 대한 불안감이 증가하고 있다. 이런 상황이 전개되면 될수록 자본은 안정된 곳을 찾아서 떠나게 된다. 때문에 당분간 자본 유출 증가에 따라 위기를 경험하는 이머징마켓들도 나올 수 있다. 하지만 중장기적으로 이머징마켓은 기업이나 투자자 모두에게 대단히 중요한 의미를 지니는 곳이다. 왜냐하면 그곳에 기회와 부 그리고 미래가 모두 있기 때문이다.

## 현상 이머징마켓, 그 믿음과 현실 사이

"인플레이션을 잡기 위해 세계경제는 최소한 2, 3년간의 불황을 각오해야 할 것이다." 이것은 많은 전문가들이 원유가격 폭등, 원자재가격의 고공행진, 그리고 서브프라임모기지 위기의 충격이 계속되는 상황에서 세계경제에 대해 내리는 진단이다. 경기침체 상황에서 경제전문가들은 앞다투어 세계경제 앞날에 대해서 비관적인 전망을 쏟아내고 있다. 이에 따라 선진국들은 경쟁적으로 금리를 인하하고 통화공급을 늘리고 있다. 또한 선진국의 신용경색이 심화되면서 그동안 눈부신 성장을 거듭해왔던 '이머징마켓emerging markets'의 앞날에도 암울함이 드리워지고 있다.

이머징(신흥) 마켓은 어떤 시장을 말하는가? '이머징마켓'이라는 용어는

1981년 태국에서 열렸던 투자가들을 위한 컨퍼런스에서 당시 세계은행의
한 기관인 '국제재무기업(IFC)' 의 자본시장부문 부책임자를 맡고 있던 앙
트완 반 아그마엘이 제시한 개념이다. 그가 처음 그런 용어를 만들게 된
계기는 투자가들의 편견을 시정하기 위한 목적에서였다고 한다. 그가 머
물고 있었던 태국은 보통 투자가들에게 '제3세계(Third World)' 로 간주되었
다. 때문에 투자가들은 태국과 같이 성장 가능성이 있고 투자가들에게 충
분한 투자 수익률을 돌려줄 수 있는 나라에도 돈을 투자하기를 꺼려했다.
이른바 용어가 만들어내는 편견 때문이다. 그는 '제3세계' 라는 용어를 대
신할 수 있는 새로운 개념이 필요하다고 판단했고, 이렇게 해서 등장한 것
이 '이머징마켓' 이란 단어다.

보통 사람들은 '제3세계' 라는 단어를 떠올릴 때마다 본능적으로 편견을
갖게 된다. 그 단어는 그다지 유쾌하게 들리지 않는다. 나는 이같이 유쾌
하지 못한 기분이나 인상이 사람들로 하여금 그런 나라에 투자하는 것을
꺼리도록 만든다고 생각했다. 그런데 당시 나는 태국에 살고 있었고 보통
사람들이 생각하는 것보다 그곳이 훨씬 좋은 곳이라는 사실을 알고 있었
다. 그래서 나는 '제3세계' 보다 좋은 의미를 지닌 용어를 사용해야 한다고
느꼈다. 처음 그 용어는 1인당 국민소득이 1만 달러 전후인 국가들의 자본
시장에 적용되었다. '이머징마켓' 은 '이머징 경제' 와 같은 뜻으로 간주되
었지만 시간이 가면서 더 이상 소득수준이나 다른 통계적인 수치에 의존
하지 않게 되었다.[9]

'이머징마켓' 은 어떤 시장을 말하는가? 시장경제, 법의 지배, 대외개방,

성장을 위한 적절한 규제, 그리고 계약 준수들이 선진국에 비해서 아직 미흡하지만 성장을 위한 경제 정치 제도를 갖추고 있으면서 성장 잠재력을 가진 시장들 혹은 국가들을 말한다. 정치평론가인 이안 브레머는 이머징마켓을 '시장만큼 정치가 중요한 나라'로 정의한다. 이는 이머징마켓이 선진국에 비해서 정치적인 상황 변화에 많은 영향을 받을 수 있음을 강조한 것이다. 그만큼 불안한 시장이라는 표현이다. 그러나 또 다른 의미로 이머징마켓은 '급속히 성장하는 경제(rapidly growing economy)'와 동의어로 사용되기도 한다.

전문가들의 다양한 개념 정리에도 불구하고 명확한 합의점을 얻을 수 없기 때문에 이머징마켓에 포함되는 국가들도 전문가들이나 기관에 따라 차이가 날 수밖에 없다. 이머징마켓에 해당하는 대표적인 국가들로는 중국, 인도, 파키스탄, 멕시코, 브라질, 칠레, 아르헨티나, 페루, 아시안 국가들, 동유럽 국가들, 중동 국가들 그리고 아프리카와 남미의 일부 국가들이 포함된다. BRIC(브라질, 러시아, 인도, 중국)이나 여기에 멕시코를 포함한 BRIMC 같은 용어들 그리고 E7(중국, 인도, 브라질, 멕시코, 러시아, 인도네시아, 터키) 역시 편의에 따라 급속한 성장을 하고 있는 이머징마켓을 나타낼 때 사용하는 단어들이다. 미국의 회계컨설팅 법인인 PwC는 E7에다 추가적으로 13개의 급속한 성장 잠재력을 가진 국가들을 포함해서 이머징마켓으로 정의내리기도 했다.

2006년도는 이머징마켓에게 기념비적인 한 해였다고 할 수 있다. 역사상 처음으로 이머징마켓의 국내총생산의 전체 규모가 선진국들의 국내총생산과 일치되는 해였기 때문이다. 물론 이머징마켓 성장의 대부분은 BRICET(브라질, 러시아, 인도, 중국, 동유럽과 터키)로부터 나왔으며, 특히 그 해는 이들 가운데 중국, 브라질, 러시아, 인도 4개국이 처음으로 전 세계 GDP의 40%(구매력기준)를 넘어서는 한 해였다.

시간 추이를 따라서 보더라도 이머징마켓의 성장 추세는 눈부실 정도다. 영국의 시사주간지 『이코노미스트』에 따르면 2006년에 50% 이상을 넘어선 이머징마켓의 GDP 규모는 1970년대만 하더라도 30% 정도 수준에 불과했다고 한다. 뿐만 아니라 전 세계 수출액 가운데서 이머징마켓의 규모는 1970년대 20%(구매력기준)에서 2005년에는 43%까지 성장하게 된다. IMF 분석에 따르면 2000년부터 2005년까지 이머징마켓은 7% 정도 성장한 데 반해서 선진국 시장은 2.3% 증가했다. 같은 기간 동안 전 세계의 평균 경제성장률이 3.2%인데, 여기에 이머징마켓의 성장이 결정적인 기여를 했다는 것은 쉽게 확인할 수 있다.

인류역사를 길게 보면 1870년부터 1913년까지 전 세계 평균성장률은 1.3%, 이후 1950년부터 1973년 오일쇼크까지 2.9%의 성장을 기록한 바 있다. 당시로서는 2.9%가 다시는 달성할 수 없는 경이로운 성장률이라고 보았기 때문에 '새로운 황금시대(The New Golden Age)'라고 부르기도 했다. 하지만 2000년부터 2005년 사이의 성장률은 이를 넘어섰고, 이것은 21세기 초반의 놀라운 성장세를 나타내는 지표가 되었다. 그런데 이런 대단한 성과에도 불구하고 최근 들어서는 이머징마켓의 차세대 주자로 꼽히던 베트남이 20%대의 물가상승률과 누적되는 무역적자로 외환위기를 맞을 수도 있다는 우려가 나오고 있는 실정이다. 외부 환경의 급격한 변화와 경제운영의 미숙함으로 인하여 고성장의 후유증을 앓고 있는 베트남 상황을 보면서 이머징마켓의 앞날에 대해 의문을 갖는 사람들도 있다. 뿐만 아니라 서브프라임모기지 위기가 본격화되는 시점을 전후해서 한동안 이머징마켓으로부터 자금이 대규모로 유출되는 일이라든지 그루지야 사태 이후 러시아로부터 대규모 자금 유출이 시작되는 일 등에서 볼 수 있듯이 이머징마켓에 대한 믿음이 흔들리고 있다. 과연 앞으로 이머징마켓은 어떤 미래를 맞을 것인가. 그리고 그들의 미래는 우리에게 어떤 의미를 갖고 있는가.

##  혼란의 틈에서 성장 동력을 발견하라

고유가, 고원자재가와 서브프라임모기지 위기가 본격화되기 전만 하더라도 이머징마켓의 앞날은 대부분 낙관론으로 화려하게 채색되어 있었다. 누구도 그들의 장밋빛 미래를 의심치 않았다. 그러나 모기지 위기 이후의 상황에 대해서는 낙관론이 일단 주춤해지면서 간간이 비관론을 제시하는 전문가들도 나오고 있는 실정이다. 우선 이머징마켓의 앞날을 전망하기 위해서 책임 있는 기관에서 발표한 미래 전망을 살펴보는 일이 의미가 있을 것으로 본다. 경제상황이 급변하기 이전인 2006년도 3월에 PwC가 「2050년의 세계The World in 2050」란 보고서를 발표한 적이 있다. 「주요 이머징마켓 경제는 얼마나 커지게 될 것인가, 그리고 경제협력기구(OECD) 국가들은 어떻게 경쟁할 수 있을 것인가」라는 보고서는 낙관적인 이머징마켓의 미래를 제시하고 있다(www.pwc.com/world2050 참조).

연구에 포함된 국가는 모두 17개 국가다. 이 가운데서 중요한 분석 대상이 된 국가는 모두 7개의 거대 이머징 국가들 즉 'E7'으로, 중국과 인도, 브라질, 멕시코, 러시아, 인도네시아 그리고 터키가 포함된다. 그리고 비교대상 국가로는 이미 선진국 위치를 차지하고 있는 'G7', 즉 미국, 일본,

독일, 프랑스, 영국, 이탈리아 그리고 캐나다다. 그 밖에 스페인, 오스트레일리아, 한국이 포함된다. 이 보고서는 이머징마켓의 앞날에 대해서 대단히 낙관적인 결론을 내리고 있다. 보고서의 초안은 2006년 3월 나왔지만 당시 모델을 수정하지 않고 다시 2007년을 기준년도로 추정된 내용은 아래와 같이 요약할 수 있다.

첫째, 중국은 2007년도에 미국경제에 비해서 국내총생산GDP 규모가 23%(시장환율기준)와 51%(구매력기준)에 지나지 않지만, 2050년이 되면 절대 규모면에서 미국을 능가하고 그 수치는 모두 129%가 될 전망이다.

둘째, 인도는 2007년도에 미국경제에 비해서 GDP 규모가 7%(시장환율기준)와 22%(구매력기준)에 머물고 있지만, 2050년에는 모두 88%로 미국의 경제 규모에 미치지 못하지만 큰 폭의 성장이 기대된다.

셋째, 브라질은 2007년도에 미국경제에 비해서 GDP 규모가 각각의 기준에 따르면 8%와 155%에 머물고 있지만, 2050년에는 모두 26%로 성장할 전망이다.

넷째, 멕시코는 2007년도에 미국경제에 비해서 GDP 규모가 각각의 기준에 따르면 7%와 10%에 머물고 있지만, 2050년에는 모두 17%로 성장할 전망이다.

다섯째, 러시아는 2007년도에 미국경제에 비해서 GDP 규모가 8%와 17%에 머물고 있지만, 2050년에는 모두 178%로 성장할 전망이다.

여섯째, 인도네시아는 2007년도에 미국경제에 비해서 GDP 규모가 3%와 7%에 머물고 있지만, 2050년에는 모두 17%로 성장할 전망이다.

일곱째, 터키는 2007년도에 미국경제에 비해서 GDP 규모가 3%(시장환율

| 미국=100 | 국내총생산(GDP) – 시장환율기준 | | 국내총생산(GDP) – 구매력기준 | |
| --- | --- | --- | --- | --- |
| | 2007 | 2050 | 2007 | 2050 |
| 일본 | 32 | 19 | 28 | 19 |
| 중국 | 23 | 129 | 51 | 129 |
| 독일 | 22 | 14 | 20 | 14 |
| 영국 | 18 | 14 | 15 | 14 |
| 프랑스 | 17 | 14 | 15 | 14 |
| 이탈리아 | 14 | 10 | 13 | 10 |
| 캐나다 | 10 | 9 | 10 | 9 |
| 스페인 | 9 | 9 | 10 | 9 |
| 브라질 | 8 | 26 | 15 | 28 |
| 러시아 | 8 | 17 | 17 | 17 |
| 인도 | 7 | 88 | 22 | 88 |
| 한국 | 7 | 8 | 8 | 8 |
| 멕시코 | 7 | 17 | 10 | 17 |
| 호주 | 6 | 6 | 5 | 6 |
| 터키 | 3 | 10 | 5 | 10 |
| 인도네시아 | 3 | 17 | 7 | 17 |

출처: 'Positive prospects for emerging nations bring challenges and opportunities for Canada', PwC, March, 2008. John Hawksworth, 「The World in 2050 : How big will the major emerging market economies get and how can the OECD compete」를 기초로 추정된 자료

기준)와 7%(구매력기준)에 머물고 있지만, 2050년에는 모두 10%로 미국의 경제 규모에 육박할 것으로 전망된다.

여덟째, 현재 선진국으로 통하는 경제협력기구(OECD) 국가들의 상대적인 비중 축소는 공통적임을 알 수 있다. 일본의 경우는 2007년 미국경제 대비 32%(시장환율기준)와 28%(구매력기준)가 2050년이 되면 모두 19%로 축소될 전망이다. 독일은 22%와 20%가 14%로, 프랑스는 각각 17%와 15%가

14%로, 영국은 18%와 15%가 14%로, 이탈리아는 14%와 13%가 10%로, 캐나다는 10%가 9%로 내려앉을 전망이다. 이는 E7 국가들의 예상 평균성장률(2007-2050년)이 6.4%인 데 반해서 G7 국가들의 예상 평균성장률이 2.0%라는 사실로도 쉽게 확인할 수 있다. E7 국가들의 성장률은 나라마다 차이가 있지만 2007년부터 2050년까지 무려 43년 동안 평균성장률을 6%대로 잡는 것은 지나치게 낙관적인 전망이지 않는가라는 의구심이 들 정도다. 물론 실질소득의 성장률을 뜻하는 구매력기준 1인당 GDP 4.0%는 설득력을 지니고 있다고 할 수 있다.

아홉째, 한편 어느 그룹에도 속하지 않는 한국은 각각 7%와 9%가 8%로 조정될 전망이다. 구매력기준이 상황을 좀 더 정확하게 반영하고 있음을 고려하면 한국의 상황은 크게 나아지지 않을 거라는 전망을 제시한 것으로 보면 된다.


문제는 이런 낙관적인 전망을 내릴 수 있었던 상황이 최근 들어서 급변하기 시작한 것이다. 금융위기가 심화되면서 그동안 이머징마켓 성장에 큰 역할을 맡아왔던 자금들이 이머징마켓을 떠나고 있으며, 이 같은 추세는 당분간 계속될 것으로 보인다.

어느 나라건 증권시장의 자금은 상황 변화에 따라서 수시로 들어오고 나가는 것이지만 자원보유국인 이머징마켓을 제외한 대부분의 이머징 국가들은 당분간 성장률 하락을 경험할 수밖에 없을 것이다. 게다가 수출 의존도가 높은 이머징마켓의 경우 선진국 시장의 침체가 더해지면서 성장률 하락은 더욱 힘을 받을 것으로 보인다.

결론적으로, 당분간 이머징마켓 전체의 평균성장률이 떨어지는 추세는

| | GDP성장률<br>(달러기준) | GDP성장률<br>(자국화폐기준) | 인구증가율 | 1인당 GDP증가율 |
|---|---|---|---|---|
| 베트남 | 9.8 | 6.8 | 0.8 | 6.0 |
| 인도 | 8.5 | 5.8 | 0.8 | 5.0 |
| 나이지리아 | 8.0 | 6.1 | 1.6 | 4.4 |
| 필리핀 | 7.2 | 5.2 | 1.1 | 4.1 |
| 이집트 | 7.1 | 5.1 | 1.1 | 4.1 |
| 방글라데시 | 7.0 | 5.1 | 1.1 | 3.9 |
| 파키스탄 | 6.4 | 4.9 | 1.4 | 3.5 |
| E7 평균 | 6.4 | 4.5 | 4.5 | 4.0 |
| 말레이시아 | 5.8 | 4.3 | 1.0 | 3.3 |
| 태국 | 5.7 | 3.6 | 0.1 | 3.5 |
| 이란 | 5.2 | 3.0 | 0.8 | 3.0 |
| 브라질 | 5.2 | 3.0 | 0.7 | 3.1 |
| 터키 | 5.1 | 4.1 | 0.7 | 3.4 |
| 아르헨티나 | 4.9 | 3.7 | 0.6 | 3.0 |
| 한국 | 4.8 | 3.7 | 0.3 | 3.3 |
| 사우디아라비아 | 4.8 | 4.1 | 1.4 | 2.7 |
| 멕시코 | 4.7 | 3.7 | 0.6 | 3.2 |
| 러시아 | 4.3 | 2.6 | −8.6 | 3.2 |
| 폴란드 | 3.4 | 2.1 | −0.5 | 2.7 |
| G7 평균 | 2.0 | 2.2 | 0.3 | 1.3 |

출처: 〈표 2〉와 동일

막을 수 없을 것이다. 혹자는 그 기간을 1년, 또 다른 전문가들은 2~3년 정도로 본다. 어떤 전문가들은 그보다 훨씬 긴 시간에 걸쳐서 선진국 시장이 정상화될 때까지 이머징마켓도 어려움을 겪게 될 것으로 내다보고 있다. 필자 또한 정확하게 어느 정도 기간 동안 이머징마켓들이 경기침체를

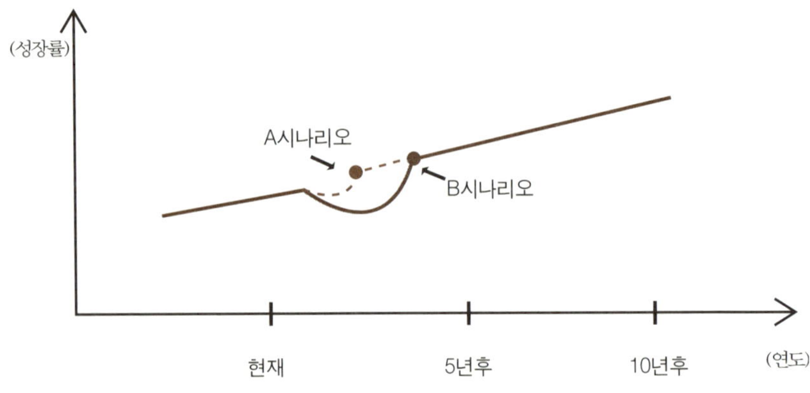


경험할 것인지 정확하게 내다볼 수 없다. 다만 현재의 혼란스러움이 걷히고 다시 이머징마켓이 성장세를 회복하는 데는 그다지 오랜 기간이 걸리지 않을 것으로 본다.

물론 과거에 비해서 이머징마켓들 사이에 차별화가 뚜렷해질 것이다. 그러니까 경제의 펀더멘털이 뛰어나고 경쟁력을 가진 나라들 혹은 자원보유국들과 그렇지 않은 나라들로 구별될 것이다. 향후 10년간 이머징마켓 성장률 전망을 간단한 추세표로 정리하면 A시나리오와 B시나리오로 나눌 수 있을 텐데, 전반적으로 B시나리오보다는 A시나리오에 가까운 상황이 전개되리라 본다. 한마디로 이야기하자면 비관론은 오래가지 않을 것이다.

그렇다면, 그런 전망을 할 수 있는 근거는 무엇일까? 경제성장은 자본, 노동 그리고 효율성의 조합으로 이루어진다. 선진국은 이미 효율성 측면에서 상당한 수준에 도달했기 때문에 그만큼 개선할 수 있는 여지가 없다.

그러나 이머징마켓은 선진국과 상황이 완전히 다르다. 제도 개선, 생산 환경이나 방법 개선 등을 통해서 그만큼 생산성을 끌어올릴 수 있는 여지가 충분한 곳이 이머징마켓들이다. 그리고 20세기 후반 10년과 21세기 전반 10년에 걸쳐서 이머징마켓들은 자신들이 그런 일들을 충분히 할 수 있음을 자각한 바 있다. 그리고 자각의 결과가 행동으로 옮겨지면 자신들의 생활수준을 향상시킬 수 있다는 사실이 사회 전체에 일종의 집단지혜로 자리잡았다.

일시적인 자본 유입의 감소는 한번 깨달아버린 사람들의 의식이나 욕망을 잠재울 수 없다. 이는 1997년 한국을 비롯한 일부 아시아 국가들이 외환위기를 경험하고 난 후 빠른 속도로 경제가 회복되는 것을 보면 알 수 있다. 이머징마켓은 그런 나라들보다 개선될 여지가 상당히 많은 상태이기 때문에 상황의 호전이 예상보다 빠르게 이루어질 가능성이 훨씬 높다. 자본 역시 상황 변화에 민감할 수밖에 없기에 짧은 시간 동안 이머징마켓에 대한 투자를 꺼려하겠지만, 결국 그 시장이 성장 가능성이 높고 동시에 투자수익률이 높다는 사실을 알게 될 것이기 때문에 다시 이머징마켓을 향한 자금 공급을 해야 하는 것은 불가피한 측면이다.

수요 측면의 변화도 무시할 수 없을 것으로 보인다. 전 세계적으로 소비자들은 신유통 채널의 등장과 가상세계 확대에 따른 정보 유통량의 증가에 따라 값싸고 품질 좋은 상품이나 서비스에 대한 기대감이 한껏 높아진 상황이다. 때문에 글로벌소싱의 중요한 원천으로서 이머징마켓들이 앞으로도 중요한 역할을 담당할 수밖에 없다. 이는 국가별로 차이가 있겠지만 이머징마켓의 성장은 재점화될 것이다.

 이머징마켓, 기회는 넓고 미래는 밝다

이머징마켓은 경제주체에게 어떤 의미를 갖는가. 간단히 '최소한 향후 10년 동안 이머징마켓은 기회의 땅이다' 라는 말로 요약할 수 있다. 상품을 수출하는 기업에게 이머징마켓은 최소한 향후 10년 동안 상품시장으로서의 역할을 충실히 수행할 것으로 본다. 이머징마켓이 단기간에 불황을 그친 다음에 다시 경제성장률을 회복하게 된다면, 이머징마켓의 소비자들은 날로 늘어나는 소득수준에 맞추어서 구매력이 크게 늘어날 것이다. 이 기회를 누가 선점할 것인가라는 과제가 기업에게 주는 메시지는 분명하다. 이미 정체기에 접어든 지 오래된 내수시장으로부터 신성장 동력을 확보하기 위해 고심하고 있는 기업들이라면 당연히 이머징마켓에서 새로운 성장의 교두보를 확보하기 위해 노력해야 한다.

동종업계뿐만 아니라 다른 업종에서도 진출 예정 국가에서 성공 사례와 실패 사례를 충분히 조사하고 전방위 시장 개척보다는 자신 있는 시장에 대한 선별적인 진출을 고려할 수 있어야 한다. 물론 초기 단계에서는 시행착오를 경험할 가능성이 높겠지만 가능한 이런 비용을 낮출 수 있어야 한다. 또한 언제 시작해서 어느 정도 속도로 시장 진출을 추진할 것인지에 대해서도 현명한 판단을 내려야 한다. 설령 처음에 설레는 마음으로 시작한 투자가 기대한 것만큼 수익을 올려주지 않더라도 초기 투자를 시장 진출의 인프라 구축에 들이는 초기 비용으로 받아들이고 포기하지 않도록 해야 한다. 성급한 진출, 그리고 성급한 포기가 두고두고 아쉬움을 남길 수 있는 곳이 바로 이머징마켓이라 할 수 있다.

유통을 주로 하는 기업에게 이머징마켓은 앞으로 10년 그리고 이를 뛰어넘어 지속적으로 글로벌아웃소싱의 주요 국가로서 큰 역할을 담당하게 될 것이다. 뿐만 아니라 부품이나 소재를 공급받는 제조 기업들 역시 이머징마켓은 글로벌 아웃소싱의 주요 국가로서의 역할을 톡톡히 수행하게 될 것이다. 하지만 여기서 반드시 지적해야 할 점은 이머징마켓들 가운데서 유망국가와 기업들은 계속해서 변화해갈 것이라는 점이다. 따라서 수요자 측면에서 어떤 국가 혹은 기업을 선택한 다음에 언제 거래 파트너를 바꿀 것인가라는 점이 중요해질 것이다. 이 기회 역시 누가 선점하는가에 따라서 기업의 경쟁력은 큰 차이를 낳게 될 것이다.

그러다보니 원자재 공급 가격의 급등에 따라서 한국 기업들이 앞서 이런 추세를 읽고 적극적으로 원자재 공급 기업의 인수, 지분 참여, 장기 공급계약 체결 등과 같은 조치들을 취했어야 했다는 아쉬움이 있다. 하지만 아직 늦은 것은 아니다. 10년을 넘어서 향후 수십 년 동안 이머징마켓의 지속적인 성장이 가져올 수 있는 원자재 수요 증가 품목에 대해서는 원자재 의존도가 높은 기업들일수록 전략적인 대처가 필요하다. 아마도 이번 원자재가격 상승이라는 위기를 기점으로 중장기적인 시각을 갖고 이머징마켓으로부터 원자재 공급선 확보를 위한 지분 투자나 기업 인수에 대해 관심을 갖는 기업들이 대폭 늘어날 것이다.

한편 투자자 입장에서 이머징마켓은 각별한 의미를 지닌다. 최근 몇 년 사이에 이머징마켓에 대한 펀드 투자를 통해서 명암이 확연히 가려진 바가 있다. 투자 타이밍을 절묘하게 선택한 투자자들은 두 자리 숫자에 해당하는 수익을 남기는 데 성공했지만, 시점을 제대로 선택하지 못한 투자자들은 원금 손실규모가 만만치 않은 상황을 경험하기도 했다. 성공한 사람은 성공 경험 때문에, 실패한 사람은 실패 경험 때문에 이머징마켓에 대해서 상반된 전망을 갖고 있을 것이다. 게다가 큰 손실을 본 사람들은 그런 기억으로부터 쉽게 벗어나기 힘들다. 특히 투자자들의 경우 이머징마켓에 대한 펀드 투자나 직접 투자로 돈을 잃어버렸다면 이로 인한 정신적 상흔은 오래갈 것임에 틀림없다. 이런 경험을 딛고 실수를 역전시킬 수 있는 조치를 취하는 일은 대단히 예외적이면서 용감한 일이다. 하지만 개인적인 선호나 경험에 관계없이 이머징마켓은 국가별로 큰 차이를 보이더라도 전체적으로는 고수익을 낳는 원천으로 자리잡게 될 것이다.

# 5장 그린경제,
## 초록빛에 돈과 인재가 몰리다

지구온난화 가설이 과연 올바른가 하는 문제는 여전히 논란의 대상이 되고 있다. 하지만 대다수 사람들은 지구온난화가 앞으로도 검증받아야 할 가설이 아니라 이제 불가피한 진실이라고 받아들이고 있다. 그것은 지구온난화를 방지하기 위한 각종 규제의 도입이 불가피함을 뜻한다. 결과적으로 기업과 소비자에 대한 각종 규제의 신설과 이에 따른 비용 증가가 예상된다. 또한 그린경제를 위해 막대한 재정투자가 이루어짐으로써 새로운 사업 기회 창출이 중요한 과제로 떠오를 전망이다.

## 현상 온난화의 주범은 인간인가 자연인가

"10년 내에 미국 내 모든 화석연료를 태양력이나 풍력처럼 재생가능하고 탄소배출이 없는 에너지로 바꾸자." 이것은 환경운동가이자 노벨평화상 수상자인 앨 고어가 2008년 7월 17일 미국 워싱턴 DC의 콘스티튜션 홀에서 열린 강연회에서 한 말이다. 그는 "정답은 화석연료에 대한 의존을 끝내는 일이다. 이는 지구온난화 위기는 물론 화석연료 의존으로 위태로워진 미국경제 및 안보 문제 해결에도 도움을 줄 것이다"라고 주장했다. 파격적인 주장이고 현실적으로 실현 불가능한 이야기임에도 불구하고 이 같은 주장은 지구온난화에 대한 사람들의 불안감을 확산시켰고 특별한 조치가 가능한 빠른 시간 안에 실행되어야 한다는 믿음을 강화해주었다.

문제는 이와 비슷한 주장들이 거의 매일 미디어를 장식하고 있다는 점이다. 사람들은 가설에 불과한 주장을 가설이 아닌 진실로 받아들이고 있다. 앞으로 지구온난화를 방지하기 위한 특별한 대책과 그에 따른 움직임은 국가정책과 기업 그리고 소비자 행동에 큰 영향을 미치게 될 중요한 메가트렌드 가운데 하나다. 가설의 주요 내용은 다음과 같다.

인류가 막대한 양의 화석연료를 사용하는 바람에, 온실효과를 내는 이산화탄소 농도가 빠른 속도로 증가하고 있다. 때문에 지구기온이 나날이 뜨거워지고 있는 중이다. 현재와 같은 추세가 계속된다면 극지방의 빙하가 녹고 킬리만자로 등의 만년설이 녹기 때문에 해수면이 올라가고 결과적으로 해변 지역의 도시들은 수몰되고 말 것이다. 뿐만 아니라 기상 이변이 속출함으로써 홍수와 가뭄 그리고 태풍이 빈번히 생겨나고 생태계가 파괴됨으로써 생물 멸종으로 인한 생물다양성이 사라지는 상황이 발생할 것이다. 또한 전염병의 빈번한 발생으로 궁극적으로 인류는 재앙을 맞이할 것이다. 때문에 이산화탄소 배출량을 획기적으로 줄이는 조치가 시급히 실시되어야 한다.

이 가설에 추가적인 설명을 더한다면, 우선 지구를 사과에 그리고 지구를 둘러싸고 있는 대기층을 사과껍질에 비유할 수 있다. 지구의 반지름이 6,378킬로미터나 되지만 대기의 99.9%가 존재하는 성층권까지 대기층으로 가정하면 그 두께는 불과 50킬로미터에 지나지 않는다. 지구 반지름의 128분의 1에 지나지 않을 정도로 대기층은 얇다. 각국이 경제성장을 해나가는 과정에서 이 얇은 대기층에 6대 온실가스, 즉 이산화탄소$(CO_2)$, 메탄

(CH4), 아산화질소(N2O), 수소불화탄소(HFCs), 과불화탄소(PFCs), 그리고 육불화항(SF6)을 내보내고 있다. 이 가운데 뒤의 세 가지 온실가스를 흔히 프레온가스라고 부른다. 이들은 자연에는 존재하지 않고 인간이 인위적으로 만든 가스들이다. 지구온난화를 우려하는 전문가들은 이들 6가지 온실가스 가운데서 이산화탄소가 배출량 기준으로는 80%, 그리고 온난화 기여도 기준으로는 50% 이상을 차지하는 것으로 추정하고 있다.

태양에서 지구로 오는 빛에너지 가운데 약 34%는 구름이나 먼지 등에 의해 반사되고 지표면에는 약 44%만 도달한다. 지구는 태양으로부터 받은 에너지를 파장이 긴 적외선으로 방출하는데 이때 6대 온실가스 특히 이산화탄소가 적외선 파장의 일부를 흡수함으로써 지구의 열을 보존하는 효과가 발생한다. 이를 온실효과(greenhouse effect)라 부르고 이로 인해 지구온난화가 발생하게 된다는 주장이 점점 설득력을 얻고 있다.

지구온난화 이슈가 공식적으로 제기된 것은 1988년 영국 런던에서 개최된 서방선진 7개국G7 정상회의 때였으며, 이곳에서 "이산화탄소 배출량을 2005년까지 1988년 대비 20% 삭감하자"고 의결한 바 있다. 이후 1988년 11월 국제기상기구(WMO)와 유엔환경계획(UNEP)이 공동으로 '기후변화에 관한 정부간 패널(IPCC : International government Panel on Climate Change)' 을 조직하여 1990년에 "온실가스 증가로 인해 향후 100년 동안 지구 평균기온은 3.2도 상승할 것이다"라고 발표한 적이 있다. 이후 1995년, 2001년 그리고 2007년에 걸쳐서 모두 4차례의 보고서를 발표한 바 있으며, 이제까지 IPCC는 지구온난화 방지에 찬성하는 전문가들의 주장을 뒷받침하는 가장 중요한 논리적이고 실증적인 근거로 사용되고 있다. 이런 공로를 인정받아서 2007년에 인도의 물리학자 라젠드라 파차우리 박사는 이 보고서에 기초해서 환경운동을 전개하고 있는 앨 고어와 함께 노벨평화상을 수상했다.

　일반 대중들은 전문가들의 영역인 과학적인 사실에 대해서 속속들이 알 길이 없다. 때문에 전문가들의 주장과 미디어에서 대세로 인정하는 가설을 진실로 받아들이기 쉽다. 여기서 지구온난화라는 가설이 과연 진실로 확고한 자리를 잡았는가라는 점을 점검해볼 필요가 있다. 물론 국내외에 실로 많은 전문가가 이 사실에 동의하고 있고 이런 전문가들의 의견에 바탕을 두고 온난화 방지에 찬성을 표시하는 정치가나 경영인 그리고 저술가들이 많다. 특히 앨 고어와 같은 환경운동가들은 이것을 가설을 넘어선 진리로 받아들여 마치 복음전도사처럼 '지구온난화 방지 전도사'로 나서 온난화의 병폐를 알리고 다닌 지 오래되었다.

　이를 두고 프랑스 출신의 논객 기 소르망은 "신중한 과학자인 파차우리는 가설을 제시하고 여러 가지 보호 장치들과 조건들을 열거했다. 그런데 이 가설에서 출발한 앨 고어는, 엄격성과 조심성을 넘어서, 그것을 우레와 같은 장광설로 바꾸어버렸다"고 비판했다. 한마디로 가설을 조심스럽게 해석하지 않고 마치 복음을 전파하는 것처럼 지나치게 사람들에게 환경재앙의 위기를 강조함을 지적한 말이다. 그런데 「제4차 IPCC 보고서」에 따르면 앨 고어의 이 같은 주장도 지나치게 과장된 면만 있는 것은 아니라고 본다. 많은 사람들에게 지구온난화 현상에 대한 확신을 심어주고 있는 내용은 다음과 같다.

　현재처럼 화석연류를 계속해서 사용한다면, 대기 중 이산화탄소 농도는 2100년까지 540~970ppm까지 증가할 것으로 예상됨으로써, 1750년의 농도인 280ppm과 비교해서 190~250%까지 증가하게 된다. 결과적으로 2100년의 지구표면 평균온도는 1990년에 비해 1.4~5.8도 상승할 것으로 예상되며, 해수면 역시 1990년에 비해 0.09~0.88미터 상승할 것으로 예측된다. 구체적으로 지구온도의 경우 2020년에는 1도 상승, 2050년에는 평균 2~3도 상승, 2080년에는 3도 이상 상승된다. 이 정도가 되면 인간을 제외한 지구상의 생물은 대부분 멸종 위기에 처하게 된다. 하지만 탄소배출량을 줄이는 쪽으로 삶의 방식을 변경하면 2100년까지 지구 평균기온 상승은 1.8도 그리고 해수면 상승은 18~38센티미터 정도가 되어 기후변화 효과를 완화시킬 수 있다.

이런 복잡한 모델에 바탕을 두고 나온 복잡한 수치를 전문가가 아닌 사람의 입장에서 정확한 해설을 더하기는 쉽지 않다. 하지만 지구온난화 방지에 반대하는 시각을 가진 전문가들의 의견을 경청해보는 것도 균형잡힌 시각을 갖추는 데 도움이 될 것이다.

연세대 화공과의 조영일 명예교수는 1990년 1차 보고 이후 4차 보고에 이르기까지 IPCC의 보고가 계속해서 내용을 변경시켜왔음을 지적한다. 예를 들어, 「제3차 보고서」(2005년)에서는 지구온난화가 인간 행동에 의해서 유발될 가능성을 66%로 발표했다. 하지만 「제4차 보고서」(2007년)에는 90% 이상이 인간활동에 의해 유발된다는 결론을 내리고 있다. 「제4차 보고서」는 지금부터 100년 후의 해수면 상승을 최소 19센티미터에서 최대 59센티미터로 추정하고 있다. 참고로 우리나라 서해안의 간만 차이로 인한 해수면 상승 차이는 950센티미터나 된다. 지구온난화가 인간활동에 의해 발생한다는 주장을 펼치는 IPCC의 보고서는, 과학적 근거는 신뢰도가

**표 4 | IPCC의 4차례 보고서의 변화 내용들**

| | 지난 100년간의 기온상승(℃) | 지난 100년간의 해수면 상승 | 2100년의 평균기온 상승(℃) | 2100년의 해수면 상승(cm)[*] |
| --- | --- | --- | --- | --- |
| 1차보고서(1990) | 0.3~0.6 | 10~25cm | 3.2(2.6) | |
| 2차보고서(1995) | | | 08~3.5 | 15~95 |
| 3차보고서(2001)[**] | | | 1.48~5.8 | 9~88 |
| 4차보고서(2007)[***] | 0.74 | 연간 3.1mm | 1.1~6.4 | 19~59[****] |

[*]한국 서해안의 간만의 차는 최대 9.5m(950cm)나 된다.
[**]지구온난화가 인간활동에 의해 발생했을 가능성 66%이다.
[***]지구 평균기온 상승은 90% 이상이 인간활동에 의해 유발된다.
[****]100년 동안 59cm 상승은 연평균 0.59cm에 해당한다.

출처: 조영일, '지구가 정말 열받았나', 「지구온난화는 자연현상이다」, 자유기업원 기자간담회, 2007. 8. 2

95% 이상이어야 함을 고려하면 여전히 가설 수준일 뿐 진실로 받아들이기에는 어려운 점이 없지 않다.

조영일 교수는 가설의 근거를 두 가지로 들었다. 첫째, 지구대기는 복잡계다. 복잡계 현상의 컴퓨터 시뮬레이션 예측은, 그동안 상당히 개선되기는 했지만, 여전히 신뢰하기 어려운 수준이라는 것. 둘째, 지구온난화는 자연현상이다. 왜냐하면 중세 온난기에서 소빙하기를 거쳐 지금은 기온이 상승하는 추세이기 때문이라는 것.

대기 중 이산화탄소 축적으로 온난화가 되어가는가 아니면 자연적인 현상의 하나로 현재 지구가 온난화 추세로 가고 있는가, 어느 쪽인가에 따라 이후 정책 방향은 완전히 달라질 수밖에 없다. 현재 지구온난화 방지를 찬성하는 측의 논리를 간단하게 이야기하면 독립변수(Y)에 지구 표면 온도의 상승을 그리고 설명변수(x)에 온실가스를 유발하는 6대 물질 특히 이 가운데 압도적인 우위를 차지하는 이산화탄소를 든다. 여기서 저탄소 경제 구

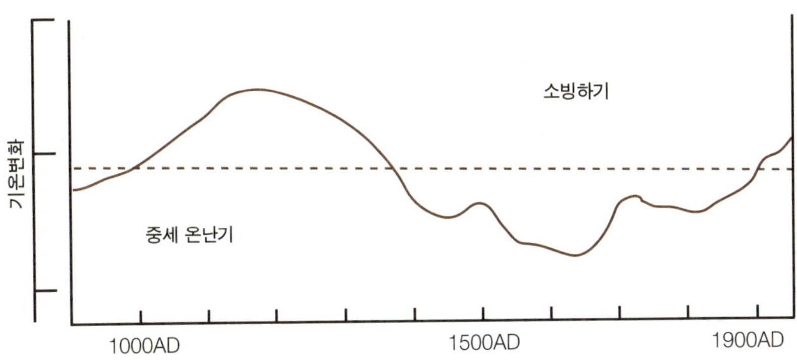


출처: 조영일(2007) 간접인용

축을 위한 국제간 연대와 같은 주장들이 나오게 되면 동시에 앨 고어 같은 인물은 화석연료를 버리자라는 주장을 하게 된다. 이런 면에서 자유기업원의 김정호 원장은 지구온난화 가설에서 원인과 결과의 관계가 확실하지 않다고 주장한다. 때문에 가설 수준의 주장에 기초한 채 공공정책을 급격히 바꾸는 것은 우스꽝스러운 일일 뿐만 아니라 막대한 자원을 낭비하는 결과를 낳을 수 있다고 주장한다.

지난 세기 동안 지구의 기온은 0.6℃ 올라갔다. 그러나 그것이 사람의 경제활동 때문인지에 대해서 과학자들의 견해는 일치되어 있지 않다. 그 중에서도 특히 이산화탄소 때문인지는 더욱 알 수 없다. 지구는 수억 년간 기상과 기후변화를 겪어왔으며 따뜻한 지역이 추워지기도 하고 추운 지역이 더워지기도 했다. 지금 지구가 어떤 상황에 있는가를 지난 몇 십 년간의 데이터를 가지고 판단하는 것은 너무 성급하다. 지난 세기 동안 기온이

상승했다고 해서 앞으로도 그 추세가 계속될 것인지는 아무도 모르는 일이다. 1975년 4월 『타임』지는 「차가워지는 지구(The Cooling World)」라는 기사에서 당시 '대부분의 기상학자' 들의 주장을 인용해서 "지구가 점점 추워지고 있다"고 보도했을 정도다. 그만큼 지구의 기온변화를 이해하기 어렵다는 말이기도 하다.

지구 온난화로 인한 기상재해의 시나리오는 지나치게 과장되어 있다. 특히 영화나 정치 영역에서는 더욱 그렇다. 온난화로 인해 지구 전체가 얼어붙는 일은 물리적으로 불가능함에도 불구하고 「투모로우」 같은 영화가 마치 사실인 것처럼 관객의 관심을 사로잡았다. 앨 고어의 「불편한 진실」 같은 영화 역시 자연현상을 아전인수식으로 해석한 것이다.

이상하게 보이는 기상 현상들이 나타나고 있는 것은 사실이지만, 어느 것이 지구온난화의 영향 때문인지, 그 중에서 어느 정도가 인간 때문에 일어난 것인지에 대해서 확실한 답은 나와 있지 않다. 폭풍을 전문적으로 연구한 학자들은 폭풍 피해가 느는 것처럼 보이는 것이 사람들이 과거보다 위험한 곳까지 진출했거나 또는 관찰과 기록의 정확성이 높아졌기 때문이라고도 말한다.

킬리만자로산 정상의 만년설과 빙하가 줄어들고 있는 것은 그 지역의 기온이 높아지기 때문이 아니라 습도가 낮아지기 때문이라고 한다. 알프스의 빙하가 줄어들고 있는 것이 사실이지만 로마시대에는 빙하가 더 없었다. 그 지역의 기온이 지금보다 더 높았기 때문이다. 그렇다면 지금 알프스의 빙하가 줄어들고 있는 현상이 자연스런 기온의 변화 주기 때문인지 인간활동 때문인지는 속단할 수 없다.[10]

프랑스의 논객 기 소르망은 『경제는 거짓말을 하지 않는다』라는 책의 말미에 상당한 면을 할애해서 지구온난화 문제를 다루고 있다. 여기에서 유엔이 후원하는 IPCC가 온난화의 위험이 닥쳐올 가능성을 지적했음에도 불구하고, 가설 이상의 대단한 사실을 발견하는 데 성공한 것은 아니라고 주장했다. 그는 "온난화의 원인이 과연 온실효과에 있는 것인가라는 것은 전혀 증명할 수 없다"는 점을 강조한다. 또한 그는 이산화탄소 축적에 의한 지구온난화라는 설명 모델에 반대하는 프랑스 리용의 르네 데카르트 대학의 마르세 르루 교수처럼 "온난화의 이유는 무엇보다도 지구 자전축의 변화에 있다"고 생각하는 사람들도 있음을 지적한다.

결론적으로 지금까지의 온난화는 확실한 것으로 보이며, 인간 행위에 의한 이산화탄소가 그 원인일 가능성이 있지만, 앞으로도 기온 상승에 의한 온난화가 지속될 것인지, 그 예상은 불확실하다. 가장 불확실한 것은 지금까지 확인된 기상재해에 관한 것인데, 우리는 그것을 앞으로 더 심해질 온난화의 예고편이라고 할 수는 없을 것이다. 피차우리는 이 점을 지적하지만 앨 고어는 입을 다물고 있다.[11]

뿐만 아니라 교토의정서가 발효되면 자국의 경제가 심각한 피해를 입을 수 있다는 이유 때문에 2001년 3월 미국은 의정서 협약 거부를 단행한다. 유럽과 일본 등의 비난을 받으면서도 의정서 협약을 거부한 배경에는 합리적인 기준이 있다. 당시 2만 명에 이르는 미국 과학자와 지식인들이 비준 거부를 요구하는 '반온난화 청원서' 에 서명했다. 미국과학아카데미 전 회장이자 록펠러대 학장을 지낸 물리학자 프레드릭 사이츠가 주도한 이

청원서는 다음과 같다.

교토의정서는 불완전한 개념에 기초한 것이다. 인간이 배출하는 이산화탄소, 메탄을 비롯한 온실가스가 현재와 가까운 미래에 지구 대기를 파괴적으로 가열하거나 기상 현상을 붕괴시킨다는 확실한 증거는 없다. 대기 중 이산화탄소 증가는 환경에 긍정적으로 작용한다는 증거가 있다. … (중략) … 교토의정서는 세계 각국의 기술발전에 대해, 특히 개발도상국 40억 이상의 인구가 빈곤으로부터 벗어날 수 있는 기회를 제공할 기술발전에 대해 아주 부정적 영향을 미칠 것이다.[12]

## 전망 녹색 성장의 진실과 허상을 직시하라

지구온난화 현상이 여전히 과학적인 논거를 더 필요로 하는 가설로 남아 있지만 그 가설의 옳고 그름에 관계없이 "지구온난화 진행은 피할 수 없는 사실이기 때문에 시급히 대비책을 마련해야 한다"는 것에 대한 공감대는 광범위하게 형성되어 있다. 현재 한 시대를 지배하는 사조로 자리잡는 데 성공한 것이 바로 '지구온난화 가설'이라고 생각한다. 하지만 나는 다수가 믿는 것이 늘 올바르다고 생각하지 않는다. 집단사고라는 것 역시 틀릴 수 있음을 우리는 역사를 통해서 여러 번 확인한 바 있기 때문이다. 하지만 두려움 특히 생존에 대한 두려움은 이성을 마비시키는 묘한 힘을 갖고 있다. 우리는 이미 광우병 사태를 통해서 진실 여부를 떠나서 특정 장면을 반복적으로 방영하는 것만으로 다수의 사람들을 집단적 히스테리 상태로 몰아넣을 수 있음을 확인한 바 있다.

앨 고어가 집필한 『불편한 진실』이란 책을 보면서 간단한 몇 개의 슬라이드만으로도 얼마든지 비전문가들을 설득할 수 있음을 확인하게 된다. 실제로 지구온난화 전문가들이 얼마나 되겠는가. 다수의 사람들은 지극히 상식적인 자료나 사진 등을 보거나 읽고 그리고 다수의 사람들이 믿는 대중적인 상식에 스스로를 자리매김하게 된다. 앨 고어는 자신의 저서에서 "우리 주변 세계에서 굉장히 극적인 변화들이 분명히 벌어지고 있다"고 주장한다. 그리고 왼쪽에는 빙하로 유명한 1970년의 '킬리만자로의 눈' 사진을, 그리고 오른쪽에는 눈과 얼음이 눈에 띄게 줄어든 30년 뒤 모습 사진을 나란히 배치하고 있다. 이와 비슷한 방식으로 국립빙하공원의 변화 모습, 알래스카 컬럼비아 빙하의 변화 모습, 남아메리카 안데스 산맥의 변화 모습 등을 공개한다.

그런데 사람들은 일단 어떤 믿음을 받아들이게 되면 그 믿음에 동의하는 정보만을 선택적으로 받아들이는 특색이 있다. 자신이 갖고 있는 믿음에 반대되는 주장이나 근거에 대해서는 애써 눈을 감게 된다. 필자 또한 지구온난화 문제에 대한 전문가가 아니기 때문에 온난화방지 찬성과 반대쪽 어느 편이 진실에 가까운지를 정확하게 단언하기 힘들다. 다만 한 시대에 지나치게 특정 이념이나 믿음에 대한 쏠림 현상이 생겨날 때는 이를 객관적인 증거 자료를 갖고 엄밀히 검증해봐야 한다는 생각을 늘 갖고 살아갈 뿐이다.

정계, 재계, 관계 그리고 NGO 분야 등에 종사하는 대다수 사람들은 지구온난화의 위험에 동의하고 있으며, 반대 의견의 목소리는 아주 작은 실정이다. 때문에 미래 사회는 지구온난화의 진실 여부를 떠나서 이를 실제

사실로 받아들인 상태에서 이루어지는 변화가 줄을 잇게 될 것이다. 한마디로 지구온난화 방지를 위한 노력은 각기 경제주체들의 사고와 행동을 결정하는 중요한 제약조건이 될 것이다. 미디어는 평이한 소재보다는 자극적인 소재를 원한다. 그리고 그 소재가 두려움과 긴박감을 줄 수 있다면 얼마든지 환영할 수 있는 주제임에 틀림이 없다. 이런 점에서 지구온난화 이슈는 미디어의 종류에 관계없이 인기를 유지할 것이며 대중들의 인식 변화에 큰 영향을 미칠 것으로 보인다. 아마도 주제별로 다루어지는 빈도를 중심으로 보면 앞으로 지구온난화와 관련된 주제가 첫 손가락 안에 들어가는 주제가 될 것이라고 추측해볼 수 있다. 정치인들은 대중들의 믿음을 주도하기보다는 주로 수용하는 쪽을 선택한다. 그러니까 대중들이 관심을 가지는 주제에 대해 아부하는 쪽으로 자신의 정책이나 행동을 수용하게 된다.

지구온난화 방지를 위한 명분을 걸고 다양한 정책들이 국가 수준에서 혹은 국가간 수준에서 속속 도입될 것이다. 예를 들어, 2007년 초 오스트레일리아는 2010년 이전까지 백열등을 비합법화하겠다는 공약을 밝힌 바 있다. 이런 조치를 유럽연합의 27개국이 뒤따라 실시할 예정이라고 한다. 이렇듯 이산화탄소 배출량을 줄이는 정책들이 대중의 욕구에 의해서건 아니면 정치가의 판단에 의해서건 속속 도입되는 길을 걸어가게 될 전망이다.

앨런 그린스펀은 자신의 저서 『격동의 시대』에서 21세기 미국경제를 붕괴시킬 수 있는 다섯 가지 힘 가운데 하나로 기후 변화를 꼽았다. 이산화탄소 감축을 위한 국제적인 노력은 탄소경제를 향한 움직임에 박차를 가할 것으로 보인다.

앞으로 대중들의 이 같은 불안심리와 욕구에 주목하는 정치가들이 늘어날 가능성이 크다. 그러니까 자신의 정치적인 이익을 위해서 대중들의 새로운 욕구나 불안심리에 초점을 맞추는 정치가들이 전 세계적으로 대거 늘어날 것이다. 이런 점에서 한국은 이미 그런 움직임을 시작했다. 건국 60주년 행사에서 이명박 대통령은 뜻밖의 선언을 한다. 그것은 '저탄소경제를 통한 녹색성장론' 이야말로 한국이 나아가야 할 지향점이라는 내용을 강조한 것이다. '저탄소경제'나 '녹색성장'은 정치적인 구호로 대단히 멋진 표현이다. 본인이 재임하는 기간을 포함해서 2030년까지 무려 111조 5천억 원을 투입해서 현재 2.4%인 신재생에너지 비중을 11% 높이겠다는 장밋빛 청사진을 제시했다. 정부가 녹색성장을 견인하겠다는 내용은 바로 이 부문에 돈을 풀겠다는 뜻이고 이런 돈을 갖기 위해서 장래가 극히 불투명한 인위적인 비즈니스가 우후죽순처럼 생겨날 가능성이 높다. "녹색성장을 통해 다음 세대가 10년, 20년 먹고살 거리를 만들어내겠다. 집집마다 신재생에너지를 사용하는 '그린 홈' 백만호 프로젝트, LED, 무공해석탄, 그린카 등을 중점 육성하겠다"는 메시지는 정부가 예산을 사용해서 이런 기술을 개발하는 기업이나 연구소를 집중 육성하겠다는 뜻으로 이해할 수 있다.

말이야 쉽지만 현재의 기술 수준으로 저탄소경제를 견인할 신재생에너지를 개발하는 일은 가시밭길을 걷는 일이 될 것이다. 예를 들어, 현재 기술로는 전기 1킬로와트를 만드는 데 태양광은 700원, 풍력은 100원 이상 원가가 필요하다. 반면에 원자력은 40원에도 미치지 못한다. 물론 기술발전에 따라서 얼마든지 원가는 변화하겠지만 시간이 오래 걸려야 할 일이다. 원전 1기 규모인 100만 킬로와트급의 발전소와 주변시설을 건설하기 위해서 태양광의 집광판을 설치할 여의도 면적의 10배인 1,000만 평의 초

대규모 토지가 필요하다. 풍력도 만만치 않다. 터빈 등을 설치하는 데 최소한 절반인 500만 평이 필요하다. 국제원자력기구(IAEA) 분석에 따르면 전력 1킬로와트를 생산하는 데 배출되는 온실가스 양($CO_2$)은 원자력 10그램, 태양광 57그램, 풍력 14그램이다.

결국 '녹색성장론'이나 '저탄소경제' 등과 같은 구호는 정치적인 의도가 개입될 수밖에 없기 때문에 상당한 액수의 재원을 낭비하는 결과를 가져올 것으로 보인다. 이른바 녹색성장을 위한 신재생에너지라는 허상을 좇아서 쓸모없는 곳에 돈을 쏟아붓는 결과를 가져올 가능성을 걱정하게 된다. 지금도 11조 원에 달하는 연구개발 투자비 가운데 2조 원이 환경기술에 투입되고 있으며, 이들 가운데 용도나 효과가 모호한 분야에 배정되는 예산과 보조금 유용에 대해서 논란이 있는 실정이다. 이런 비판적인 시각에도 불구하고 한국 정부는 경제돌파구를 녹색성장에서 찾을 의도를 명확히 하고 있으며, 정부의 주장대로 실시된다면 이런 움직임은 관련 분야에서 일하는 사람들에게는 큰 기회를 제공할 것임에 틀림없다.


## 대응 저탄소경제에 돈, 두뇌, 시장이 몰린다


'고탄소 경제를 넘어서 저탄소 경제로', 기후온난화 현상의 방지를 위한 시대적 분위기를 한 문장으로 표현한다면 이같이 압축할 수 있을 것이다. 국가 차원에서는 어떤 형식으로든지 간에 온실가스 감소 규모를 할당받게 될 것이다. 그러나 각국의 이해관계가 상충되고 동시에 '발리 기후변화협약 로드맵'에 제시된 것처럼 온실가스 배출에 대한 '상당한 감축(Deep Cuts)'이란 목표가 합의되기 위해서는 국가간 이해조정을 위해 오랜 기간에 걸친 논란이 일어날 것으로 보인다. 당분간 세계경제가 저성장 기조를 유지할 수밖에 없는 상황에서 지나치게 높은 감축 목표는 경제성장률 자체를 낮추어야 함을 뜻하기 때문이다. 이를 각국이 무리 없이 받아들일 수 있을 것인가라는 문제는 여전히 논쟁의 대상이 될 것이다.

2006년 토니 블레어 당시 영국 수상이 기후변화분석 수석 자문관인 니콜라스 스턴경에게 받은 종합보고서 「스턴보고서 Stern Review」(2006년 11월)는 지금부터라도 강도 높은 온실가스 감축을 위한 노력을 시도한다면 대기 중의 온실가스를 500ppm, 즉 섭씨 2도 정도의 상승에서 지구표면 온도를 억제할 수 있다고 한다. 이를 위해 지금부터 지구 전체적으로 들어갈 비용은 GDP의 1% 수준이라고 한다. 다시 말하면 매년 세계경제가 1% 수준의 성장률 감소를 감내해야 한다는 것을 뜻한다. 이 보고서는 만일 이 같은 투자가 가능하지 않다면 2100년경에는 재화의 30% 정도가 상실되는 비용을 지불하게 될 것이고 강조한다. 그런데 미래의 불확실한 30% 손실을 막기 위해서 100년간 매년 1%의 성장 속도를 낮추어야 한다는 점을 한창 성장하는 국가들에게 설득할 수 있을 것인가? 그리고 만일 그것이 가능하지 않을 때 다른 선진국들이 이를 부담할 수 있을 것인가? 국가간 온실가스 감축 규모가 최소한에 그칠 가능성이 높은 것은 이 같은 이해상충 문제 때문이라고 생각한다. 만일 기대와 달리 온실가스 감축 규모가 선언적인 의미를 넘어서서 어느 수준 이상으로 올라가게 된다면 이는 곧바로 생산방식과 생활방식에서 큰 변화가 일어나야 함을 뜻한다.

각 국가가 나름대로 이산화탄소 감축 목표를 제시해서 시행에 들어간다면 이에 따라 새로운 사업 기회는 크게 제공될 것이다. 인도네시아 발리에서 열린 제13차 기후변화협약 당사국 총회에서 가장 큰 논란이 되었던 부분은 온난화 방지를 위해 모은 '기후적응기금' 관리를 누가 맡느냐는 문제였다. 기후적응기금은 이산화탄소 배출을 줄이는 데 따라 직접적인 피해를 보는 개발도상국을 지원하는 방안으로 마련된 기금이다. 1997년 교토의정서에 의거해 규정된 기후적응기금은 2007년 말을 기준으로 약 6,700만 달러에 달한다. 예정대로 2013년 이후 온실가스 감축 목표가 본격적으로 시행되면 기금 규모는 크게 늘어날 것이다. 이 같은 기금은 주로 온실가스 배출이 많은 선진국으로부터 갹출되어 후진국에게 기술지원을 위한 각종 지원금이나 기술개발 자금으로 재분배될 것이다. 막대한 공공자금이 지원되는 곳에는 항상 그 기회를 누가 잡을 것인가라는 과제가 남게 된다. 온실가스 감축에 대한 특별한 기술을 선점한 기업이나 이런 기술들을 개발해서 개발도상국에 저렴한 가격으로 판매할 수 있는 기업들에게 특별한 기회가 제공될 것임을 예상하는 일은 어렵지 않다.

　온실가스 감축의 추진은 당장 한국처럼 에너지를 많이 사용하는 중후장대형 산업에 추가적인 비용 부담을 지울 것으로 보인다. 이는 곧바로 원가 상승으로 이어져 이런 상승분을 자체적으로 흡수하기 위한 기업들의 특별한 노력들이 있어야 함을 뜻한다. 우리나라에서 이산화탄소 배출 비중이 15%를 차지하는 철강업계는 가장 큰 타격을 받을 것이다. 역사적으로 보면 새로운 규제의 도입은 일부 산업이나 기업의 명암에 큰 영향을 끼쳤다. 철강 산업처럼 구조적으로 이산화탄소 배출이 많은 산업에 종사하는 기업들 사이에도 규제 도입에 따른 명암이 확연히 나누어질 것으로 예상된다. 철강 이외에도 석유화학 산업 그리고 시멘트 산업 등도 에너지소비가 많은 업종에 속한다. 철강 기업들을 책임지는 인물들의 고민은 새로운 규제

도입에 따른 고민을 고스란히 드러낸다.

포스코 회장은 최근 철강업계를 포함한 주요 선진국 리더들을 만나 이야기를 나누었는데, 그 중 절반은 온실가스 감축에 대한 것이었다. 이러한 점을 극복할 새로운 기술개발이 쉽지 않은 상태에서 온실가스 감축이 의무화돼가고 있어 걱정인 것이다. 한 중견 철강업계 관계자는 "발리로드맵이 전해진 2007년 12월 16일, 온실가스 감축 대상에 편입되면서 어떤 영향이 있을지에 대한 분석이 전무하다. 정확한 배출량을 계측하는 장비가 없는 경우가 많기 때문이다. 나도 답답하다"고 말했다.[13]

온실가스를 줄이는 일 그 자체가 하나의 비즈니스가 됨으로써 온실가스를 낮추는 기술에서 새로운 사업 기회를 잡기 위한 기업들이 더욱 더 박차를 가하게 될 것이다. 이 과정에서 새로운 사업 기회를 선점해서 크게 성장하는 기업들이 등장하게 될 것임에 틀림없다. 미국은 자체적으로 2002년부터 2012년까지 온실가스 배출량을 18% 이상 줄인다는 계획을 갖고 관련기술에 대해 적극적인 투자를 해왔다. 이 같은 투자의 과실을 톡톡히 누리는 기업들이 온실가스 저감 기술 분야를 선점하고 새로운 사업 기회를 창출하게 될 것이다.

특히 데이터센터 등과 같은 에너지 과소비 설비나 공장 설비 그리고 컴퓨터나 가전 등을 포함한 모든 분야에서 에너지 소비를 줄이는 움직임들이 대대적으로 실시될 것이다. 이런 과정에서 관련 기술 개발이 줄을 잇게 될 것으로 보이며, 에너지 효율을 올리는 기술, 신재생에너지 기술 개발, 이에 대한 측정기술 그리고 이들 전반에 대한 컨설팅 기술 등이 눈부신 발전을 하게 될 것이다. 이렇듯 새로운 성장 기회가 만들어짐에 따라, 금융업에서도 이 같은 분야가 돈이 된다는 사실에 주목해 관련 펀드의 출현이나 이 분야에 대한 벤처 투자 그리고 기존 투자 등이 줄을 이을 것으로 보인다.

한 가지 무시할 수 없는 사실은 온실가스 감축, 즉 저에너지 사용이 제품 이미지나 가격 등에 미치는 영향이 무척 커지게 될 전망이라는 점이다. 소비자들이 이런 부분에 대단히 우호적인 시각을 유지함으로써 이에 부응하기 위해 기업들은 더욱 더 적극적으로 제품이나 서비스에 '그린'이란 이미지를 덧씌우게 될 것이다. 그린 경제, 그린 이코노미, 그린 마케팅들이 식상할 정도로 유행을 타게 될 것이다. 이와 동시에 정부와 기업들의 조치가 잇따르고, 다른 한편으로 지방자치단체가 각종 NGO 등을 중심으로 자발적으로 이산화탄소 배출을 줄이는 노력들을 지속할 것으로 보인다. 이는 에너지 절감에 대한 도덕적인 의무, 즉 '에너지를 줄이고 지구를 살리자(Save Energy, Save Earth)' 등의 메시지와 맞물려 더욱 힘을 받을 텐데, 아마도 이 같은 움직임은 일반인들의 생활 속에서도 큰 반향을 일으킬 것이다. 그리하여 에너지 절감이나 에너지를 과다하게 사용하는 일상의 작은 상품이나 서비스를 줄이는 움직임으로 연결될 것이다. 이것은 이른바 '소박한 생활하기' 운동으로 확장되어, 삶의 양식에 어느 정도 변화를 만들어내는 그런 운동으로 발전할 것으로 보인다.

이렇듯 정부가 돈을 투자하고 보통 사람들의 관심이 집중되는 분야라면 이곳에서 새로운 승자가 대거 등장하는 일을 예상해볼 수 있다. 마치 인터넷 붐이 새로운 스타들의 탄생을 가져온 것처럼 말이다. 신재생에너지 기술의 한계에 대한 우려에도 불구하고 기술적 난관을 극복함으로써 시장을

선점하고 동시에 엄청난 부를 축적하는 데 성공하는 기업과 개인의 등장을
예상하는 일은 어렵지 않다. 얼마 전 국내의 한 신문은 한국을 방문한 GE의
환경부문 부사장인 로레인 볼싱어에게 다음과 같은 질문을 했다. "10년 후
빌 게이츠를 능가할 부자로 가장 유력한 사람이 누구인가?" 이에 대한 그
의 답이 인상적이었다. "중국의 태양전지 모듈 제조회사 썬텍의 회장인 올
해 45세의 스정룽 씨다."

현재 뉴욕증권거래소에 상장된 썬텍의 지분 33%를 소유한 스정룽施正榮
사장의 올해『포브스』지 발표재산은 29억 달러(약 3조 원)라고 한다. "태양광
으로 인류 생활을 긍정적인 방향으로 바꿔보고 싶다"는 소감을 피력하는
스정룽 사장은 태양과 에너지 분야의 선두주자답게 신재생에너지의 미래
를 이렇게 전망하고 있다.

독일 정부 보고서에 따르면 2050년까지 전 세계에서 소비되는 전력의
30%가 태양광 발전으로 공급될 전망입니다. 중국 정부는 2020년까지 중
국에서 소비되는 에너지의 15%를 신재생에너지로 공급한다는 계획을 세
워놓고 있는데, 그 중심은 태양광 에너지입니다. 태양광의 수요는 무궁무
진합니다. 아직까지는 경제성이 문제지만, 2012년이 되면 태양광 발전 비
용이 화석化石 연료로 에너지를 생산하는 비용과 비슷한 수준이 될 것입니
다. 그렇게 되면 태양광은 전 세계에서 통할 것입니다太陽能全通天下.[14]

그의 전망이 그의 공언대로 맞아떨어질지 어떨지는 두고 봐야겠지만,
저탄소경제를 구현하는 분야에 돈과 두뇌와 시장이 몰리는 동안 누군가에
게는 대단한 기회가 형성될 수 있음을 짐작하게 하는 전망이다.

# 6장 실업문제,
## 결코 식지 않는 '뜨거운 감자'

세계화의 어두운 측면은 자국 내에서 존재하던 괜찮은 일자리가 타국으로 떠나는 것이다. 특히 선진국이나 중진국에 속한 국가들의 고민은 괜찮은 일자리를 대규모로 만들어내기가 무척 힘들어지고 있을 뿐만 아니라 일자리의 이동 대상 국가가 되고 있다는 점이다. 이런 점에서 앞으로의 전망도 그다지 밝지 않다. 세계화로 인해 경쟁에서 낙오되는 사람들이나 그 계층이 느끼는 암울함은 정도를 더해갈 것이며, 우리나라 역시 예외가 될 수는 없다. 하지만 이때 일자리를 만들어내기 위해서는 인기에 영합하는 미봉책이 아니라 근원적인 해결책을 사용해야 한다. 단기간에 고통이 따르더라도 우호적인 사업 환경을 만들어내기 위해 생산성이 낮은 분야에 묶여 있는 자원이 활발하게 방출되어 더욱 더 생산적인 용도로 사용될 수 있도록 지속적인 개혁과 쇄신 정책을 펴나가야 한다.

## 현상 사라지는 일자리에 쓰러지는 사람들

실업문제는 모든 나라들의 고민거리다. 지금 고성장을 하고 있는 나라라고 해서 실업문제로부터 예외가 될 수는 없다. 매년 10%를 웃도는 경제성장률을 기록해온 이웃 중국의 경우 매년 413만 명의 대졸자들이 직업시장에 쏟아져나오고 있다. 이 가운데서 불과 166만 명 정도가 제대로 된 정규직을 가질 수 있을 뿐이다. 대학을 졸업하는 10명 가운데 6명이 졸업과 동시에 실업자 대열에 합류하고 있다. 때문에 중국의 청년실업률은 9%대를 넘어서는 것으로 알려져 있다. 중국의 보통 사람들 이야기를 제대로 다룬 『인민복을 벗은 라오바이싱』을 집필한 서명수 씨는 중국의 청년 실업문제는 오히려 한국보다 심각한 수준이라고 말한다. 현재 고교 졸업 후

대학에 진학하는 중국인들의 비중이 20%(한국의 경우는 84%)인 점을 고려하면 중국의 청년 실업문제는 더욱 심각하다고 볼 수 있다.

요즘 중국에서는 명문대를 졸업해도 좋은 직장에 취직하기가 쉽지 않다. 취업난과 지나친 경쟁에 따른 스트레스로 베이징대와 칭와대생들이 자살했다는 안타까운 보도가 수시로 터져나오고 있다. 중국도 한국과 마찬가지로 '이태백'이 넘쳐나고 있는 셈이다. 아니 한국보다 더 심하다. 대졸자 등의 취업난뿐만 아니라 하위 계층의 취업난도 심각하다. 젊은이들은 재래시장에서 인력거를 끌기도 한다. 그런데 청년 실업난은 좀처럼 나아질 기미가 보이지 않는다. 이 같은 상황에서 지난 2006년 베이징의 한 사우나 업체가 직업 훈련을 겸해 임시직 직원을 모집하자 대학생들이 몰렸다. 이 기업은 매니저 보조, 홀접대원 등 20여 개 직종을 모집하면서 반드시 때밀이 보조와 발안마사 보조 등 말단직을 거쳐야 한다는 조건을 내걸었다. 그런데도 인터넷과 방문 접수를 통해 5,000여 명이 지원했고 그 중 70%가 여대생이었다.[15]

뿐만 아니라 중국 정부는 공식적으로 실업인구가 1,200만 명 정도라고 말한다. 하지만 이 수치는 현실을 전혀 반영하고 있지 못한 것이 사실이다. 관련 분야 전문가들은 4,800만 정도로 추산하고 있다. 그러나 이 수치역시 전 인구의 70%나 되는 1억 5천만 명의 농촌인구는 전혀 포함하지 않고 있다. 물론 이들 가운데 농촌에 거주하는 사실상의 잉여인력에 해당하는 1억 5천만 명을 포함하면 중국의 실업인구는 2억 명에 선뜻 다가설 수 있음을 뜻한다. 특히 농촌인구의 지속적인 도시 유입은 사회불안의 원인을 제공한다. 중국의 실업문제에 대해서 서강대 동아시아연구소 장윤미 선임연구원은 다음과 같이 지적했다.

1970년대 말 지식청년들의 대대적인 귀향, 1990년대 국유기업 구조조정으로 인한 정리해고 물결에 이어 최근 또 다시 실업문제가 최고조를 맞고 있다. 지난 두 차례 상황과 달리 현재의 실업은 신규 노동력, 이주 노동력, 재취업 노동력 등 전반적인 취업난이 크다는 데 문제의 심각성이 있다.[16]

중국의 상황을 장황하게 소개하는 이유는 놀라울 정도의 경제성장을 지속해온 국가가 실업문제에서 어떤 상황에 놓여 있는가를 설명하기 위해서다. 지구촌의 어느 나라를 막론하고 정도 차이는 있을지라도 모든 나라가 만들어지는 일자리에 비해서 일자리를 구하는 사람들이 압도적으로 많은 실정이다. 특히 중국은 연평균 10%대의 고도성장을 계속하고 있음에도 불구하고 일자리를 구하는 사람들의 수에 비해 공급되는 일자리는 턱없이 부족한 것이 현실이다. 그렇다면 성장률이 떨어지는 다른 대부분 국가들이 안고 있는 실업문제는 얼마나 심각하겠는가?

최근 중국 상황으로 미루어볼 때 실업문제 해결에서 그동안 한국이 걸어온 길은 대단히 인상적이다. 비농가의 실업률은 1963년 16%를 넘었지만 지속적인 경제성장에 힘입어서 급격한 하락을 거듭하게 된다. 결국 1990년 중후반기에 들어서 2%대까지 떨어진다. 외환위기 이후 다시 상승하여 3%대 후반까지 도달하지만 40여 년 만에 2~3%대까지 실업률을 떨어뜨린 사례는 다른 나라들에서 찾기 힘든 경우라고 한다. 하지만 최근 한국의 고용 상황은 날로 악화되고 있다.

　1993~1997년 동안 한국경제가 연평균 만들어낸 일자리 수는 49만 5천 개지만, 2002~2007년 동안에는 31만 개로 줄어든다. 뿐만 아니라 경제성장률이 높아지더라도 이에 걸맞게 일자리 수가 늘어나지 않는 데 고민이 있다. 경제성장률이 1% 증가할 때마다 1993~1997년에는 일자리 수가 연평균 6만 2,900개 증가했지만, 2002~2007년에는 5만 6,700개로 줄어들고 만다. 1981~1990년에 5만 3,000개를 저점으로 꾸준하게 증가해온 추세가 외환위기 이후로 확연하게 줄어들어 날로 성장이 둔화되고 있음을 알 수 있다. 특히 그동안 일자리 만들기에서 큰 역할을 해온 제조업을 보면 실상이 생각보다 심각함을 알 수 있다. 한국산업연구원에 의하면 제조업 분야에서 10억 원어치의 생산물을 만들어내기 위해 필요한 인력은 1993년 11.08명에서 2006년에는 3.66명으로 줄어들었다.

　뿐만 아니라 1980년 이후부터 2006년까지 전체 실업률과 청년실업률 통계를 살펴보면 청년실업률의 비중이 높고 최근 여러 노력에도 불구하고 별로 나아질 기미가 없음을 알 수 있다.(〈그림 3〉 참조) 「노동시장의 동태적 특성에 관한 연구」를 수행한 남재량 박사는 "청년실업을 낮추기 위한 그동안의 많은 정책과 예산투입에도 불구하고 청년실업에 대한 지표들은 개선되지 않고 있다"고 말한다. 한편 다음 〈표 2〉에서 알 수 있듯이 전체 실업률에서 청년실업률이 차지하는 비중은 15~24세에서 2.8%, 15~29세에서 2.2%(2005년 기준)를 기록함으로써 외환위기 이전과 비슷하거나 더 낮은 수준임을 알 수 있다. 특히 유럽 국가나 일본 그리고 미국 같은 선진국과 비교해보면 유독 우리의 청년실업률 비중이 높다는 사실을 다시 한 번 확인할 수 있다. 다만 이런 수치를 비교할 때는 우리가 이미 선진국에 도달한 유럽 국가들이나 미국과 달리 더 성장해야 할 국가임을 염두에 두면,

| | 한국<br>(15~24세) | 한국<br>(15~29세) | 일본 | 호주 | 프랑스 | 독일 | 스웨덴 | 영국 | 미국 |
|---|---|---|---|---|---|---|---|---|---|
| 1990 | 2.9 | 2.3 | 2.0 | 2.0 | 2.2 | 0.9 | 2.6 | 1.5 | 2.0 |
| 2000 | 2.5 | 1.9 | 2.0 | 1.9 | 2.2 | 1.2 | 2.1 | 2.2 | 2.3 |
| 2001 | 2.6 | 2.0 | 1.9 | 2.0 | 2.3 | 1.2 | 2.6 | 2.2 | 2.1 |
| 2002 | 2.6 | 2.1 | 1.9 | 2.0 | 2.3 | 1.2 | 2.6 | 2.2 | 2.1 |
| 2003 | 2.8 | 2.3 | 1.9 | 2.0 | 2.3 | 1.2 | 2.5 | 2.3 | 2.1 |
| 2004 | 2.9 | 2.2 | 2.0 | 2.1 | 2.4 | 1.3 | 2.7 | 2.3 | 2.1 |
| 2005 | 2.8 | 2.2 | 2.0 | 2.1 | 2.4 | 1.6 | – | 2.5 | 2.2 |

출처: 남재량(2008), p.18

청년실업 문제의 심각성을 쉽게 알 수 있다.

젊은이들 실업문제의 속사정을 찬찬히 들여다보면 낮은 경제성장률에만 그 책임을 돌릴 수 없는 한국만의 특별한 상황이 있음을 주목해야 한다. 최근에 필자는 장치 산업에서 괄목할 만한 성과를 내는 P사를 방문한 적이 있다. 그 회사의 1,500명 인력을 3등분하면 생산현장에 500명, 관리나 연구개발 분야에 500명 그리고 해외에 500명으로 나눌 수 있었다. 해외인력을 제쳐두면 생산현장의 평균 연령은 43세 정도이고 관리직의 평균 연령은 44세 정도였다. 엄격한 해고제한 제도로 거의 10년 동안 신규 채용이 이루어지지 않거나 아주 소수에 머물렀기 때문에 조직은 역삼각형 피라미드 모습을 갖고 있었다. 부차장 밑에 사원들이나 과장이 없는 경우도 꽤 있는 상황이었다. 생산직은 해고가 거의 불가능하기 때문에 역삼각형 구조를 계속 가져갈 수밖에 없는 상황이고 이에 따른 고임금 문제로 골머리를 앓고 있는 실정이었다. 관리 및 연구 개발직은 부차장 이상이 비대

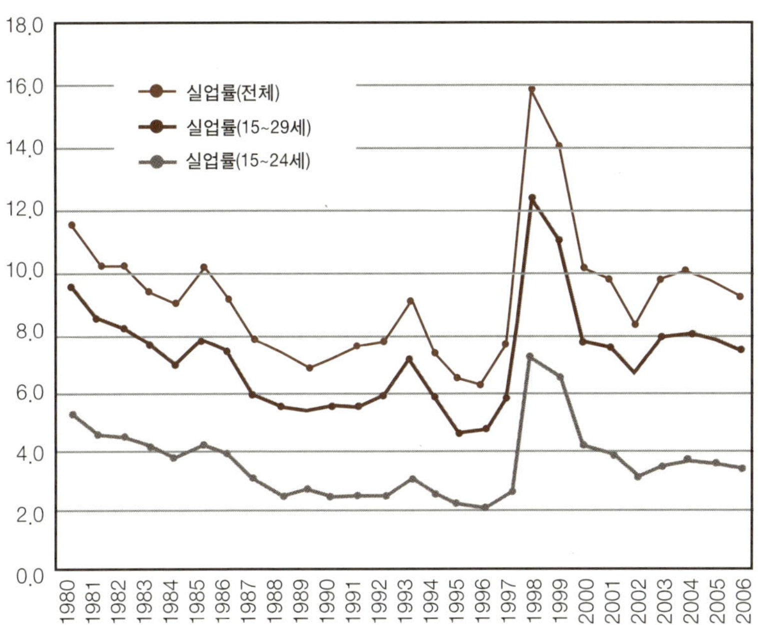



출처:  남재량, 「노동시장의 동태적 특성에 관한 연구」, 노동연구원, 2008. 5, p.17

한 상황이라 혁신 차원에서 인력을 조정하는 중이었다. 장치 사업이나 조립 사업 성격을 가진 한국 대기업들도 정도의 차이는 있을지 모르지만 거의 이 회사와 비슷한 상황에 놓여 있다고 할 수 있다. 이런 상황이라면 설령 일정한 규모로 설비 투자가 이루어진다고 해도 신규 채용이 크게 늘어날 수 없음을 쉽게 짐작할 수 있다. 게다가 여기서 기업들이 국내에 설비 투자를 꺼려하는 중요한 이유 가운데 하나를 추측해볼 수 있다.

이처럼 청년실업 문제는 괜찮은 일자리를 제공하는 측면에서도 문제지만 공급하는 측면에서도 큰 문제를 지니고 있다. 1985년도 우리나라 대졸자 수는 58만 8,000명이었지만 2007년도에는 90만을 육박하게 되었다. 이 수치만으로도 괜찮은 일자리를 필요로 하는 젊은이들이 크게 증가했음을 알 수 있다. 이제까지 논의를 종합하면 현재 한국의 실업 문제는 모두 5가지 요인으로 종합할 수 있다. 첫째, 대부분의 중진국이나 선진국과 마찬가지로 해외로의 공장이동이나 해외 직접투자의 증가를 들 수 있다. 다시 말하면 국내투자는 줄고 해외투자는 늘어나는 현상을 말한다. 둘째, 국내투자가 이뤄지더라도 자동화로 인하여 과거와 같은 일자리 창출을 기대할 수 없다. 셋째, 경직된 노사제도 때문에 기업들은 가능한 인력 증원에 보수적이다. 넷째, 대졸자 증가에 따라서 괜찮은 일자리를 원하는 사람들이 크게 늘어났다. 다섯째, 일자리에 대한 기대수준의 상승으로 저임금 일자리는 대부분 제3국인이 채우고 있다.

이처럼 내부적인 요인도 문제지만 우리가 주목해야 할 외부적인 요인 또한 결코 간과할 수 없다. 이 요인은 평균적인 의미에서 생활수준이 높은 국가들이 지금 이미 경험하고 있는 상황이라고 할 수 있다.

미국의 경우를 대상으로 김광수경제연구소가 제시한 자료는 미국 전 가구 가운데서 평균소득 이상 가구비중이 어떻게 변화해왔는가를 분석한 자료다. 이 자료는 1970년부터 2005년까지를 분석대상으로 하고 있는데, 지속적인 감소 추세를 나타내고 있다. 분석 시작연도인 1970년의 경우 전체 가구 평균소득 39,569달러(소비자물가지수로 2005년 가격으로 환산)를 초과한 가구비중이 42.3%에 달했지만 2005년에는 전체 가구 평균소득 63,344달러를 초과한 가구비중은 36.8%로 줄어들고 있다. 물론 소비성향이나 미국경제성장률 등도 어느 정도 영향을 미쳤겠지만, 여기서 결정적인 변수가 무엇일까라는 질문에 대한 답을 생각해볼 필요가 있다. 그동안의 트렌드로 미루어보면 1970년 이후 완만하게 하강하는 추세가 뚜렷한 하나의 특징을 이루고 있다. 김광수 경제연구소는 이 현상의 원인 진단 이전에 이런 주장을 펴고 있다.

이는 미국 정부가 경제성장을 지속적으로 추진해오고 있음에도 불구하고 미국의 상대적 빈곤율은 지속적으로 악화되고 있음을 나타내는 증거라 할 수 있다. 이상으로부터 미국은 자본주의 시장경제의 대표적 모델로서 경제성장을 지속해오는 나라지만 결과적으로 절대적 빈곤이든 상대적 빈곤이든 빈곤이라는 문제를 근본적으로 해결하지 못하고 있는 것으로 나타난다. 오히려 상대적 빈곤 문제가 확대되고 있는 것이다. 이것이 바로 자본주의 시장경제의 경제성장에 내재된 위험측면이다.[17]

성장이 일정 수준에 도달한 국가라면 필연적으로 성장국가를 따라잡고자 노력하는 국가들로 일자리가 이동하는 것을 피할 수는 없다. 일부 하이테크나 금융업에서 미국이 비교우위를 차지함으로써 그 분야에 종사하는 사람들의 생활수준은 날로 나아지고 있지만 나머지 분야에서 일하는 사람들의 일자리 수준은 오히려 과거에 비해서 더욱 더 낮아지는 추세에 있는 것도 이를 반증하는 자료로 해석할 수 있다. 이는 미국만의 이야기가 아니라고 본다. 이는 한국의 이야기이며 앞으로 우리가 더욱 심하게 경험할 수 있는 일이라고 본다. 세계화가 본격적으로 진행되는 1990년 이후 특히 한국의 경우는 외환위기 이후에 일자리의 해외이동 그리고 국내의 신규 일자리 창출 부족과 같은 현상들이 평균소득을 넘어서는 가구 수의 축소를 낳고 있다. 특히 괜찮은 일자리에서 밀려난 사람들이 대거 자영업으로 뛰어들고 이런 과정에서 도태한 사람들은 중산층으로부터 신분이 하향 이동하는 경우가 크게 늘어나게 되었다. 산업구조 조정에 따라서 새로운 가치를 만들어내기 힘든 사람들이나 계층 그리고 집단들을 위한 '괜찮은 일자리' 창출의 부족 문제가 경제성장 이면에 놓인 뚜렷한 한 가지 현상이라고 생각한다.


##  경제원칙에 맞게 일자리를 창출하라


그렇다면 이 같은 현상은 앞으로 해결될 가능성이 있는 것인가. 선진국들의 경우 국민소득이 증가하더라도 보통 사람들의 실질임금이 정체 내지 하락하는 일은 피할 수 없을 것으로 보인다. 높은 보수를 받을 수 있는 특수 직종들, 예를 들어 금융업 종사자나 하이테크 관련 엔지니어, 디자인, 기획, 마케팅 그리고 컨설팅 등에서 고부가가치를 창출할 수 있는 인재들 그리고 소득 가운데 자산소득의 비중이 높은 사람들 경우는 예외가 될 수 있지만, 자신의 노동력을 대가로 보수를 받는 보통 사람들의 형편은 크게 나아지지 않을 것이다. 이는 장기적인 추세의 하나로 선진국과 중진국 그리고 후진국 사이에 보통 일자리에 대한 임금수준이 비슷비슷해져가는 현상으로 이해할 수 있다. 특별한 일자리가 아니라 누구나 할 수 있는 일자리라면 미국이든 한국이든 중국이든 간에 시간당 평균임금이 중장기에 걸쳐서 비슷비슷해지게 된다.

이른바 '요소가격 수렴화 현상'을 두고 하는 말이다. 그렇다면 한국과 같은 중진국의 경우는 어떨까? 중진국의 경우도 요소가격 수렴화 현상에서 성역으로 남아 있을 수 없다. 고부가가치 창출 능력을 소유하고 있거나 자산소득에 대한 의존도가 높은 사람들의 경우는 예외지만 나머지 보통 사람들의 생활수준은 크게 나아지지 않을 것이다. 물론 노동조합의 힘이 더해지면서 일정 기간 동안은 시장가격보다 높은 임금수준을 유지할 수 있지만 장기적으로 이 같은 현상이 계속될 수 있는 가능성은 그다지 높아 보이지 않는다.

그런데 이 같은 자연스런 추세에 더욱 속도를 더하는 요인은 세계화로 인한 일자리 이동을 들 수 있다. 선진국에서 중진국으로 그리고 중진국에서 후진국으로 향한 일자리 이동은 과거에 비해 훨씬 원활하게 이루어지고 있으며, 이 같은 추세는 앞으로도 계속될 것이다. 특히 특정 국가의 사업환경이 그다지 우호적이지 않은 상황이라면 일자리 이동은 더욱 힘을 받을 것임에 틀림없다. 일자리 이동은 피할 수 없는 사실이다. 그럼에도 불구하고 특정 국가로 이동한 일자리를 대신할 수 있을 정도의 괜찮은 일자리 창출에 실패한다면, 이는 고스란히 생활수준의 하향 이동이 불가피한 사람들과 계층을 양산하는 효과를 낳게 됨을 뜻한다.

특히 제조업과 같은 직업의 경우 실제로 전직 훈련이란 것이 말처럼 쉽지 않다. 특정 공장이 이동하고 나면 그 자리를 떠난 화이트칼라나 블루칼라는 자신이 공장이전에 받았던 임금수준을 뛰어넘을 정도의 소득을 버는 일은 쉽지 않을 것이다. 왜냐하면 그 혹은 그녀가 가치 창출의 원재료로 사용하던 스킬이나 지식은 특정 직종에 붙박이 형태로서 갖춘 경우가 많았기 때문이다.

예를 들어 미국의 경우만 하더라도, 미국이 만성적인 수입초과 국가로 자리잡은 데는 물론 미국인의 소비성향 같은 요소들이 큰 역할을 하고 있음에 틀림없지만 자국 내에서 무엇인가를 생산할 수 있는 그런 기반이 없어진 것도 큰 부분을 차지한다. 물론 미국과 같이 3억 내외의 인구를 가진 나라는 내수 기반으로 거래가 이루어질 수 있기 때문에 수입 초과상태에서도 어느 정도 자체 수요를 만들어낼 수 있다.

그러나 한국과 같은 규모의 나라라면 이야기는 달라진다. 바깥으로 이동한 일자리에서 밀려난 사람들은 과열된 경쟁 상태에 놓인 내수형 산업에 몸담을 수밖에 없는데, 이런 사업들은 주로 부가가치가 낮은 업종들이 대부분이다. 때문에 현재와 같은 상황이 지속되는 한 신규 일자리 창출에 큰 기대를 하기 힘들다.

그런데 문제는 그나마 사업환경이 우호적인 상태라면 사업구조 고도화를 위한 추가 투자가 어느 정도 이루어질 수 있겠으나 막강한 노동조합의 존재 같은 구조적인 요소가 자리를 잡고 있다면 큰 일자리 창출을 기대하기 쉽지 않다는 것이다. 한번 고용을 하고 나면 더 이상 해고가 불가능한 상태가 지속된다면 사업가들은 장기적인 확신이 서지 않는 한 선뜻 투자를 행하기 쉽지 않다. 그밖에 비즈니스를 수행하는 데 필요한 부가적인 비용 부담들, 세금이나 준조세 등의 부담액 역시 무시하기 어려운 요소라고 생각한다.

결국 세계화로 인한 최대 수혜계층은 소비자들이라 할 수 있다. 이들은 저렴한 상품을 구매할 수 있는 소비자들, 선택의 폭이 한층 넓어진 사람들, 전 세계를 상대로 자산을 운영할 수 있는 자산소득가들 그리고 글로벌 시장을 상대로 비즈니스를 전개할 능력을 가진 기업들을 꼽을 수 있다. 그러나 일반 근로자들은 소비자 입장에서 큰 혜택을 볼 수 있을지는 모르지만 그들의 직업 안정성이나 그들이 받는 보수 면에서 보면 그 비용을 톡톡히 지불할 수밖에 없을 것이다.

이러한 상황에서는 다른 나라들로부터 일자리를 듬뿍 물려받는 나라들

의 보통 근로자들이 가장 큰 수혜집단에 속하게 된다. 앞으로 높은 성장성
이 기대되는 이머징마켓에 속하는 나라들, 이를테면 생산조립의 기지로서
역할을 충실히 할 수 있는 국가들은 계속해서 일자리를 창출하는 데 주역
인 나라로 자리잡게 된다. 하지만 선진국이나 중진국 국가들은 평균적인
의미의 일자리 창출이란 면에서 보면 패자 그룹에 속한다고 할 수 있다.
하지만 이때 패자라는 것이 전부가 패자가 됨을 뜻하는 것은 아니다. 특별
한 능력을 소유하지 못한 근로자들에 해당하는 이야기라 할 수 있다. 결국
한 국가에서 없어지는 일자리를 능가할 정도로 새로운 일자리를 만들어낼
수 있는가 하는 점은 한 국가가 스스로를 쇄신하는 능력에 크게 의존한다
고 할 수 있다.

　이런 점에서 오마에 겐이치가 『부의 위기』라는 책에서 일본경제 회생
방법의 하나로 제안하는 내용, 즉 더 이상 실질임금을 크게 높이는 일이
앞으로 일본에서는 불가능하기 때문에 대신 정부가 실질임금을 보전해주
는 정책으로 정책 방향을 수정하라는 정책 조언은 우리에게도 시사하는 바
가 크다고 할 수 있다. 다시 말하면 보통 사람들의 수입이 정체되는 상황이
계속된다면 나라가 도움을 줄 수 있는 것은 지출을 줄여주는 일이다. 그것
도 강제적이거나 준강제적으로 갹출할 수밖에 없는 비용을 줄여나가는 일
에 총력을 기울여야 한다. 세금뿐만 아니라 생필품의 가격을 줄여줌으로써
소득을 보전하는 그런 정책들을 고려해야 한다. 그러려면 턱없이 높은 물
가 수준의 이유가 무엇인지를 꼼꼼히 따져보고 필요한 대책을 세워 해결책
을 제시할 수 있어야 한다. 오마에 겐이치는 "일본이 해외에 논을 사는 것
은 토지를 수입하는 것과 같다. 해외에서 토지를 사고 농지를 개발하면 그
것이 식량안보가 된다"고 주장한다. 그는 한 걸음 나아가 "정말로 토지를

유용하게 이용하기 위해서는 철저하게 규제를 완화, 철폐하거나 도시 근교에서 농업을 과감하게 금지하는 '제3차 농지개혁'을 해야 한다. 그렇게 하면 주택에 적합한 토지를 많이 공급할 수 있게 되고 토지비용은 크게 낮아질 것이다"라고 말한다. 수도권 규제완화와 그린벨트 문제를 두고 우리 사회가 참조할 만한 발상의 전환이다. 높은 생산비용 하에서 누가 투자를 하고 누가 일자리를 만들어내겠는가? 그리고 높은 주거비를 부담한다면 당연히 소비에 들일 수 있는 돈은 줄어들 수밖에 없지 않는가?[18]

일자리 창출에 또 하나의 걸림돌이 되는 것은, 이제 많은 사업체에서 과거처럼 그렇게 많은 사람이 필요하지 않다는 점이다. 설비의 자동화나 두뇌 의존도의 증가로 같은 생산량을 만들어내는 데 과거보다 현저하게 적은 인력으로 가능하게 되었다. 게다가 노동조합의 활성화 같은 요인들로 인하여 사업가들은 가능한 인적 자원을 줄이는 쪽으로 기술개발이 이루어져왔다. 제레미 러스킨이 『노동의 종말』에서 밝힌 "20~30년 뒤에는 공장 자동화로 인하여 제조업 일자리의 90%는 사라질 것이다"라는 극단적인 미래 전망에 대해 전적으로 손을 들어줄 순 없지만, 더 많은 생산이 더 적은 인적 자원으로 가능한 현상은 당분간 대세를 이루게 될 것이다. 이 같은 추세는 경제구조의 근본적인 변화에 해당하기 때문에 되돌리기 쉽지 않을 것이다.

하지만 각국은 일자리 창출을 위한 경쟁적인 조치들을 취할 것이며, 이런 점에서 당분간 각국 정치인들의 정치적 이슈는 일자리 창출에 모아지게 될 것으로 보인다. 이런 추세가 지속되면 정치인들은 일자리 창출을 위해 다양한 노력들을 기울일 것이고 이 과정에서 국가간 경쟁이 치열하게 전개될 것이다. 과거에는 체제간 경쟁이었다면 앞으로는 매크로 측면으로부터 마이크로 측면으로 이동한 국가간 '정책 대결'이 주도하게 될 것이다.

그런데 이런 일자리 창출의 부진 과정에서 취약 계층은 바로 젊은이들이라 할 수 있다. 학교를 졸업하고 난 다음에 3~5년간은 대단히 중요한 기간이다. 그 기간 동안 실질적으로 평생을 살아갈 수 있는 기본적인 소양이나 기능을 학교가 아닌 기업과 같은 조직으로부터 배우기 때문이다. 이들이 제대로 된 기회들을 잡지 못하게 되면 일본의 '프리터Freeter'처럼 정기적인 직업이 아니라 아르바이트로 생활하는 사람들이 대거 생겨나게 된다. 이 같은 상황에 처한 사람들은 길고 긴 인생에서 사회생활뿐만 아니라 생애 설계에서도 심각한 문제점을 갖게 된다. 일본에서 대중적인 인기를 얻고 있는 작가 무라카미 류는 『성공연애특강』이란 저서에서 매몰찰 정도로 "프리터에게는 미래가 없다"고 주장한다. 그는 25세에 프리터인 사람이 35세가 되면 어떤 인물이 되어 있을지를 상상해보라고 말한다. 10년 동안 제대로 된 지식도 기술도 습득하지 못하고 능력 면에서 아무것도 갖지 못한 사람이 35세를 맞게 되는 경우는 개인적인 차원에서뿐만 아니라 사회적인 차원에서도 문제다.

이 같은 점을 충분히 인식하고 있기 때문에 청년실업 문제에 대해서는 각국 정부들이 특별한 조치들을 고안하기 위해 노력할 것으로 보이지만 이는 개인의 의지와 기대 수준, 교육제도의 경쟁력 그리고 산업구조의 변화 등이 복합적으로 맞물려 있는 문제이기 때문에 뾰족한 대안을 만들어서 실행에 옮기기가 쉽지 않을 것이다. 이런 점에서 보면 '선임자 특권(seniority)'이 강하고 경직적인 노동시장을 가진 국가들의 경우 젊은이들이 지불해야 할 비용이 줄어들 전망은 보이지 않는다.

그런데 자칫 일자리 창출이란 문제가 정치인들에 의해서 왜곡될 가능성은 얼마든지 높다. 이로 인해 경제성장의 결과물로 만들어지는 일자리가 아니라 일자리 자체를 만들어내는 것으로 정책이 향할 때는 엄청난 사회적 낭비를 경험할 수밖에 없을 것이다. 일자리가 부족하다는 시중의 아우성에 정치인들은 답해야 한다. 그렇다면 이를 손쉽게 해결할 수 있는 방법으로, 재정 지원을 통해 일자리를 만들어내는 대규모 프로젝트를 실천에 옮길 가능성이 높아질 것이다. 우리 사회에서 일자리 창출을 위해 2003년부터 본격적으로 시행된 이른바 '사회적 일자리 만들기 사업'의 예산규모는 실로 어마어마하다. 2004년도에 노동부를 포함해서 6개 부처가 참가하면서 그 예산 규모는 949억 원으로 늘어났고, 2005년에는 7개 부처에 1,691억 원 예산이, 2006년에는 8개 부처에 6,782억 원의 예산이, 그리고 2007년에는 11개 부처에 1조 2,945억 원의 예산이 투입되었다. 시행된 지 4년 만에 투입 예산이 무려 177배나 증가한 사업이라니, 그 자체만으로도 정말 대단한 일이다. 그런데 2008년에는 10개 부처가 참가해서 1조 5,729억 원을 투입할 예정이라고 한다. 그렇다면 시행 첫해인 2003년에 비해서 5년 만에 215배나 예산이 증가한 셈이다.

그런데 이렇게 해서 만들어낸 일자리는 몇 개나 될까. 간단한 산술계산으로 살펴보면 2007년에는 1조 2,945억 원 지원에 만들어낸 일자리는 20만 1,059개이고 2008년에는 1조 5,729억 원 투입에 22만 8,000명의 일자리를 만들어냈다고 한다. 간단명료하게 말하면 2008년에는 일자리 한 개를 만들기 위해 689만 원의 보조금을 지불했고, 2007년에는 643만 원, 그리고 2006년에는 606만 원의 보조금을 지불했다. 이 보조금 액수는 2006년부터 갑자기 증가했는데, 그 이전 2005년과 2004년에는 각각 243만 원과 199만 원에 불과하다. 물론 시작하는 초기연도인 2003년에는 365만 원의 보조금이 주어졌다. 이로써 이것은 그냥 돈을 이곳저곳에 뿌리면서 몇 개의 일자리를 만들었다는 생색만 내는 전시성 행정이 아닌가라는 의구심을 가질 수밖에 없다.

그런데 실업문제가 심각해지면 이런 전시성 예산 규모가 팽창될 가능성은 앞으로도 얼마든지 농후하다. 관료나 정치가들에게는 일단 무엇인가 하고 있다는 점을 보여줄 필요가 있기 때문이다. 이 점에서 독일과 프랑스의 실패 사례를 눈여겨볼 필요가 있다. 독일의 경우는 1992년부터 대대적인 규모로 '사회적 일자리 창출' 프로젝트인 'MEGA-ABM'을, 그리고 프랑스는 1996년 '로비앙 법(Robien Law)'을 제정해서 '일자리 나누기' 프로젝트를 국가 차원에서 실시해왔다. 두 나라 사례를 분석한 최용식 씨는 "독일의 사회적 일자리 창출 프로젝트는 실업률을 떨어뜨리기는커녕 오히려 상승시켰고 프랑스의 일자리 나누기 역시 실패했다"고 결론내리고 있다. 최 소장은 여기서 한 걸음 더 나아가 "성장의 콘텐츠 없는 일자리는 재앙이다"라고 주장한다. 이런 프로젝트를 실시하기 이전이라도 이미 그 실패는 충분히 예견하고도 남을 일이다. 수요가 없는 곳에 인위적으로 수요를 만들어낸 일자리가 어떻게 지속될 수 있겠는가? 예산이 투입되는 동안만 반짝 시행되다 마는 일자리가 될 수밖에 없다.

일자리 창출은 경제성장의 결과일 뿐이다. 바꿔 말해서 경제성장이 일자리 창출의 원인이라는 것이다. 결론적으로 말해서 성장률이 높으면 생산과 투자가 늘고, 이에 따라 고용은 자동으로 늘어난다는 경제 철칙을 위배하면 결과는 비참하다.[19]

그러나 정치는 정치다. 건실한 성장이 자동적으로 일자리를 만들어낸다는 사실에 동감하지만, 건실한 성장을 위해서는 고통이 따르기 마련인데 정치가들은 이런 고통을 감내하기보다는 단기적인 미봉책에 매달릴 가능성이 높다는 점이 문제인 것이다. 아마도 정치가들은 예산을 이용한 전시성 일자리 만들기에 더더욱 매달릴 것이다.

##  실업문제, 바른 정책으로 해결하라

인간의 행복과 품위는 경제적인 기반을 어느 정도 갖고 있는가에 따라 크게 좌우된다. 때문에 한 사회가 계속해서 '괜찮은 일자리'를 만들어내는 일은 경제적인 문제일 뿐만 아니라 사회 구성원들의 삶을 풍요롭게 하는 일이기도 하다. 이런 점에서 한 사회가 지속적인 성장을 해나갈 수 있도록 정책을 만들고 제도를 개선하는 일의 중요성은 앞으로도 점점 더 무게를 지닐 것으로 보인다. 그러나 늘 중장기적인 효과와 단기적으로 반짝하는 효과 사이에는 갈등이 일어나기 마련이다. 따라서 어떤 나라가 올바른 신념을 가진 정치가와 정치세력을 선택할 수 있는 행운을 가진다면 지속적인 성장을 통해서 괜찮은 일자리를 만들어갈 수 있는 가능성이 한층 높아질 것이다. 반대로 그렇지 않은 나라는 그냥 일자리 수에 집착한 채 시간을 흘려보낼 가능성이 높다.

이런 명백한 사실에도 불구하고 다수의 국가들은 상황이 악화되기 전까지는 지속적인 경제성장의 바탕을 마련하는 데 실패함으로써 톡톡히 그 비용을 지불하게 될 것이다. 이들 국가 가운데는 현재의 선진국과 중진국의 일부 국가들이 포함될 것임에 틀림없다. 이들 국가의 공통된 특징은 스스로를 '쇄신' 하려는 노력이 부족함으로 인하여 자국 내에서 계속적으로 성장 동력이 생겨나게 하는 데 크게 성과를 거두지 못하는 경우라 할 수 있다. 이런 나라들은 점점 더 악화되는 실업문제로 고통을 경험할 것이고 이 문제를 해결하기 위해서 세금과 재정 지출에 의존할 가능성이 높다. 일단 '저성장 → 실업문제의 심각화 → 사회불안 발생 → 높은 세금 → 실업급여 증가와 재분배 성격의 지출 증가 → 저성장' 같은 악순환의 트랙에 들어서기 시작하는 국가들은 실업문제, 저성장 문제, 높은 세금 문제들이 복합적으로 얽히고설키면서 뒤처지게 될 것이다. 이런 나라들은 필연적으로 누적된 경상수지 적자 문제까지 안게 될 가능성이 높기 때문에 경제위기까지 경험할 수도 있다.

더욱이 실업문제가 더욱 심각한 사회적 이슈로 자리잡은 나라일수록 경제논리보다도 정치논리가 압도적인 우위를 보일 것이고 이런 과정에서 경제의 정치화 현상이 더욱 심화될 것이다. 이런 나라들의 전형적인 특징은 '일자리 만들기 사업' 이란 명분으로 더 많은 국가재정을 투입한다는 것이다. 하지만 이런 나라들은 실업문제의 근원을 해결하지 못한 채 사회적인 갈등 혹은 소요 등을 경험하게 될 가능성도 얼마든지 높다.

세계화의 확산 추세로 미루어보면 현재의 선진국과 중진국 중 특별한 노력으로 스스로의 성장기반을 탄탄히 하기 위해 작은 정부, 낮은 세금, 안정된 물가, 규제완화, 노동시장의 유연성 그리고 공적 영역의 축소 등으로 과감한 개혁을 시도해나가지 않는 나라들은 대체적으로 어려운 시기를 보내게 될 것이다. 결국 일자리 창출은 해외보다는 국내에서 더 많은 투자를 행하는 것이 바람직하다는 판단을 가질 수 있도록 돕는 일이다. 그렇다면 우리 사회의 생산비용을 높이는 모든 제도를 원점에서 다시 한번 검토할 수 있어야 한다. 휘발유 가격, 사교육비, 물가, 세금, 준조세, 각종 해고 제한 규정들, 각종 정부기관들과 공적 성격의 기관들 등이 우호적인 사업 환경 조성에 플러스 요인이 되고 있는지 아니면 마이너스 요인이 되고 있는지를 면밀히 따져봐야 한다. 이제까지 해왔던 관행이나 관습을 그냥 두는 형태로 일자리 창출에서 큰 성과를 얻기는 힘들다. 결국 변화는 가치창출이 낮은 부분에 묶여 있는 각종 자원들이 풀려나와서 높은 부가가치를 낳을 수 있도록 사용되는 것을 돕는 데 있다. 이른바 경제의 기초 체질을 다지기 위한 '쇄신'이 필요한 이유가 여기에 있다. 굳이 국가간의 이해득실을 따지면 실업문제에서도 역시 승자는 저렴한 생산비용으로 선진국과 중진국들의 많은 생산기지와 백오피스 업무가 이관되는 대상지로 손꼽히는 장소가 될 것이다.

실업문제에서 사회적 책임과 개인적 책임 사이에 어느 정도 비율을 두어야 할지에 대해서는 사람마다 다른 의견을 갖고 있을 것이다. 하지만 나는 나라가 할 수 있는 일에는 한계가 있다고 본다. 성장환경을 개선하기 위해서 공동체 차원에서 할 수 있는 일들이 있겠지만 궁극적으로 자신의 일자리 문제는 스스로 책임져야 한다고 생각한다. 개별 경제주체들은 변화한 환경에 대해서 충분히 이해하고 있어야 하고 자신의 직업과 관련해서 중장기적으로 어떤 변화가 일어날지에 대해서도 나름의 판단이 서 있어야 한다. 환경변화에 대한 깊은 이해는 곧바로 자신의 미래와 관련한 미래준비로 연결될 수 있다. 개별 경제주체 입장에서는 과거에 비해서 직업의 안정성이 비교할 수 없을 정도로 뒤처졌다는 사실에 대한 깊은 인식의 변화가 있어야 한다.

가능한 젊은 날부터 자신의 경력관리에 대한 고민과 아울러 돌발사태가 발생했을 때 스스로 어떻게 대응해야 할지에 대한 대책을 갖고 있어야 한다. 이는 자신의 경력관리에 관한 한 미래 준비를 일상화하는 것을 뜻한다. 어떤 경우든 자신이 누리고 있는 각종 혜택들이 언제든지 타국으로 이관 가능한 것임을 알아차리는 순간 어려움이 닥치기 전에 미리미리 준비하는 것을 일상화할 수 있을 것이다. 또한 자신이 몸담고 있는 조직 역시 자신의 능력을 상대로 맺어진 계약체로 이해할 필요가 있다. 계약이란 환경이 바뀌고 서로가 서로를 원하지 않는 상황이 발생하면 언제든지 자의든 타의든 간에 해약될 수 있음을 알아야 한다.

특히 청년실업 문제는 일자리 이동이 해외로 많이 이루어지는 국가의 경우엔 단기간에 해결될 수 없을 것이고, 때문에 청년들은 취업을 위해 더욱더 치열한 경쟁 환경에 노출될 것이다. 처음부터 괜찮은 일자리를 얻을 수 있는 가능성은 점점 좁아질 텐데, 이런 상황 변화 속에서 청년들 나름의 적극적인 대응책이 마련되어야 한다. 남들이 다 가는 길을 고민 없이 선택할 것이 아니라 기대수준을 낮추더라도 일단 직업 시장에 진입하고 이후 스스로의 길을 찾아서 한 단계 한 단계 전진해가는 나름의 전략도 필요하다고 본다. 사회에 첫발을 내딛는 3~5년, 길게는 10년 정도의 기간은 평생을 살아갈 수 있는 기초를 다지는 기간이기 때문에 이곳저곳에서 방황하면서 보낼 수 있는 기간은 아니다.

실업문제의 심화와 미흡한 일자리 창출은 기업의 인력구조에도 큰 영향을 미칠 것이다. 이는 기업의 인력층이 날로 고령화되어가는 것을 뜻한다. 기업 역시 원활한 신진대사와는 역행하는 방향으로 나아감으로써 고임금 구조에 따른 경쟁력 약화라는 과제로부터 예외로 남을 수 없다. 새로운 인력 충원이 부진한 기업들은 내부적으로 속앓이를 하게 된다. 예를 들어 특정 연령층 근로자들이 대거 포진됨으로써 그들이 정년 등으로 한 꺼번에 물러나는 경우 조직 내부에서 축적된 노하우나 기능 그리고 지식 등을 원활하게 이전하거나 계승하는 문제에서 어려움을 경험하게 됨을 뜻한다.

특히 한국의 경우, 일자리 창출의 부진은 당분간 내수경기 부진에 중요한 몫을 담당할 것으로 보인다. 가계 구성원들 가운데 버는 사람의 비중에 비해 소비하는 사람의 비중이 크게 줄어들지 않음으로써 가계부채 규모도 현재 상황에서 크게 나아질 전망이 별로 보이지 않는다. 역대 정부와 마찬가지로 현재 집권하고 있는 정치세력과 이후 정치세력 모두 일자리 창출을 우선정책의 맨 앞자리에 두겠지만 이 문제 해결에 불가피한 난점들을 극복하기 위한 노력들이 지속되지 않는다면 큰 효과를 거두기 힘들 것이다.

결국 정책은 선택의 문제인데, 이런 문제들을 앞에 두고 나면 이어지는 사안들에 대해 이 문제를 어떻게 할 것인가 혹은 저 문제는 어떻게 할 것인가를 두고 갈등을 빚게 된다. 예를 들어 여러 가지 규제 가운데 수도권 입지 규제에 대한 대대적인 완화가 일자리 창출에는 필수불가결한 요소인데 이런 문제는 반드시 이를 방해하는 요인들과 마주칠 수밖에 없다. 이런 이해상충 문제를 강력한 리더십을 갖고 해결할 수 있는 능력을 가진 정치세력의 존재 여부가 향후 일자리 창출에 큰 영향을 미치게 될 것이다. 무엇보다도 근래 제대로 된 일자리를 갖지 못한 사람들의 수가 증가하고 이들이 사회불만세력으로 규합될 수 있는 가능성을, 근래 우리 사회에 큰 문제를 야기한 장기간의 거리 시위를 통해 어느 정도 확인할 수 있었다. 그

냥 개인적으로 불만을 표출하고 만 것으로 여길 수도 있지만, 이를 계기로
나라를 이끄는 사람들이나 이 사회에서 보통 사람들보다 더 나은 위치에
있는 사람들은 경제성장, 일자리 창출과 사회적 안정 간의 연결고리에 대
해서 깊이 고민해보고 적절한 행동을 보여야 한다. '나의 문제가 아니다'
라고 생각할 수도 있지만 가까운 장래에 '당신의 문제가 될 수 있다'는 점
을 잊지 말아야 한다.

# 7장 리스크관리,
## 본격적인 경영 대상이 되다

세계화의 진전은 개인, 조직 그리고 사회 전체가 안게 되는 리스크의 절대 양이 커지는 것을 뜻한다. 과거에는 그다지 신경쓰지 않아도 되었을 영역까지 세계화가 확산되면서 동반하는 리스크가 경제주체에게 미치는 영향이 뚜렷해지고 있다. 그런데 이 같은 리스크 가운데 통제 가능한 부분을 낮추는 정책이나 규제는 늘 더디게 이루어질 것이다. 하지만 근본적인 고민은 리스크의 상당 부분은 제거하는 것 자체가 어렵다는 점이다. 때문에 각각의 경제주체는 자기 나름의 리스크관리 방법을 익히고 리스크와 더불어 살아갈 수 있어야 한다.

## 현상 개인, 기업, 국가 차원의 리스크

삶은 늘 위험과 함께 한다. 하지만 과거와 비교해보면 현 시대는 스스로 '주의의무注意義務'를 다하지 않으면 선의건 악의건 위험을 크게 안게 되고 궁극적으로 큰 비용을 지불할 수밖에 없는 시대로 가고 있다. 각종 펀드 열풍에 따라서 고점 주변에서 자신의 펀드를 팔아치우는 데 성공한 사람들은 상당한 부를 축적했다. 하지만 그런 사람들은 소수이다. 모두가 승자가 될 수는 없었다. 적절한 매매 시점을 놓치고 막차를 탄 사람들 가운데는 큰 손실에 처한 딱한 경우를 만날 수 있다.

이 글을 한창 쓰던 중 우연히 두 개의 사건을 약간의 시간 간격을 두고 접하게 되었다. 모 은행이 고객에게 장밋빛 미래를 약속하면서 판매한 두

종류의 펀드가 각각 원금 대비 41% 손실 그리고 81% 손실을 입게 되었다는 뉴스다. 81% 정도 손실이면 거의 원금을 다 잃어버렸음을 뜻한다. 위험에 대해서 스스로가 주의를 다해야 하고 어떤 선택이라도 그 결과에 대해서는 개인이 책임져야 할 몫이 커지고 있다는 것을 가르쳐주는 데 이 사건처럼 교훈이 되는 것이 있을까. 사건의 전모를 살펴보자.

W은행이 3년 전에 원금보전은 물론 장밋빛 미래를 약속하면서 팔았던 인기펀드 시리즈가 깡통이 될 위기에 처해 파문이 일고 있다. 3일 밤 MBC 뉴스데스크에 따르면 W은행은 지난 1일, 고객 2,200여 명에게 공문을 보내 "가입한 펀드의 원금이 손실될 우려에 처했으니 환매를 고려하라"고 통보했다. 이에 따라 가입자들은 원금이 보장되고, 고정 이자를 받는 예금 같은 금융상품인 줄 알고 투자했는데 갑자기 수천만 원의 손실을 보게 돼 당황하고 있다는 것. 지난 2005년 말 선풍적 인기를 끌었던 이 상품은 출시 일주일 만에 2,000여억 원을 끌어모았다. 국채수준의 안정성으로, 매 분기 고정금리로 이자를 지급한다는 말에 가입자가 몰렸다는 것. 그런데 3년이 다 되어간 지금 수익률은 1호가 −42%, 2호는 −81%로 급전직하했다. W은행의 펀드를 샀던 한 가입자는 "어머니가 8,000만 원 손실을 입고 나서야 안정성 있는 그런 예금이 아니란 것을 알게 됐다"고 분통을 터뜨렸고, 3,000만 원을 날렸다는 또 다른 피해자는 "은행을 상대로 사기당한 기분"이라고 방송에서 소회를 밝혔다. 이 상품은 최근 부도위기에 몰린 미국의 패니메이 같은 주택관련 금융회사에 주로 투자하는 상품이어서 원금 손실 가능성은 충분했지만, 당시 상품을 팔았던 한 직원은 이런 사실을 전혀 알지 못했다고 털어놨다고 방송은 전했다.[20]

기사를 전하는 사람은 고객에게 충분한 정보를 제공하지 않는 펀드의 불완전판매 문제점을 지적하고 싶었을 것이다. 물론 이 같은 판매 유형이 문제가 되는 것은 사실이다. 아마도 이 사건이 유독 크게 보도가 되었기에 망정이지 이 같은 사례는 우리들 주변에서 얼마든지 찾을 수 있을 것이다. 다들 그냥 쉬쉬 하는 수준에서 알게 모르게 넘어가고 있을 뿐이다. 그런데 불완전판매 여부와 관계없이 세계화는 타국에서 일어나는 일들이 보통 사람들에게도 자신의 문제가 될 수 있는 시대임을 가르쳐주고 있다. 사람들은 이런 사건들이 언론에 보도되면서 타인이 당면한 참담한 상황을 통해서 리스크의 존재와 위험성을 알아가게 된다. 누구도 비용을 지불하지 않고서 배울 수 있다면 좋겠지만, 그것은 쉽지 않다.

개인의 재산을 불려가는 일에서부터 아이들의 진로를 선택하는 일, 그리고 자신의 직업 안정성을 고려하는 일에 이르기까지 리스크는 얼마나 되는가, 그리고 그런 리스크를 자신이 감당할 수 있는가라는 문제를 스스로 점검해볼 수 있어야 한다. 세계화가 가져온 선택할 수 있는 기회의 확대는 또 다른 면에서 리스크의 증대를 뜻한다. 교보증권의 최고위험관리자로 있는 김중구 씨는 한 개인이 삶을 통해서 안게 될 가능성이 있는 리스크를 『위험관리가 미래의 부를 결정한다』라는 책에서 재무위험관리와 비재무위험관리로 나누고 전자를 다시 세분해서 자산위험관리, 신용위험관리, 시장위험관리, 금리위험관리 그리고 유동성위험관리로 나누고 있다. 그리고 비재무위험관리를 전문성위험관리, 중년위험관리, 가족관계위험관리, 자녀교육위험관리 등으로 나누고 있다. 이처럼 리스크는 삶의 모든 측면에서 원하는 가치에 부정적인 영향을 미칠 수 있는 사건의 발생가능성과 그 파급효과에 주목한다. 때문에 리스크는 일반인들이 흔히 생각하는 것처럼 '예상하지 못했던 일이 아주 빠르게 진행되거나 퍼지는 것'을 두고 하는 말이 아니라 '충분히 예상 가능한 사건'에 초점을 맞춘다. 즉 리스크관리는 "각각의 경제주체가 발생 가능한 사건의 부정적인 효과를 사전에 예상하고 이를 기초로 대비책을 미리 마련하는 체계적인 활동이며 또한 사건이 이미 발생했을 때 이에 제대로 대처하는 활동"이라고 정의할 수 있다. 여기서 중요한 포인트는 가능성이란 말로, 리스크는 충분히 예상할 수 있다는 점이다.

이 글을 쓰고 있는 현재 세계적인 경기침체가 현안과제이다. 특히 중국의 주가가 2007년 고점일 때에 비해 무려 3분의 1 수준으로 폭락했다. 고점 주변에서 돈을 넣었던 사람들이 엄청난 손실을 입었음은 물론이다. 여기서 경제주체들이 어느 정도 위험을 안을 수 있는가를 보여주는 상징적인 사건을 소개하겠다.

지난해 11월 이후 한국 투자자들이 중국 주식형펀드에 투자해 손해를 본 금액이 13조여 원에 이르는 것으로 집계됐다. 12일 펀드평가사인 한국펀드평가에 따르면 중국 증시가 고점高點을 지난 직후인 지난해 11월 이후부터 올해 9월 11일까지 중국 주식형펀드에 돈을 넣은 한국 투자자들의 추정 손실액은 13조 689억 원으로 계산됐다. 주가하락에 따른 평가액이긴 하지만 지난해 한국의 무역수지 흑자 146억 달러(약 16조 2,000억 원)와 큰 격차가 없다. 한 해 수출로 벌어들인 돈을 허공에 날려버린 셈이 됐다. 13조 원을 손해 본 후 11일 현재 국내투자자들이 보유한 중국 주식형펀드의 평가 금액은 15조 9,100억 원, 전체 해외주식형펀드(47조 7,221억 원)의 33.3% 수준이다. 같은 기간 동안 중국 주식형펀드의 평균 수익률은 −44.34%로 일본(−26.59%), 인도(−20.80%), 베트남(−30.36%), 유럽(−25.78%) 등 다른 나라의 수익률보다 훨씬 나빴다.[21]

많이 벌어들일 때가 있으면 돈을 잃어버릴 때도 있기 마련이다. 일정 기간 동안에 걸친 평가이익이기 때문에 중국 증시가 회복되면 어느 정도 만회할 수 있으므로 지나치게 일희일비一喜一悲할 필요는 없다. 하지만 이것은 자산운용의 가능성이 전 세계로 확대되면서 발생하는 리스크가 얼마나 큰 부담을 지울 수 있는가를 가르쳐준 생생한 사례가 되었다. 개인은 스스로 선택할 수 있는 폭이 넓어진 만큼 자신이 짊어져야 할 위험의 양 또한 증가했음을 깊이 인식하고 행동해야 한다. 그런데 재산을 불리는 일만이 리스크를 증가시키는 것은 아니다.

국가가 공인하는 자격증을 따는 것만으로도 오래오래 꽤 괜찮은 생활이 보장되던 시대가 있었다. 그러나 지금은 어디 그런가? 세계화는 전문서비스 직종의 문호를 대폭 확대하는 방향으로 나아가고 있다. 법률 시장이 그렇고 한의사 시장이 그렇다. 안간힘을 쓰며 맞서서 문을 걸어잠그려 하지만 세상을 움직이는 경기의 규칙은 국가간 협정 혹은 다자간 협정을 통해서 엇비슷한 전문 서비스를 제공할 수 있는 분야라면 점점 더 라이선스의 상호 공유를 인정하는 방향으로 나아가고 있다. 가뜩이나 특정 직종에 과다한 자격증 소지자들 때문에 어려움을 겪었던 사람들은 이제 바깥세상의 대규모 잠재적 경쟁자에게까지 경쟁이 노출된 상황을 맞은 셈이다. 예를 들어 법학전문대학원(로스쿨) 출신들이 법조계에 진출하기 시작하는 2012~2014년 무렵이면 변호사들의 생존 경쟁은 그 도를 더하게 될 것으로 보인다. 직업의 안정성이란 면에서 보더라도 강력한 노조를 통해서 당분간 자신의 권익을 보호할 수 있는 유리한 위치에 있지 않는 사람이라면 대부분 과거와 비교할 수 없을 만큼 불안정성과 불확실성에 노출된다고 할 수 있다.

세계 각지에서 일어나는 각종 대형 사건들과 경제 관련 변화들은 인터넷에 접속할 수 있는 사람들에게 거의 실시간으로 전달되고 있다. 어느 나라나 활짝 열린 금융시장을 통해서 단기자금들의 유출입이 늘어나면서 국가 차원의 위기관리체제가 점점 더 중요성을 더해가고 있다. 예를 들어, 그루지야 사태 이후 러시아가 경험했던 해외 투자자금 유출은 흥미로운 사례 가운데 하나다. 유럽의 에너지 공급원을 쥐고 있는 러시아의 정치인들은 냉전시대처럼 서방과 언제든 격돌할 수 있는 것처럼 큰소리를 치기도 한다. 그루지야 사태 이후 푸틴 총리는 "해외자본 유입이 지난해 800달러 수준에서 올해 450억~500억 달러 수준으로 줄어들었다. 하지만 이는 미국과 유럽이 겪고 있는 신용위기로 인해 서양의 투기자본이 빠져나가고 있기 때문이지 그루지야 사태와는 아무 상관이 없다"고 주장하기도 한다. 하지만 돈은 정치적인 리스크에 대단히 민감하게 반응할 수밖에 없다. 러시아가 서방과의 껄끄러운 관계를 계속할 것으로 판단한다면 당연히 자금은 다른 투자처를 찾아나설 수밖에 없다. 한마디로 자본이동은 러시아인들에게 '러시아 이외에도 많은 투자처들이 존재한다'는 엄연한 사실을 가르쳐주었다.

8월 8일 그루지야 사태 이후 루블화 가치가 급락하고 증시가 추락하면서 러시아 정부는 외환보유고와 국부펀드 자금을 동원해서 시장안정을 위해 돈을 쏟아부었다. 9월 11일 러시아 정부는 증시부양을 위한 국부펀드 투입계획을 발표하면서 올해 들어 반토막이 나버린 증시를 지탱하기 위해 노력하고 있지만 성공 여부는 여전히 미지수다. 국부펀드의 증시 투입이라는 소식이 나오자마자 신용평가사인 스탠더드앤푸어스S&P는 "만약 러시아 정부가 자산가격 부양을 위해 국부펀드를 위험 자산에 계속 투자할 경우 국가신용등급에 부정적인 영향을 줄 수도 있다"고 경고하고 나섰다. 한편 메드베데프 대통령은 11일 국부펀드의 증시 투입을 결정하면서 "투자자금의 지속적인 유출로 유동성 부족 및 증시 하락 문제가 야기되고 있는 만큼 더 많은 추가자금이 금융시장에 투입돼야 한다"고 국영 TV채널 '베스티24'에 출연해서 밝힌 바 있다. 정치인들은 언제든지 자신이 갖고 있는 수단을 동원해서 단기적인 성과를 내기 위해 노력하지만 결국 러시아라는 나라 자체가 국제 금융시장의 신용을 얻지 못한다면 결국 밑 빠진 독에 물을 붓고 급기야는 경제위기를 경험할 가능성도 얼마든지 남아 있다. 문제는 정치가 아니라 경제인데 정치인들은 이런 속성을 가슴 깊이 느끼고 있는지 궁금하다. 특히 푸틴은 '시장의 힘'이 얼마나 위력적인지를 잘 알고 있을지 궁금하다.

그런데 이처럼 국가 차원의 리스크는 모두 예방적인 조치를 취할 수 있는 것이 아니다. 최근 우려할 만한 사실 가운데 하나는 국가의 외교관계에도 과거에는 좀처럼 관찰하기 힘든 리스크들이 생겨나고 있다는 것이다. 이번 북경올림픽을 기점으로 중국인들이 한국인들에게 갖는 반감, 즉 혐한 감정이 문제가 된 적이 있다. 이는 단순히 한국과 한국인을 싫어하는, 즉 혐한 분위기 정도에 머물지 않고 그 이상을 우려할 정도로 한국인에 대한 감정이 격한 상태인 것을 목격할 수 있었다. 그 원인을 두고 여러 가지 의견이 제시될 수 있는데, 누군가는 일부 한국인들이 중국에서 보이는 고압적이고 거만하고 몰상식한 행동들이 과대 확장되어 자존심이 강한 중국인들의 심성을 자극했을 수도 있다고 말한다. 이런 부분은 사전 교육이나 개인적인 양식의 회복을 통해서 어느 정도 치유가 가능하다.

그러나 인터넷상에서 일어나는 익명의 악플이나 이런 악플을 조직적으로 이용해서 양국 사이의 관계를 악화시키는 시도에는 속수무책이라 할 수 있다. 쓰촨성에서 일어난 중국의 불행한 사태에 대한 일부 한국 네티즌들의 상식 이하의 비난이나 비판이 중국인들에게 과도한 반발심을 심어주었으리라 본다.

본래 좋은 일은 그냥 묻히게 되지만 싫은 일은 과대 포장되어 전달될 수 있다. 그런데 이런 혐한 혹은 혐중 반감을 불러일으키는 것을 목적으로 하는 사이트들이 대부분의 포털사이트에서 활동하고 있다는 점이 문제다. 인간에겐 익명성이 주어지면 인간 본성의 어두운 공격성이 살아나게 된다. 이런 점에서 나라 사이에 서로에 대한 불신감이나 불안감을 조장하는 다양한 움직임들은 결국 국가간의 상호신뢰라는 자산을 단시간 내에 파괴해버릴 수 있는 위험을 안고 있는 것이다.

그런데 필자가 이해하기 힘든 것 가운데 하나는 여전히 중국 정부는 언론이나 인터넷상에서 유통되는 정보를 상당 수준 통제할 수 있다고 생각한다는 것이다. 근래 유별나게 혐한 분위기를 고조시키는 정보가 유통되는 것을 보면서 느끼는 것은, 이것은 충분히 통제 가능한 것들임에도 중국 정부가 그냥 방임하고 있지는 않은가라는 생각이다.

문제는 상대 국가의 국민들을 자극할 수 있는 단순한 정보들이 제3의 기관 혹은 단체들을 통해 얼마든지 악의적으로 이용될 수 있다는 점이다. 그러니까 특정 국가 사이의 관계를 악화시키기 위해 익명의 댓글이나 의견을 의도적으로 유포시킬 가능성은 얼마든지 있다.

　각국이 자국 내의 그런 위험성을 차단하는 일도 필요하지만 제3국의 단체나 기관이 이런 정보를 의도적으로 악용하는 부분도 걱정하지 않을 수 없다. 이는 국가간에 불신과 갈등을 조장할 수 있는 새로운 형태의 리스크라 할 수 있다.

　개인과 국가만이 리스크 증가에 직면하고 있는 것은 아니다. 기업의 경우를 보자. 보험업계의 선두주자 가운데 하나이자 세계 금융기관 중 자산규모 23위인 미국의 AIG가 서브프라임모기지 위기에서 미국 정부의 구제금융에 매달릴 수밖에 없을 정도로 다급한 상황에 처한 사건은 리스크관리의 중요성을 부각시킨 상징적인 사건이었다. 자산규모 1조 600억 달러(2007년 말 기준)에 달하는 회사가 유동성 부족 때문에 미국 정부의 850억 달러 구제금융에 목을 맬 수밖에 없었던 상황은 쉽게 이해하기 힘들었다. 사건이 터지고 나서야 과도한 파생상품에 대한 투자가 원인이었음을 알게 되었다.

　AIG에 막대한 수익으로 보답한 파생상품투자가 결정적인 순간에 회사를 부도라는 막다른 골목으로 인도한 것이다. 먼 나라 이야기를 들 필요도 없지만 키코(KIKO, knock-In, Knock-Out; 기업과 은행이 환율 상하단선을 정해놓고 환율이 계약기간에 하단 밑으로 내려가지 않는 한 상단에 해당하는 환율로 달러화를 계약금액만큼 팔 수 있게 함으로써 기업의 환위험을 덜어주는 상품—편집자 주)라는 생소한 단어의 외환관련 상품이 멀쩡한 한국의 중소기업들을 도산에 이르게 하는 일들이 일어나고 있다. 마치 아이들이 '앗 뜨거워'를 외치면서 사물 현상을 배우는 것처럼 이는 제조업에서 리스크관리가 기업경영의 주요한 이슈로 포함되어야 함을 가르쳐준 상징적인 사건이다.

 새로운 리스크를 면밀히 검토하라

경제주체들은 앞으로 괄목할 만한 리스크 증대로 인해 어떤 상황에 처하게 될 것인가? 이제 정말 많은 사람들이 실시간으로 웹사이트에 접속할 수 있는 시대가 되었다. 모바일 기기들이 활성화되면서 정보는 언제 어디서든 접근 가능하게 되었다. 이른바 정보의 민주화는 앞으로도 더더욱 힘을 받을 것이다. 보통 사람들의 흥미를 끌 만한 어떤 사건이 표면으로 드러나기 시작하면 그 사건은 순식간에 익명의 사람들에게 전달 가능하다. 가상세계가 그 범위를 확장해나가면 나갈수록 이 같은 현상은 더욱 더 보편적인 현상으로 자리잡게 될 것으로 보인다. 하지만 가상세계에 대한 접근 가능성 면에서 보면 아직도 가야 할 길이 멀다. 현재 전 세계 인구 가운데 웹에 접근 가능한 사람은 전체 20%밖에 되지 않는다.

물론 웹으로 대표되는 가상세계의 발전과 확산은 사회를 투명하게 만든다는 점에서 장점이 있지만 특정 사건을 이용해서 의도적으로 특정 정보를 생산하거나 유통시키려는 세력들의 등장이 얼마든지 가능하게 되었다. 이처럼 정보 공개 대상이 되는 개인이나 조직 혹은 국가는 위험에 고스란히 노출된다. 이런 사건으로 인해서 개인이나 조직 그리고 국가의 브랜드 가치는 측정할 수 없을 만큼 큰 타격을 받게 된다. 때로는 사회적 이슈를 이용해 정치적 입지를 강화하고자 하는 세력들이 이를 적극적으로 이용하려는 움직임도 활발하게 일어날 수 있다.

따라서 리스크관리 측면에서 이 같은 상황을 대비하는 일의 중요성은 점점 그 강도를 더해갈 것이다. 뿐만 아니라 과거 같으면 적당한 선에서 잘못된 정보의 확산을 막을 수 있었던 기업이나 국가들조차 예상을 훨씬 뛰어넘는 비용을 지불하게 될 것이다. 이 같은 현상이 국가에게 주는 시사점 또한 만만치 않을 것이다. 악의적인 의도를 가진 단체가 특정 국가나 단체에 대해 지속적으로 악의적인 정보를 생성해서 유포하면 그 정보의 사실 여부와 관계없이 정보 대상이 되는 국가들은 심각한 타격을 입게 된다. 그런데 이런 문제는 단순히 심각한 타격 정도에 그치지 않고 국가간 외교 관계에서 물리적인 수단을 동원한 전쟁에 필적할 정도의 심각한 손실을 초래할 수 있다. 이는 특정 두 나라 관계에 부정적인 영향을 끼치려는 사람들이나 단체들 그리고 국가에 의해서 좋지 못한 의도로 이용당할 수 있음을 뜻한다. 인간들 특히 특정 목적을 추구하는 집단에 속한 인간에 대해서는 선의만 갖고 대할 수는 없다. 자신의 정치적인 목적을 관철하기 위해서 특정 그룹이나 단체들은 얼마든지 현존하는 기술을 최대한 악용할 수 있기 때문이다.

무분별한 정보 유통이 가져올 수 있는 파괴적인 결과에 대한 생생한 사례로, 미국산 쇠고기 수입을 둘러싸고 우리나라에서 일어났던 촛불집회를 들 수 있다. 그 사건의 진행과정에 대해서 다른 의견을 가진 사람들도 있지만, 초기의 순수한 의도는 일부 소수의 의도를 가진 사람들에게 시간이 갈수록 이용되었다는 점을 부인하기는 어려울 것이다. 소설가 김훈 씨가 한 모임에서 지적한 말은 우리사회뿐만 아니라 민주주의 체제를 선택하고 있는 나라들에게 꽤 유용한 말이라 생각한다.


우리 사회, 우리 젊은이들은 현실을 과학적으로 인식하기보다는 정서적, 이념적으로 인식한다. '이것이 무엇인가' 라는 사실이 아니라 '내 편이냐 아니냐', '내게 유리하냐 아니냐' 로 인식하는 것이다.

이 같은 주장이 반드시 젊은이들에게만 해당하는 말은 아니라고 본다. 논리나 이성보다는 감성과 감정의 영향이 큰 사회, 의견에 대해서 책임져야 할 필요가 없는 사회라면 이런 사고체계는 얼마든지 가능하다고 생각한다. 거의 두 달 동안 지속된 도심지 데모는 특정 집단이나 세력에 의해서 왜곡된 정보가 보통 사람들을 어떤 식으로 선동할 수 있는지를 보여주는 주목할 만한 사건이라 할 수 있다. 촛불시위가 끝나갈 즈음 진행되었던 '광고주에게 항의하기' 등의 움직임에 대해서도 이해하기 어려운 점이 많았다. 자신이 싫어하는 기업이나 국가 혹은 개인을 상대로 악의적인 정보를 의도적으로 유통시키고 이를 통해서 특정 집단이 추구하는 이해를 극대화하려는 이 같은 움직임은 정말 받아들이기 힘들었다.

이런 일들이 과거처럼 국내 문제에 그치지 않고 CNN 등과 같은 매체를 통해서 전 세계에서 실시간으로 중계되는 상황이라면 공격 대상이 되는 조직이나 국가가 지불해야 하는 비용은 얼마나 엄청나겠는가? 문제는 그런 공격을 감행하는 사람이나 단체가 민형사상의 책임을 질 필요가 없다면 여기에는 철두철미하게 '인센티브는 늘 중요하다'는 원칙이 그대로 적용될 수 있다는 것이다. 행동은 자신이 하지만 비용은 타인이 지불해야 한다면 이때 익명성의 야만이 유감없이 발휘되는 것을 예상하는 일은 어렵지 않다. 이런 고민은 우리만의 문제가 아니다.

월드와이드웹World Wide Web의 창안자인 팀 버너스리 박사는 BBC와의 인터뷰에서 최근 부정확한 정보와 각종 음모론이 웹을 타고 순식간에 확산되는 것을 지켜보면서 지금이야말로 루머와 진실을 사람들이 구분할 수 있도록 돕는 방법이 필요한 때라고 역설한다. 그는 특정인들에 의한 의도적인 루머 확산에 대해 이렇게 경고한다.

인터넷상에서는 12명 정도의 사람들이 개인적으로 공유하는 특정 이슈들에 대한 컬트적 사고가 급속히 그리고 갑자기 퍼져서 신뢰할 만한 공식이 되어 버린다. 그리고 이것은 수많은 사람들에게 확산될 수 있고 그들에게 피해를 입힐 수 있는 일종의 음모론이 된다.[22]

팀 버너스리 박사는 그 대표적인 예로 최근 유럽입자물리학연구소(CERN)가 가동하기 시작한 거대강압가속기가 블랙홀을 만들어서 지구를 삼켜버릴 수 있다는 허무맹랑한 공포가 웹을 통해 급속히 확산된 일을 든다. 한 걸음 나아가 그는 영국에서 접종된 MMR백신(홍역, 볼거리, 풍진 등 혼합백신)이 어린이들에게 해롭다는 근거 없는 루머가 확산된 경우를 든다. 그의 지적에 따르면 우리나라뿐만 아니라 세계 어느 곳에서든 얼마든지 악의적인 의도를 가진 루머가 확산될 가능성이 있으며 더 큰 위험은 그런 루머를 적극적으로 이용하려는 사람들이나 집단들이 존재할 수 있다는 점이다.

이제 세계경제는 촘촘히 연결된 거래망으로 구성되어 있다. 그리고 그런 망은 점점 더 긴밀함을 더해가는 중이다. 특정 국가에서 일어나는 변화는 주변국 경제주체들에게 쉼 없이 영향을 미치게 된다. 특히 자본 흐름에 대해 거의 완벽한 자유가 주어짐에 따라서 특정 국가의 리더십 부재, 경제체질이나 구조의 악화, 세계적인 경제환경 변화에 따른 자본의 유출입은 과거와 비교할 수 없을 정도로 원활해지는 추세다. 그 결과는 특정 국가가 언제든지 자본 유출로 어려움을 경험할 수 있음을 뜻한다. 증시에 대한 외부 자금의 유입이 많은 나라일수록 경제의 건전성을 지속적으로 감독하고 자본에 대해서 우호적인 환경을 제공하지 않는다면 언제든지 자본 유출의 어려움을 경험할 수 있게 되었다.

한편 개별 경제주체 입장에서는 직업의 안정성은 현저하게 떨어지는 추세다. 진부한 주제이긴 하지만 양극화 현상은 더욱 심화될 것이며, 일자리를 잃어버린 보통 사람들이 일자리를 잃기 전에 자신이 가졌던 직업보다 더 나은 상태로 올라가는 일은 점점 어려워질 전망이다. 일자리를 잃고 생활형편이 악화된 사람들이 짧은 시간 안에 경제적 신분의 하락을 경험하는 일은 주변에서 어렵지 않게 관찰할 수 있다. 지난 10년간 한국의 중산층 가구 비중이 외환위기 전의 68.5%(1996년)에서 58.7%(2006년)로 떨어지고, 반대로 빈곤층이 같은 기간 동안 11.25%에서 17.94%로 늘어났다는 한국개발연구원KDI의 조사 결과는 과거의 추세일 뿐만 아니라 앞으로 개인이나 개별 가구들이 당면할 불안정한 시대 상황을 정확히 반영하는 것이다. 이러한 사실은 개인 차원의 리스크를 증가시킬 뿐 아니라 사회불안요소를 증가시킬 수밖에 없음에 주목해야 한다. 지난 여름 100여 일의 촛불시위로 현장에서 체포된 1,400여 명의 사람들 가운데 21%가 무직자로 밝혀졌으며, 직업이 애매하거나 파악되지 않은 사람들까지 합치면 그 비중이 37%로 늘어나게 된다. 이 일은 사회 전체 차원에서 경쟁에서 낙오된 사람들을 어떻게 도와야 하는가에 대한 문제의식을 가져야 함을 가르쳐준 사건이라고 생각한다.

## 대응 리스크관리, 이것이 바로 결정적 지혜

국가가 리스크관리라는 차원에서 서둘러야 할 일은 웹상에서 펼치는 의견이나 주장을 각자가 책임지도록 하는 일이다. 물론 일부에서는 그러한 일은 표현의 자유를 막을 수 있기 때문에 좋은 정책이 될 수 없다고 주장하기도 한다. 그러나 오늘날처럼 한 나라에서 발생한 일들이 실시간으로 전 세계에 전해지는 상황에서 아무런 책임의식을 느끼지 않고 자신의 주의주장을 마음대로 내뱉는다면, 이것이 가져오는 파과적인 효과에 대해서 누가 책임져야 하는지, 이에 대한 깊은 고민이 있어야 한다고 본다. 이미 별다른 악의 없이 기록한 댓글이나 주장들이 얼마든지 악의적으로 사용될 수 있다는 것을 중국인의 혐한 분위기 조성이나 촛불시위 그리고 탤런트 최진실 씨 사건을 통해서 확인한 바 있다. 한 사람의 사유의 산물인 말과 글은 그 자신의 입과 머리를 떠나서 바깥으로 드러나는 순간 이미 개인의 것이 아닌 공적인 것으로 바뀌게 된다. 때문에 각 개인이 자신의 글과 말에 대해서 더욱 엄격한 책임을 느끼도록 해야 한다. 그런 규제들은 사회적 비용을 줄이고 사회 전체의 리스크를 줄여나가는 데 반드시 필요한 일이라고 본다. 다양한 대안들이 등장할 수 있지만, 완전한 실명제가 최선의 방법이라고 본다. 한마디로 자신의 이름을 걸고 의견을 밝힐 수 있도록 하는 방법을 고려해야 한다. 다시 한 번 우리는 여기서 리스크관리가 발생 가능성이 높고 그 폐해가 클 것으로 예상되는 사건에 대한 대비책을 마련하고 실행에 옮기는 것임을 명심할 필요가 있다.

한편 국가 차원의 위기관리에서도 제대로 된 준비가 있어야 한다. 우리는 이미 외환위기를 통해서 한 국가의 자본유출이 빚어낼 수 있는 최악의 상황이 어떤 것인가를 가혹하게 경험한 바 있다. 환란 이후 한동안 국가의 위기관리에 대한 관심들이 대폭 증가한 적이 있었고 이를 전담할 기관들이 설치된 적도 있다. 그러나 사람들에겐 늘 망각이란 것이 따라다닌다. 경제가 순항하면서 위기는 잊혀지기 마련이다. 무엇보다도 정직한 정책을 사용해야 한다. 나라의 신용을 떨어뜨릴 수 있는 무리한 부양책이나 조세 정책 그리고 과도한 통화정책이나 외환정책 등으로 국제 금융계로부터 신인도를 잃지 않도록 올곧게 정책을 실시해야 한다. 뿐만 아니라 재정의 건전성을 높이고 노동시장의 유연성과 공기업 민영화 등을 통해서 경제 체질이 시장원리에 걸맞게 운용될 수 있도록 정치, 경제, 사회 모든 영역에 걸쳐서 고비용·저효율 체제로 바꾸어나가기 위해서 노력해야 한다. 국제 사회로부터 신뢰를 얻는 방법도 '정직'이라고 생각한다. 동시에 위급한 경제상황이 발생하는 경우 우왕좌왕하지 않고 경제팀 사이의 의무와 책임을 명확히 할 수 있도록 팀워크를 기초로 하는 경제정책의 구심점이 항상 존재해야 한다. 필요한 경우에는 구심점을 위한 제도 개선도 필요하다고 본다. 무엇보다도 국가채무의 엄격한 관리와 국가의 재정 건전성을 높이는 일이다. 그런데 필자는 이를 관료나 정치가들의 선의에 기대하는 것은 거의 불가능한 과제라고 본다. 따라서 헌법에 재정지출 증가율은 경제성장률의 몇 퍼센트 내에서 혹은 국가 채무는 국내총생산의 몇 퍼센트를 넘지 못한다는 명문화 작업을 하는 것이 반드시 필요하다고 본다. 미래의 소득을 끌어다가 당장 효과를 낼 수 있는 이벤트를 만들어내려는 정치인이나 관료들의 욕구를 제어할 수 있는 다른 방법이 없기 때문이다. 뿐만 아니라 대외의존도가 높은 우리 경제는 언제나 만성적인 경상수지 적자국이 되지 않도록 주의해야 한다. 한마디로 정직한 정책을 사용하고 내외에 신뢰를 쌓아가야 한다.

기업 차원의 리스크관리는 일부 금융기관들을 중심으로 최근 크게 관심을 모으고 있는 분야다. 근래 서브프라임모기지 위기를 경험하는 미국의 금융기관들 가운데 유수의 기관들이 리스크관리 실패로 타격을 받는 것을 보면서 리스크관리는 제도적인 문제 이외에 이를 운영하는 사람들이 중요함을 지적하지 않을 수 없다. 업종마다 리스크 종류와 비중이 다를 수밖에 없다. 금융기관뿐만 아니라 제조업을 영위하는 기업들도 리스크관리에 더 많은 신경을 써야 한다고 본다. 최근에 고객 정보 유출로 곤혹스러운 상황을 맞은 일부 기업들의 사례로 미루어보면 그처럼 중요한 정보에 대한 보안 문제가 그렇게 소홀히 다루어질 수 있었는가라는 사실에 대해서 놀라움을 금할 수 없다. 아직 우리 기업들은 리스크관리 차원에서 많은 개선이 있어야 할 것으로 보인다. KAIST 석좌교수이자 안철수연구소 의장으로 있는 안철수 씨는 한 모임에서 "우리나라에서 가장 열악한 두 가지 분야가 소프트웨어와 위기관리(Risk Management) 영역"이라고 말하면서 보안산업이 이들 영역 모두에 해당하는 분야라고 지적한 바 있다. 그는 여기서 한 걸음 나아가 "IT가 사회전반에 뿌리내린 상황에서 보안은 단순히 기술의 문제가 아니라 문화적 이슈가 되고 있다"면서 기술 투자를 늘리는 것과 더불어 보안의식의 토대를 마련하는 과정이 필수적이라고 지적한다. 리스크관리 측면에서 조직을 이끄는 사람들이 귀담아 들어야 할 지적이다. 필자의 경험에 따르면 리스크관리는 당장 기업 성과에 기여하는 일은 아니지만 결정적인 순간에 기업의 흥함과 망함을 결정할 수 있는 요소다. 최근의 금융위기 사례 중 미국의 거대 보험회사인 AIG가 파생상품관리에 실패함으로써 유동성 위기에 몰린 경우를 보면 된다. 때문에 최고경영자가 깊은 관심을 갖고 조직의 모든 활동 영역에서 리스크관리 측면에서 접근할 수 있는 일들을 찾아내고 이들을 개선하기 위한 노력을 꾸준히 전개할 수 있어야 한다. 동시에 조직 구성원들에게 리스크관리의 중요성을 지속적으로 교육시켜나가는 일도 필요하다.

　여기서 개인 차원의 위기관리는 여전히 생소한 주제다. 그러나 자산운용에서 개인이 책임져야 할 몫이 커지고 자산운용의 범위가 전 세계적으로 확대되면서 개인은 자신의 자산관리에 더욱 많은 신경을 써야 한다. 동시에 스스로 삶을 만들어간다는 생각을 갖고 위험을 예상하고 나름의 대비책을 준비하며 적절한 리스크를 측정하고 대비할 수 있는 자세와 마음가짐을 가져야 한다. 개인 차원의 리스크관리는 행동 이전에 스스로 그 중요성을 깊이 인식하는 데서부터 출발해야 한다고 본다. 직접 비용을 지불하고 나면 대부분 리스크관리의 중요성을 크게 깨우치지만 그 이전에 리스크관리의 중요성을 알고 행동하는 지혜가 필요하다. 특히 모든 상황에서 자신이 최종적으로 책임져야 하는 것이 무엇인가를 꼼꼼히 챙겨보고 이에 대한 대비책을 정리하고 가능한 것부터 실행에 옮겨야 한다.

# 2부

## 변화,
미래를 긍정하고
더 높은 곳을 향하라

# 8장 글로벌리치,<br>부자들은 줄지 않는다

지난 10여 년간 대단한 부를 축적하는 데 성공한 사람들의 수는 크게 증가해왔다. 세계경제 침체가 당분간 계속되더라도 이미 부를 축적한 사람들이 부를 늘려가는 데는 큰 걸림돌이 되지 못할 것이다. 왜냐하면 이미 스스로를 '글로벌리치'라고 정의내린 성공한 사람들은 전 세계를 상대로 자신의 포트폴리오를 운영할 수 있고 동시에 이들은 전문가의 힘을 빌려 리스크를 분산시킬 수 있기 때문이다. 또한 그 대열에 동참하는 사람들의 수도 결코 줄지 않을 것이다.

## 현상 세계적 현상이 된 글로벌 부자들

"내가 백만장자라면 얼마나 좋을까?" 아마도 이런 소원 한 번쯤 품어보지 않은 사람은 없을 것이다. 하지만 부의 상징인 백만장자의 돈은 실제 우리 돈으로 10억 원 남짓한 액수다. 이제 이 정도의 순純자산을 갖고 부자라고 부를 수는 없는 게 현실이다. 부자의 기준에 대해서 부자학이란 영역을 새롭게 개척한 『부자학 개론』의 저자 한동철 교수의 연구 결과를 참조해보겠다.

한 교수는 물질적 재산 정도에 따른 부자를 세 가지 단계로 구분하고 있다. 우선은 1,000억 원 이상의 재산을 가진 '절대적 부자(Absolutely Rich : AR)'로 국내에만 수백 명 내외가 될 것으로 추정하고 있다. 여기에는 대부분 국내 100대 재벌그룹의 창업자와 주요 상속자들이 포함될 것이며 전국에 흩어져 있는 4만 개가 넘는 빌딩소유자들 가운데 일부도 이런 부자 유형에 속할 것이다. 또한 벤처붐에 편승해서 막대한 부를 축적하는 데 성공한 일부 젊은 부자도 이런 부자 부류에 속한다고 볼 수 있다.

재산 규모가 10억에서 1,000억 원대에 이르는 '상대적 부자(Comparatively Rich : CR)'는 주로 자수성가형 부자들과 전문가적인 자질을 활용해서 재산을 모은 부자들을 말한다. 한 교수는 작게는 6만 명에서 12~13만 명 정도를 국내 CR에 속한다고 보았다.

끝으로 은행에 1억 원 이상의 저축을 한 사람들로 이들은 '한계적 부자(Marginal Rich : MR)'로 간주한다. 국내은행의 단일 계좌로 1억 원 이상 계좌는 약 83만 개라고 한다. 1년 소득이 1억 원 정도면 MR로 간주할 수 있다고 하지만, 사실상 이 정도는 부자라기보다는 그냥 '조금 여유 있는 사람' 정도로 나타내는 것이 더 바람직하다고 본다. 이런 분류를 기준으로 한 교수가 파악한 한국 부자들의 상황은 이렇다.

한국에서 10억 원 이상을 하나의 은행에 예금한 사람은 6만 명 정도이다. 여러 은행에 차명계좌를 활용해 분산한 것까지 합치면 대략 10만 명이 넘을 것으로 추산되고 있다. 아무리 많이 잡아야 대한민국에서 현찰 10억 원 이상을 가진 사람은 20만 명이 채 안 된다. 이를 대한민국 전체 인구로 보았을 때, 인구 전체의 1퍼센트에 못 미친다는 얘기다. 보유 현찰의 약 4~5배 정도를 총재산으로 파악하면 부자의 기준을 상당 부분 완화할 수 있다. 1년 소득이 5억 원 이상으로 종합소득세를 신고한 사람이 약 3,000명 정도이고 대기업에서 1억 원 이상의 연봉을 받는 사람이 약 2만 2,000명이며 그

중 6억 원 이상은 약 900명이 된다(이것은 2005년 기준 수치이기 때문에 그동안 증가 분을 고려할 필요가 있다-편집자 주).[23]

필자의 판단으로 '글로벌리치' 혹은 부자라는 이름을 붙일 수 있으려면 최소한 현찰 10억 원 정도가 있고 여기에다 부채를 제외한 순자산규모가 최소한 40~50억 원 정도는 되어야 하지 않을까 싶다. 그 정도는 되어야 여유 있는 사람 정도가 아니라 부자라는 명칭을 붙일 수 있을 것이다. 그런데 현찰을 1억 원 정도 가진 가계도 계좌수로 따지면 80만~90만 개에 불과하기 때문에 전체 가구 수의 5퍼센트가 채 되지 않은 점을 고려하면, '글로벌리치' 는 그야말로 소수에 지나지 않음을 예상할 수 있다.

이처럼 부자 대열에 속하는 사람들의 부富라는 것은 과거에는 창업을 해서 어렵게 기업을 만들어내는 데 성공한 사람들만이 가질 수 있는 특권 중의 특권에 해당했다. 하지만 이제는 어떤가? 특히 외환위기 상황 속에서 우리 사회에서는 부의 재편이 심하게 일어났다. 기존 자산가 가운데 몰락해버린 사람들도 있지만, 이런 기회를 이용해서 새로운 부자 대열에 속한 사람들도 꽤 많다. 그런데 외환위기가 어느 정도 진정되고 나면서 우리 사회는 땅값과 아파트 가격 상승에다 벤처붐이 몰아치면서 과거 기준으로는 상상할 수 없을 정도로 막대한 부를 축적하는 데 성공한 사람들이 늘어나게 되었다. 이들이 부를 축적한 경로는 몇 가지를 들 수 있다. 하나는 전통적인 재테크 수단으로 자신들이 소유하고 있던 땅과 아파트 같은 자산가격이 급등하면서 부를 축적한 경우에 해당한다. 전국의 지가가 들썩거리고 개발지역의 지가가 폭등하면서 적게는 수십 배에서 수백 배의 시세차익을 남긴 행운의 주인공들이다.

언젠가 소설가 황석영 씨가 자신의 개인적인 체험을 텔레비전 프로그램에서 털어놓는 것을 본 적이 있다. 자신이 소유했던 충청도 시골 인삼밭 모퉁이 땅이 팔자마자 10배 오르더니 2년이 지난 다음에 다시 10배가 뛰어오르더라며, 갖고 있었더라면 40억 원에 해당하는 땅을 팔아버린 자신의 우매함에 대해서 용감하게 털어놓는 내용이었다. 이 같은 사례는 지가가 폭등한 지난 세월 동안 그리고 개발 호재를 타고 토지 가격이 급등했던 곳에서 이따금 만날 수 있는 사연들이다. 부를 축적하는 데 행운이 가진 역할을 충분히 짐작할 수 있는 이야기들이다.

다른 한편으로는 벤처기업을 창업해서 상장시키는 데 성공하고 이를 통해서 부를 축적한 인물들을 들 수 있다. 물론 초기 투자를 통해서 자신의 재산을 불리는 데 성공한 사람들도 많다. 참고로, 어렵다 어렵다고들 하지만 1997년 코스닥이 본격적으로 열리던 시대에 불과 300여 개의 기업에 불과하던 코스닥 상장사는 2008년 현재 1,037개 수준으로 증가했다. 이들 가운데 재무 안정성이 지극히 의심스러운 기업들 수를 고려하더라도, 기업을 창업하고 이를 상장시켜 부를 축적한 사람들이 얼마나 많이 늘어났는지를 확인할 수 있다. 이들 창업자 이외에 창업 기업에 초기 투자함으로써 부를 만들어낸 사람들이 꽤 있음을 짐작하는 일은 어렵지 않다.

뿐만 아니라 창의적 인재가 희소하고 그들이 부가가치를 만들어내는 데 기여하는 비중이 날로 높아지면서 과거에 비해 비교할 수 없을 정도로 고액을 받는 인재들의 수가 늘어나고 있다. 국세청이 발표하는 자료를 참조하면 한국에서 근로소득세의 과표가 8천만 원이 넘는 근로자의 경우는 연봉이 1억 2천만 원에서 1억 3천만 원은 되어야 한다. 이를 기준으로 보면 경제성장률을 크게 웃도는 수준으로 고액 봉급자 수가 늘어왔음을 확인할 수 있다. 2006년 8만 4,000명(전년대비 58.4% 증가), 2005년 5만 3,000명(28.9% 증가), 2004년 4만 1,000명(32.2% 증가), 2003년 3만 1,000명(24.0% 증가) 그리고 2002년 2만 5,000명이다.

봉급생활자 중에서도 뛰어난 능력으로 성과를 자랑하는 사람들이 거두는 소득은 높게 치솟고 있는 실정이다. 얼마 전 어느 사석에서 모 증권회사의 CEO를 만난 적이 있다. 그는 신생 증권사들이 속속 시장에 들어오면서 애널리스트 같은 특정 직종의 몸값이 계속 오르고 있다고 걱정했다. 여기서 걱정은 사람을 고용하는 경영자 입장에서의 고민이다. 최근 그의 회사에 일어난 사건 가운데 하나는 입사 4년차인 한 애널리스트의 퇴사였다. 당시 그 애널리스트의 연봉은 4천만 원이었는데 신생 증권사 진출을 우려해 직원들을 보호하는 차원에서 2배인 8천만 원으로 올려주었다고 한다. 그런데 얼마 되지 않아 경쟁사에서 그 2배인 1억 6천만 원을 제시하며 신생 증권사로 옮겨갔다는 것이다. 특별한 능력을 소지하고 공급이 한정되어 있는 직종의 경우 이와 비슷한 사례를 발견하기는 어렵지 않다.

한편 미국의 경우를 살펴볼 필요가 있다. 2003년이 되었을 때 1995년에 비해서 미국에서도 백만장자 수가 2배인 800만 가구로 늘어났다. 『리치스탄』의 저자인 로버트 프랭크는 2000년을 전후해서 인터넷 붐이 꺼진 이후 극심한 경기침체와 9·11 테러 이후에도 부자 대열에 동참하는 사람들의 수가 줄어들지 않았음은 물론이고 오히려 더욱 더 늘어났음을 소개하고 있다. 예를 들어, 순자산 100만 달러를 소유한 미국의 가구 수는 1995년 377만에서 2004년 905만 가구로 늘어났다. 순자산 500만 달러의 가구 수도 같은 기간 중에 55만 가구에서 144만 가구로, 순자산 1천만 달러의 가구 수는 23만 가구에서 53만 가구로, 그리고 2,500만 달러를 소유한 가구

수는 5만 가구에서 11만 가구로 늘어났다. 이런 현상에 대해 로버트 프랭크는 이렇게 평가하고 있다.

지금까지 이렇게 많은 부자가 이렇게 빨리 부자가 됐던 적은 없었다. 미국은 비록 제조업에서는 중국과 인도에 밀리지만 백만장자를 제조하는 일에서는 세계 최고다. 역사상 처음으로 미국은 유럽보다 백만장자가 더 많아졌다.[24]

그런데 이것은 한국과 미국만의 특별한 상황인가? 결코 그렇지 않다. 이런 현상은 범세계적이라고 할 수 있다. 글로벌리치의 부상은 21세기 처음 10년을 특징짓는 뚜렷한 현상 가운데 하나라 할 수 있다. 메릴린치와 컨설팅 회사인 캡제미니Capgemini가 발표하는 「세계부자보고서」에 따르면 전 세계적으로 실물자산을 제외한 금융자산만 100만 달러(10억 원) 이상을 소유한 부자, 즉 고액순자산보유자(High Net Worth Individual : HNWI)는 경제성장률을 훨씬 웃돌 정도로 가파르게 증가해왔다. 2007년 1,010만 명(전년대비 6.3% 증가), 2006년 950만 명(8.3% 증가), 2005년 870만 명(7.3% 증가), 2005년 830만 명, 2003년 730만 명, 2001년 710만 명 증가했다. 금융자산만 3천만 달러(300억 원) 이상을 가진 초고액순자산보유자(Ultra-HNWI) 수 역시 2001년 9,500명에서 (11.3% 증가), 2003년 5만 8,000명, 2007년 5만 1,000명으로 증가해왔다.

한편 한국의 고액순자산보유자 수 역시 세계 평균을 웃돌 정도로 크게 증가해왔다. 2008년 11만 8천명(전년 대비 18.9% 증가), 2007년 9만 9,000명(전년 대비 14.1% 증가), 2006년 8만 6,000명(10.25%), 2005년 7만 1,000명, 2003년 5만 8,000명, 2001년 5만 7,000명으로 증가해왔다.

‘글로벌리치’가 큰 폭으로 증가하는 것은 특정 국가에 편중된 현상이 아닌 범세계적인 현상이다. 그런데 이처럼 짧은 시간에 막대한 부가 축적된 중요한 이유는 무엇일까? 이유를 정확하게 분석할 수만 있다면 이 같은 변동으로부터 현재의 실상과 미래를 더 정확하게 전망할 수 있을 것이다. 첫째, 자산가격의 급등을 들 수 있다. 자신이 이미 소유하고 있던 토지와 주택의 가격상승에 따라 부를 축적한 사례가 으뜸되는 요인이라 할 수 있다. 이 기간 동안 자산가격은 과잉 공급된 유동성으로 인하여 크게 증가했다. 둘째, 회사를 세워서 부를 축적한 사람들을 들 수 있다. 상대적으로 창업에 필요한 자금 조달이 손쉽고 회사 설립 이후에도 경험 있거나 재력 있는 기업에게 자신의 회사를 매각하는 경우도 많기 때문에 회사 성장에 따른 프리미엄을 자산으로 바꾸는 데 성공한 경우를 말한다. 셋째, 창업자는 아니지만 회사의 지분 출자를 통해서 부를 축적한 경우를 말한다. 물론 위험 부담이 큰 경우에는 이런 투자를 통해서 투자의 쓴맛을 본 사람들도 많을 것이다. 하지만 초기 투자를 통해서 대박이라 부를 수 있는 기회를 잡은 사람들도 많다. 넷째, 스톡옵션 등과 같이 임직원들에 대한 보상을 통해서 부를 축적한 사람들을 들 수 있다. 다섯째, 특별한 재능을 소유한 사람들의 경우는 보수를 통해서도 부를 축적한 사람들이 있다. 스카우트에 따르는 보상이나 높은 성과에 대한 보수로 부를 축적한 사람들을 이른다. 여섯째, 주식 등과 같은 금융자산에 대한 투자를 통해서 성장의 과실을 부로 연결한 사람들이 있다. 일반인이 부를 축적하는 경로나 ‘글로벌리치’로 가는 길에는 비슷한 면이 없지 않다. 다만 부의 축적 규모에서 ‘글로벌리치’는 과거와 현재의 기준으로 현금이나 빠르게 현금화할 수 있는 자산 규모가 10억 원에 이를 정도로 큰 점이 큰 차이라 할 수 있다.

 부자를 원하면 부자 가치를 창조하라

글로벌리치를 둘러싼 환경변화를 예상해보는 것만으로 글로벌리치의 미래를 내다볼 수 있다. 그들은 전 세계를 대상으로 투자할 수 있으며, 투자 대상 역시 자국의 주식이나 채권 이외에 석유나 각종 원자재 그리고 부동산과 선물, 예술품 등 글로벌리치들은 국적이나 국경에 제한받지 않고 최고의 서비스를 제공받을 수 있는 상황을 활용할 수 있게 되었다. 과거 같으면 부자들은 자국 내 자국 금융기관들의 도움을 받아서만 투자를 행할 수 있었다. 그러나 이제 그가 어디에 살건 간에 글로벌화된 세계에서 그는 세계 최고의 서비스를 제공받을 수 있을 뿐만 아니라 그가 투자할 수 있는 대상도 거의 모든 국가에서 동등해졌다. 적절한 서비스 사용료만 지불하면 된다.

이런 점에서 글로벌리치가 어느 나라 사람이건, 어디에 살건 그것은 별로 중요하지 않다. 외환위기 이전 우리나라에서 부자들이 이용할 수 있는 재테크 수단과 그 이후 굴지의 글로벌 금융기업들이 한국 시장에 진출하면서 이용할 수 있는 금융기관이나 재테크 수단의 변화를 비교해보면 이를 쉽게 알 수 있다. 이를 통해 앞으로 글로벌리치들에게 부의 축적을 도울 수 있는 환경이 어떻게 변화해나갈지 쉽게 짐작할 수 있을 것이다. 이런 현상을 두고 『리치스탄』 저자인 로버트 프랭크는 세상의 부자들은 국경에 구애받지 않고 일정한 수준 이상의 부를 갖고 있다는 공통점을 갖고 '제3의' 문화권을 형성하게 될 것으로 보았다. 또한 그들은 '리치스탄 Richistan' 이라는 새로운 나라의 시민으로 활동하게 될 것이며, 자신이 속한 공동체나 자국에 투자하기보다는 재산을 세계 곳곳에 투자할 것이다. 그들이 일본 사람이건 파키스탄 사람이건 그들이 속한 공동체와의 유대감은 한층 엷어지게 될 것이다.

글로벌리치들의 부상에 대한 또 하나의 긍정적인 전망을 더해주는 것은 부의 관성이다. 부의 축적에는 일정한 임계치라는 것이 있다. 물을 끓이는 것처럼 일정한 수준의 부가 축적되기까지는 오랜 시간이 걸리고 힘들다. 그러나 일단 어느 수준 이상의 부가 축적되고 나면 부는 그 자체를 불려가는 속성이 있다. 마치 구르는 눈덩어리처럼 말이다. 이런 점에서 이미 부를 가지는 데 성공한 사람들은 더 많은 부를 축적할 수 있는 가능성이 한층 높아지게 된다. 물론 이들이 전부 부를 유지하는 데 성공하는 것은 아니다. 과거처럼 부의 기초가 부동산이나 실물 자산이 아니라 금융에 대한 의존도가 커지기 때문에 과도한 욕망에 사로잡힌 채 자신의 부의 포트폴리오를 지나치게 편중시킨 사람은 부를 허공에 날릴 가능성도 얼마든지 있다. 그만큼 금융시장 변동성에 따라서 부의 변동 또한 심할 수 있음을 뜻한다.

하지만 이런 상황에 도달하는 글로벌리치들의 비중은 낮아지게 될 것이다. 왜냐하면 과거와 달리 전문 브레인들의 도움을 받아 리스크를 적절히 관리해나가는 글로벌리치들이 훨씬 많아질 것이기 때문이다. 이른바 과학적인 방법으로 부를 관리하는 사람들인 한 부침을 크게 경험할 수 있는 가능성은 상대적으로 낮아진다. 이를 보험이란 측면에서도 이해할 수 있다. 과거에는 보험의 적용 범위나 가입할 수 있는 사람의 범위가 좁고 그 수도 적었다. 하지만 이제는 예상되는 거의 대부분의 위험에 대해서 스스로를 보호하려는 사람들이 대거 늘어나고 있다. 이는 리스크관리에 대한 사람들의 인식이 크게 바뀌어간다는 것을 뜻한다. 이런 점에서 글로벌리치들은 선발대에 속하는 사람들이다. 다시 말하면 이들은 어떤 사람들이나 계층보다도 리스크관리의 중요성을 잘 알고 있고, 이런 분야에서 자신들을 도와줄 수 있는 최고의 기관이나 인재를 얼마든지 활용할 수 있다. 이런 측면에서 보면 미래는 과거와는 전혀 비교할 수 없는 그런 시대가 전개됨을 뜻한다.

세계화는 기본적으로 경쟁의 격화와 기회의 증가를 뜻한다. 상당한 부를 갖춘 글로벌리치들도 자의반 타의반으로 타인과 자신을 끊임없이 비교할 수밖에 없는 상황에 놓이게 된다. '모르면 약이다' 라는 말이 있지 않는가? 과거에는 자신이 갖고 있는 부의 수준에 만족할 수 있었다. 왜냐하면 비교 대상이 두 눈으로 확인할 수 있는 사람들 정도에 그치고 말았을 것이기 때문이다. 하지만 이제는 비교 대상이 크게 달라졌다. 세상 모든 부자들에 대한 정보들을 손쉽게 구할 수 있게 된 것이다.

예를 들어 한국 부자들의 경우는 스스로 부자라고 생각할 수 없는 경우가 잦다. 왜냐하면 글로벌시장에서 큰 부자들에 비해서 자신이 소유한 자산이 얼마 되지 않는다는 사실을 자주 인식하기 때문이다. 따라서 글로벌리치들은 어느 나라를 불문하고 더 열심히 부의 축적을 위해서 뛰어야 할 동기를 부여받게 된다. 세계화가 본격적으로 추진되기 이전에 자국이나 자기가 사는 마을에서 '최고' 부자라고 이름 붙일 수 있었던 사람들이 심리적으로 편안한 마음으로 살아갈 수 있었던 데 비해서 세계화 이후의 삶은 상당한 부의 축적 이후에도 끊임없는 압박감에 놓임을 뜻하게 된다.

글로벌리치들 사이에서는 끊임없이 더 높은 곳으로 올라가기 위한 사다리 타기 게임이 진행된다. 이따금 필자가 이용하는 재미있는 농담이 있다. 머리가 보통인 사람이 열심히 하는 것은 이해할 수 있다. 그러나 머리가 뛰어난 사람이 열심히 하는 것까지 갖추게 되면 그것은 한마디로 '대책이 없다'는 농담이다. 글로벌리치들의 부의 축적에 이런 농담을 적용해도 무리는 아닐 것이다. 그들이 적당히 한다면 그나마 나머지 계층들과의 상대적 격차는 크게 확대되지 않을 것이다. 그러나 이미 보통 사람들 기준으로 엄청난 규모의 돈을 가진 사람들이 그것에 만족하지 않고 더욱 더 열심히 부를 추구하게 된다면, 필연적 결과는 격차가 점점 더 확대되어가는 것을 뜻한다.

세계화로 인해 시장 규모는 점점 더 확대되고 뛰어난 상품들이 세상 곳곳을 누비고 다닐 수 있는 상황이 전개되고 있다. 게다가 사람들의 욕망은 점점 더 고도화되어가고 있다. 과거 같으면 일부 사람들이 향유할 수 있었던 상품이나 서비스가 범용화되어가는 추세가 뚜렷해진다. 그렇다면 그런 기회를 포착하기 위한 기술의 발전은 더욱 힘을 받게 될 것이다. 그리고 이런 기술 발전에 큰 동력을 제공하는 것은 다름 아닌 정보의 흐름이다. 한 개인이 혹은 한 기업이 정보를 얻을 수 있는 가능성은 과거에 비해 상상할 수 없을 정도로 커지게 되었다. 이런 상황에서 정보의 호환이 가져오는 아이디어 창출 그리고 이를 상용화하는 이들이 가파르게 증가할 것으로 보인다. 여기서 정말 많은 비즈니스 기회들이 창출될 것이다. 풍부한 자본의 존재는 이런 기술들이 상업화되는 데 밑천을 제공하는 든든한 역할을 하게 될 것이고, 이런 과정에서 부자들은 투자할 수 있는 기회를 더욱 크게 갖게 될 수 있다.

글로벌리치들은 자신들의 재산을 불려줄 수 있는 최고의 인재를 확보할 수도 있지만 동시에 그들이 부를 잃지 않도록 도와주는 인재들을 활용할 수 있는 가능성도 커지게 된다. 다시 말하면 능력 있는 프라이빗뱅커들의 도움을 받거나 심지어는 그들 2세에까지 차별화된 교육 서비스를 제공받게 한다. 게다가 배타적인 커뮤니티도 속속 등장하기 때문에 이들은 각자가 범한 시행착오를 공유할 수도 있고 앞서 경험한 사람들의 시행착오로부터 교훈을 얻을 수도 있게 된다.

한편 특정 재능이나 기술이 제대로 된 가격을 받을 수 있는 시장이 점점 더 확대되는 추세다. 자신의 재능을 밑천으로 부를 축적한 사람들이 늘어나면서 공적 영역의 성격을 지닌 분야를 제외하면 사적인 영역에서는 과거와 비교할 수 없을 정도로 성과에 대한 보상을 당연하게 여기는 시대가 열리고 있다. 그리고 그들이 가진 재능이나 기술이 희소성을 강하게 갖고 있으며 동시에 시장에서 팔 수 있는 가능성이 커진다면 이에 따라 그들의 가치는 계속해서 성장할 것이다. 과거에는 자산에 바탕을 두지 않고 자신의 재능이나 기술을 바탕으로 큰 부를 축적할 가능성은 한층 낮았었다. 누군가 그런 부의 창출에 기여한다고 하더라도 대부분의 성과는 자본을 가진 사람들에게 귀속되고 만 것이다. 그러나 이제는 어떤가? 과거 같으면 자본주가 가져갔을 법한 수익을 다른 이해당사자들이 나누는 방식으로 배분의 법칙이 바뀌고 있다. 특히 특별한 재능이나 기술을 가진 사람들이 차지하는 비중이 한층 높아지고 있음은 물론이다. 경영평론가 찰스 핸디 교수는 "아이디어와 지식은 전보다 더 중요하게 되었으며 이제 그것은 기계 속에 존재하는 것이 아니라 개인 머릿속에 들어가 있다"고 지적한다. 그 결과에 대해 찰스 핸디 교수는 "점점 더 많은 사람들이 자신이 판매 가능한 가치임을 깨닫게 되고 시간당 계약인 임금이나 봉급을 받고서 자신의 지식을 팔려고 하지 않고 이익의 일정 비율을 보장하는 수수료 혹은 로열티를 요구하게 된다"고 전망하고 있다.

특별한 능력을 소유한 프리랜서 스타일의 직업이 더욱 늘어나게 된다면 이에 따라 자신이 만든 성과에 비례해서 수익을 거둘 수 있는 사람들의 비중이 더욱 크게 증가할 것이다. 이것은 자신의 능력이나 성과를 입증함으로써 큰 부를 만질 수 있는 사람들의 상대적인 비중이 더욱 커진다는 사실을 뜻한다.

## 대응 부자들의 천국 시대가 도래한다

글로벌리치의 증가는 보통 사람들이 좀처럼 도달하기 힘든 수준의 막대한 부를 축적한 사람들이 등장하는 것을 뜻한다. 전 세계를 상대로 자산을 운용할 수 있고, 일정한 수수료를 지불하면 얼마든지 세계 최고의 자산 운용 서비스를 받을 수 있다. 경영자나 특별한 능력을 소지한 직업인에 대한 기업 의존도가 높아지고, 창업을 통해 자신을 드러낼 수 있는 가능성이 높아지는 추세를 고려하면 글로벌리치들의 증가 추세는 멈추지 않을 것이다. 특히 이머징마켓처럼 고성장 지역에서 새롭게 글로벌리치에 동참하는 사람들의 증가폭이 커질 것으로 보인다.

이들은 보통 사람들과는 완전히 다른 삶의 스타일을 유지할 것이다. 그들은 자신들이 몸담고 있는 지역 사회를 자신들이 선택할 수 있는 한 가지 대안 가운데 하나라고 생각할 것이다. 그들은 자신들의 편의에 따라서 얼마든지 국적이나 지역을 선택할 수 있는 사람들이다. 이들은 자신들의 부를 제대로 보호해줄 수 있는 지역을 선호할 것이며, 이들은 그야말로 부유한 세계시민들로서 자신들의 정체성을 확고히 하게 될 것이다.

또한 글로벌리치들 역시 로버트 프랭크의 정의처럼 자신들이 소유한 부의 수준에 따라서 상류, 중류 그리고 하류의 부유층들로 나뉠 것이다. 참고로 로버트 프랭크는 상류 부유층(상류 리치스탄)은 가구 순자산 규모를 1억~10억 달러로, 중류 부유층(중류 리치스탄)은 가구 순자산 1,000만~1억 달러로, 그리고 하류 부유층(하류 리치스탄)은 가구 순자산 100만~1,000만 달러로 나누고 있다. 이 같은 분류에 따라 나눠진 부자들은 각각의 아이덴티티 형성뿐만 아니라 라이프스타일 형성에서도 큰 차이를 보일 것이다. 하류 글로벌리치들은 일반 대중들에게 부러움의 대상이 될 수 있을지 모르지만, 그 위의 계층부터는 보통 사람들이 상상할 수 없을 정도의 부를 소유함으로써 시샘이나 질투의 대상을 넘어서는 계층으로 자리잡게 될 것이다.

따라서 이들이 소유하기를 원하는 상품이나 서비스에 대한 수요는 계속 증가할 것이다. 이들은 많은 경우에 신분재 성격을 지니는 상품이나 서비스로 자신을 차별화하기를 원할 것이며, 이런 과정에서 이미 대중화되어버린 명품이 아닌 명품과 다른 차원의 특별한 상품이나 서비스의 등장은 불가피할 것으로 보인다. 과거 10년 동안 미국 사회에서 일어난 부유층의 증가는 정도 차이는 있겠지만 대다수 국가들에서도 비슷하게 일어난 현상이다. 앞으로 10년이 어떻게 전개될 것인가를 추측하는 데 다음과 같은 주장은 참조할 필요가 있다.

리치스탄의 인구수가 폭발적으로 늘어나고 과거 10년간 부자가 큰 폭으로 증가했지만, 상당수의 미국인이 이러한 '돈 잔치'에서 소외되었다. 미국 가계의 중산층 소득은 2005년까지 5년 연속 감소했다. 그리고 2005년 기준으로 중산층 가계 소득은 물가상승률을 감안할 때, 2000년에 비해 3천

달러가 줄었다. 반면 부자들의 소득은 두 자리 숫자로 급격하게 늘고 있다. 거의 모든 기준에서 미국은 점점 더 불평등한 사회가 되고 있다. 가장 부유한 1% 인구가 미국 전체 자산의 33% 이상을 차지하고 있으며, 상위 1%가 차지한 자산이 하위 90%가 가진 모든 자산을 합한 것보다 더 많다. 또 미국의 전체 국민소득에서 상위 1%가 차지하는 비중은 제2차 세계대전 이후 최고수준으로 높아졌다. 교육, 정치, 의료기관 등 사회의 핵심적인 공공기관 상당수가 자산을 기준으로 점점 더 분리되고 있다.[25]

역사적으로 소득 면에서 상대적 격차의 확대는 이를 시정하기 위한 대중들의 요구를 만들어냈다. 예를 들어 1900년대 초 시어도어 루스벨트 대통령은 당시의 거대 기업들에 맞서서 기업을 분리하는 조치를 취한 적이 있다. 이런 시도들은 앞으로도 일어날 수 있다. 민주주의는 표를 기반으로 집권하는 세력들이 힘을 갖고 이들이 주축이 되어 분배의 게임 법칙을 정하는 정치형태를 뜻한다. 때문에 아주 소수에 해당하는 부자들을 상대로 부유세와 같은 명목으로 세금을 더 거두어들이는 정책은 언제든지 대중들의 상대적 박탈감을 충족시키는 데 큰 역할을 하게 될 것이다.

뉴욕대학교의 소득 계층 전문가인 에드워드 울프는 "중산층에 더 많은 부가 배분되도록 할 수 있는 유일한 방법은 상류층에서 돈을 거둬 재분배하는 것뿐이다. 저자는 세제를 전면 개혁해야 한다고 생각한다. 세제만 고쳐도 상류층의 자산 증가 속도를 늦출 수 있다"고 주장한다. 아마도 앞으로 이 같은 주장은 많은 사람들의 심정적인 동조를 얻을 수 있을 것이고 이를 정책화하는 데 적극적으로 나서는 정치인들이 등장하게 될 것이다. 실제로 대중들의 불만을 혁명에 가까운 제도로 바꾼 경험을 미국은 이미

1920년대 대공황 이후 뉴딜 정책으로 제도화한 적이 있다. 1920년대까지 미국의 부자들에게 세금은 별로 중요한 사항이 아니었다. 스스로 상류층 출신이면서도 배신자라는 비난을 받으면서 세금을 대폭 올린 사람은 뉴딜 정책을 이끌었던 프랭클린 루스벨트다. 그는 소득세 상한을 24%에서 첫 번째 임기 동안 63%로, 그리고 두 번째 임기 동안 79%까지 끌어올렸다. 그리고 상속세 상한율도 20%에서 45%로, 그리고 60%, 70%, 결국에는 77%까지 올렸다. 세금 제도를 개혁함으로써 부의 재편이 일어날 수 있는 여지는 얼마든지 있다. 당시 상류층을 겨냥한 이 같은 세금 인상은 거의 혁명이라 이름 붙일 수 있는 조치였다. 결과적으로 1929년 미국의 부유층 상위 0.1%는 국부의 20%를 차지했었지만, 1950년대가 되면 10% 정도에 그치고 만다. 유려한 필력으로 진보진영의 논리를 대변해온 노벨경제학상 수상자 폴 크루그먼 교수는 대폭적인 세금 인상으로 불평등을 시정해야 한다고 주장한다. 그는 열정적으로 "나는 상대적으로 평등한 사회가 존재할 수 있다고 믿는다. 이를 위해서는 극심한 빈부격차를 제한하는 제도적 장치가 필요하다고 생각한다. 나는 민주주의와 시민의 자유, 그리고 법치를 믿는다. 그래서 나는 진보주의자이며 그것이 나는 자랑스럽다"고 외친다.

세금 인상을 통해서 상대적 박탈감을 해소하고 좀 더 평등한 사회를 만들어야 하며, 그것을 할 수 있다고 생각하는 정치인이나 사람들이 얼마든지 등장할 수 있다. 그리고 이들이 정권을 잡을 가능성도 있다. 하지만 이런 정책들이 현실 세계에서 성공할 수 있는 가능성은 낮다. 특히 부작용이 발생할 수 있는 소지는 얼마든지 남아 있다. 글로벌리치들은 이미 그들에게로 힘의 균형이 이동했음을 잘 알고 있기 때문이다. 왜냐하면 그들은 주거지뿐만 아니라 납세를 해야 할 국가조차도 선택할 수 있는 힘을 갖게 되었기 때문이다. 일정 수준까지의 세금 증액에 대해서는 감내하겠지만 그것이 자신들이 인내할 수 있을 수준을 넘어서게 되는 경우 그들은 이를 피할 수 있는 방법을 여러 가지 활용할 것이다.

지구라는 같은 행성에 살면서도 마치 완전히 다른 곳에 살아가는 사람들처럼 느낄 수 있는 집단이 글로벌리치라 할 수 있다. 이들 가운데 사회적인 자각을 크게 느끼는 사람들도 일부 있겠지만 자신이 속한 국가나 사회에 별다른 심리적인 애착을 느끼지 않는 사람들이 상대적으로 많다. 왜냐하면 이들은 '의식의 글로벌화'를 일찌감치 경험한 사람들일 가능성이 높기 때문이다. 참을 수 없을 정도의 과세나 불편함이 있을 때 그들은 자신에게 더 매력적인 조건을 제시하는 나라로 국적 자체를 바꾸어버릴 수 있다. 아마도 한국사회 역시 상속세 등과 같은 세금 문제 때문에 글로벌화가 가져다준 이동(mobility)을 적극적으로 활용하려는 '글로벌리치' 들의 활발한 움직임을 목격하는 일은 앞으로 어렵지 않을 것이다. 경영평론가인 찰스 핸디는 "정부는 더 많은 사람들에게 경쟁에 필요한 기술과 자격을 주려고 안간힘을 쓰고 있다. 그러나 정부의 노력이 아무리 가상하다고 하더라도 이것은 후발주자가 결코 따라잡을 수 없는 경주인 것이다"라는 말로 부의 격차에 대해 전망하고 있다. 세상은 부자들의 천국으로 가고 있다. 이는 한국의 부자에게만 해당하는 이야기가 아니라 세계의 부자를 두고 하는 말이다.

# 9장 글로벌중산층,
## 성장 대열에 가담하다

지구촌에서 그동안 성장의 과실을 제대로 누릴 수 없었던 사람들의 삶의 수준은 점점 나아
질 것이다. 아시아를 중심으로 중동 그리고 아프리카와 남미에 이르기까지 앞서거니 뒤서거
니 하면서 생활수준이 부쩍 높아지는 사람들의 수는 비약적으로 증가할 것이고 이런 과정
에서 기대를 훨씬 뛰어넘는 그런 기회들이 제공될 것이다. 물론 그런 기회를 자신의 것으로
만들기 위한 기업들의 경쟁은 더욱 더 치열해질 것이다. 미래인재로 자신을 만들어가길 원
하는 사람도 여기서 기회의 실마리를 잡을 수 있을 것이다.

## **현상** 꾸준히 늘어가는 글로벌중산층

중국과 인도 그리고 그 밖의 아시아 개발도상국들이 경험했던 눈부신 성장에 대해서는 이미 4장에서 다룬 바 있다. 세계화는 기업의 입지 선정에서 거의 무한정한 자유를 허용했다. 이런 과정에서 선진국을 떠난 공장들은 상대적으로 생산비용이 저렴한 국가에 속속 입지하는 그런 상황이 지난 10년 사이에 눈부신 현상의 하나로 자리잡았다. 독일에서 인기를 끌었던 가보르 슈타인가르트의 저서 『부를 향한 세계대전』은 "1985년부터 1995년까지 전 세계에서 이루어진 생산, 즉 '글로벌 생산'은 100% 늘어났지만, 해외 직접투자 규모는 400퍼센트나 늘어났다"고 말한다. 그만큼 최적 생산지를 찾아서 떠난 자본이 현저하게 많다는 이야기다. 세계화의 이

런 전형적인 현상에 대해서 부정적인 시각을 드러내는 사람들도 상당수 존재하지만 그럼에도 불구하고 우리들이 관찰하게 되는 현상은 엄연한 현실이다. 과거 같으면 상상할 수 없을 정도로 많은 사람들이 생존 수준을 넘어 더 나은 물질적 수준을 향유하는 그런 상황에 가깝게 다가서 있거나 그런 상황을 넘어선 것이다. IBRD가 제시한 「글로벌 경제전망 : 세계화의 다음 물결을 경영하기」 보고서는 글로벌중산층을 가구당(4인 기준) 연소득이 1만 6,000달러에서 7만 2,000달러(구매력기준)에 속하는 계층으로 진단하고 이들 수가 이미 4억 명(2005년 기준)에 달하게 되었다고 말한다. 2030년까지 그 수는 12억 명으로 전 세계 인구의 15퍼센트에 달할 전망이다(보고서에서 '글로벌중산층'의 정의는 선진국 중산층뿐만 아니라 개발도상국의 부유한 사람들까지 포함한다. 이들은 글로벌시장에서 활발하게 활동하며, 월드클래스 수준의 상품을 원하고 국제적인 수준의 높은 교육을 갈망한다. 또한 그들은 자동차뿐만 아니라 많은 내구 소비재와 해외여행을 구매할 수 있는 여력을 가진 사람들이다).

**그림 5** 급성장하는 '글로벌중산층' : 2005년과 2030년

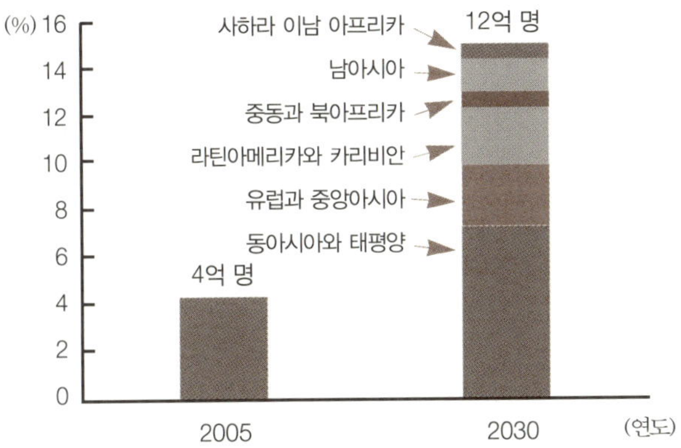


자료: IBRD/The World Bank, 「글로벌 경제전망 : 세계화의 다음 물결을 경영하기」 2007, p.16.

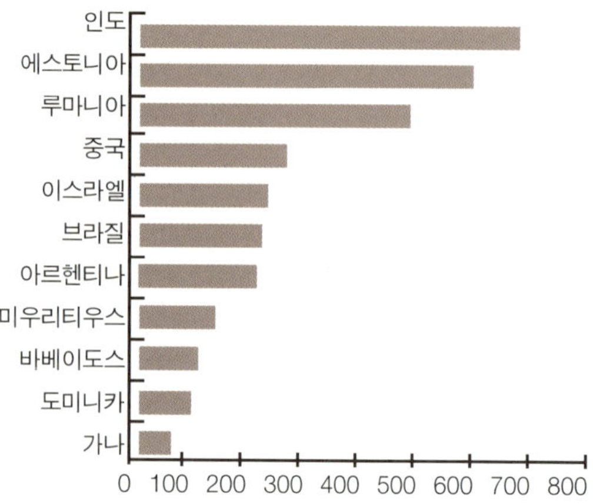



자료 : IBRD/The World Bank(2007), p.20

　성장 과실이 어떻게 증가할 수 있는가를 확연하게 확인할 수 있는 대목은 중국의 고성장과 중산층의 약진이다. 중국에서 글로벌중산층 인구는 2000년의 불과 5,600만 명에서 2005년 1억 7,000만 명까지 증가했다. 불과 5년 사이에 1억 4,000만 명이 중산층으로 자신의 신분을 상승시키는 데 성공한 것이다.

　생산기지들이 선진국을 떠나 후진국으로 이전하는 현상은 지난 10여 년 동안 나타난 뚜렷한 현상 가운데 하나다. 물론 생산기지의 이동뿐만 아니라 서비스업을 중심으로 선진국에서의 활동 자체를 개발도상국으로 이전하는 활동 역시 그 비중이 대폭 확대되어가고 있다. 뉴욕의 콜센터 기능이 인도로 이전하는 일은 일상적인 활동이 되어버렸다. 특히 영어권 국가를 향한 콜센터 기능의 이동이나 그 밖의 백오피스 관련 업무 이전은 빠른 속도로 이루어지고 있다.

〈그림 6〉은 개발도상국의 비즈니스 서비스 분야의 성장률(총 서비스 생산액에서 운송, 여행과 정부 서비스를 제외한 수치)을 나타낸다. 이는 인도나 에스토니아처럼 자격을 갖춘 개발도상국이 선진국의 일부 화이트칼라 직업을 대체하고 있음을 말해준다.

그러나 모두가 승자가 될 수는 없다. 세계화의 확산이 앞으로 어떤 문제점을 낳게 될지에 대해 1998년 10월 미국 의회의 무역적자 연구 특별위원회가 밝힌 내용은 현재뿐만 아니라 앞으로도 기존 선진국의 중산층 인구 조정 작업과 기타 국가들에서의 글로벌중산층 증가에 시사하는 바가 크다. 동 보고서는 2차 세계대전 직후부터 70년대 후반까지 30년과 이후 90년대 후반까지 20여 년을 분석하고 있다. 전후 30년간은 경제 승자의 혜택이 모든 계층에게 골고루 확산된 시기였다. 전체 인구를 소득수준에 따라서 5등 분위로 나누었을 때, 이 기간 최하위 빈곤층의 소득은 120%, 차상위 계층은 101%로 각각 늘었다. 중간층은 107%, 그 위는 114%, 최상위 계층은 94% 증가했다. 모두가 성장의 넉넉한 혜택을 누릴 수 있었던 시절이었다.

그러나 70년대 후반부터 이후 20여 년간 상황은 악화되었다. 가보르 슈타인가르트는 『부를 향한 세계대전』에서 "지난 20년간 미국에서 최하위 계층의 소득은 오히려 1.4% 줄었고, 차상위 계층은 6.4%, 중간층은 11.1% 그리고 그 위는 19%만큼 각각 증가했다. 하지만 최상위 계층의 소득은 무려 42% 늘었다"고 말한다. 그만큼 성장 혜택은 대부분 최상위 계층에 속했음을 말해주고 있다. 아마도 이 같은 추계를 세계화가 본격화하기 시작한 1999년 이후 10여 년 정도로 확대해서 적용해보면 그런 현상은 더욱 심해졌을 것으로 예상할 수 있다.

자신이 태어난 국가가 운 좋게도 선진국이었다면 세계화 이전에 누릴 수 있었던 '조국 프리미엄'은 상당히 컸을 것이다. 그러나 이런 프리미엄의 상당 부분이 새롭게 공장입지가 결정되거나 관련서비스를 계속할 수 있는 이머징 국가들로 이전되어가고 있다. 조국 프리미엄이 본격적으로 소멸되기 시작하는 것은 생산기지의 활발한 해외이전과 맥을 같이한다고 보면 된다. 최근 10년이 이런 과정이 상대적으로 활발하게 이루어진 시기에 해당한다. 다행히 이전하는 노동시장으로부터 벗어나서 과거보다 더 나은 부가가치를 만들어낼 수 있는 그런 인재들은 더 많은 소득을 누릴 수 있지만, 이들의 비중은 그다지 크지 않을 것으로 보인다.

미국의 사례 중에서 미국 중산층의 살림살이가 어떻게 변화해왔는가를 짐작해볼 수 있는 사례가 있다. 1966년 미국인들의 최저임금은 시간당 1달러 25센트였다. 물가상승률을 감안해서 현재 가격으로 환산하면 8달러가 넘는다. 참고로 현재의 최저임금은 시간당 5달러 15센트에 불과하다. 미국인의 보통 생활이 팍팍해졌음을 쉽게 짐작할 수 있다. 그 이유는 무엇일까? 독일의 『슈피겔』지는 다음과 같이 말한다.

21세기의 초반부에 미국은 여전히 슈퍼파워를 유지하고 있다. 하지만 그 슈퍼파워는 국경 너머로부터뿐만 아니라 내부의 어려움 때문에 치열한 경쟁에 직면해 있다. 미국의 중산층과 그 이하의 계층들은 세계화의 패자가 되어가고 있다. 세계화의 핵심인 자본의 자유로운 이동이 미국경제의 기반을 무너뜨리고 있기 때문이다. 공장이 생산비용을 줄이기 위해 해외로 빠져나가면서 자본과 노동이 급속하게 이동했다. 동시에 미국 내 노동시장의 붕괴가 속도를 더했다. 많은 공장 사무직 노동자들이 일자리를 잃거나 월급이 줄어들었다. 피라미드와 같은 안정적인 경제 틀에서 단단하게 허리를 받치던 중산층들은 상위 계층으로 올라가지 못하고 아래 계층으로 몰락하면서 붕괴되기 시작했다. 일부의 책임은 미국의 산업계가 져야 한다. 불과 몇 십 년 만에 미국 제조업은 절반으로 줄어들었다. 미국의 제조업이 차지하는 비중은 유럽의 26퍼센트에 비해서 턱없이 작은 17퍼센트에 불과하다. 거의 모든 주요 국가들은 꼭 같은 양을 사줘야 한다는 조건 없이 미국에 수출하고 있다. 심지어 미국은 우크라이나나 러시아 같은 나라들에서조차 무역 흑자를 남기지 못하고 있다. 매일 미국에 도착하는 컨테이너 선박들은 하역을 마친 다음에 빈 배로 돌아가는 경우가 많다.[26]

상대적으로 생활수준을 높게 유지했던 국가들의 중산층은 '조국 프리미엄'을 충분히 향유하던 시절이 있었다. 하지만 세계화는 이 같은 렌트(경제적 논리로 정당화될 수 없는 이익, 자신이 생산하는 가치에 비해서 더 높은 보수를 지불받게 되는 것을 말함-편집자 주)를 소멸시키고 점진적으로 그 혜택을 이머징마켓의 중산층으로 이동시켰다. 세계자원연구소 분석에 따르면 현재 65억 명의 세계인구 중 일인당 구매력을 기준으로 하면 소득피라미드의 가장 상층에 2만 달러 이상의 소득을 가진 5억 명의 인구가 선진국에 포진하고 있다. 그리고 바로 그 밑에 있는 소득계층은 3,260달러에서 2만 달러에 속하는 20억 명이 개발도상국 시장을 차지하고 있다. 『슈피겔』지는 소득피라미드의 밑바닥(Bottom of Pyramid ; BOP) 40억을 잡기 위해 활발하게 남진 정책을 펼치고 있는 기업들의 움직임을 보도한 적도 있다.[27]

피라미드의 밑바닥을 이루는 40억 명은 연간 구매력이 3,260달러 수준으로 현재 총 시장 규모는 5조 달러에 달한다. 기업들은 BOP 시장이 당장 수익을 제공하리라고 생각하지 않는다. 하지만 이들 시장을 선점함으로써 이들로부터 얻어낸 브랜드 인지도와 충성도가 두고두고 제공할 수 있는 소득 창출 기회에 주목했다. 내수 소비재로부터 시작해서 금융업에 이르기까지 많은 기업들이 이들 시장에 관심을 기울이는 더 큰 이유는 이들 시장이 현재처럼 머물러 있지 않으리라는 전망에서다. 이들 시장이 역동적으로 성장해갈 것이며 미래에 충분한 구매력을 지닌 시장 확보라는 점에서 이들은 기업들에게 대단한 매력을 제공하고 있음에 틀림없다.

한편 보스턴 컨설팅 그룹의 마르코스 아귀아르는 「10억 소비자의 비밀을 밝히다」라는 논문에서 이머징시장에서 가계당 월수입이 63~700달러 수준(연평균 756~8,400달러)인 소비자 그룹에 주목한다. 그들은 "아직 부유하지도 않고 중산층도 아니지만 결코 가난하지 않다"고 말하면서 "그들은 일년에 무려 1조 달러를 소비한다"고 강조한다. 이제까지 기업들은 그런 소비자 그룹을 중요하게 생각하지 않았지만 소수의 기업들을 중심으로 이들의 가치를 인정하고 그들이 평생 동안 특정 상품에서 창출할 수 있는 가치에 주목하기 시작하고 있다. 이들의 수는 무려 10억 명이나 되고 아귀아르는 이들을 하나의 그룹으로 '넥스트 빌리언Next Billion' 즉 '차세대 10억 명'이라 이름 붙이고 있다. 마르코스 아귀아르는 다음과 같은 주장으로 기업들이 넥스트 빌리언에 주목해야 함을 강조하고 있다.

우리는 기업들이 넥스트 빌리언을 제대로 이해하고 그들의 필요를 만족시키는 데 초기 투자를 단행하는 일은 가치 있는 일이라 생각한다. 이들 소비자에게 주목하고 이들의 수요를 만족시키고 그들의 진화하는 기호에 맞는 서비스를 제공하는 첫 번째 주자들은 지속되는 경쟁 시장에서 다음의 글로벌 리더로 부상할 수 있을 것이다.[28]

이머징마켓의 중산층 증가로부터 시작해서 소득 피라미드 최하층에 속한 사람들 가운데 중산층으로 발돋움하는 사람들의 수는 꾸준히 증가할 것이다. 이런 추세에 힘을 더하는 또 하나의 요소는 세계화로 인한 이민 증가를 들 수 있다. 후진국의 숙련노동자와 비숙련노동자들은 더 나은 기회를 잡기 위해 선진국이나 중진국으로 합법 혹은 불법 이민을 활발히 행하고 있다. 이들이 벌어들인 소득 가운데 대부분은 해외송금(remittance)으로 본국에 있는 가족들에게 우송됨으로써 빈곤 상태를 벗어나서 중류층으로 진입하는 데 필요한 종자돈 역할을 하고 있다.

2007년 한 해 동안 해외에서 일하는 근로자들이 모국의 가족에게 우송한 돈은 3,180억 달러에 이른다. 2002년 1,700억 달러에 불과했음을 고려하면 2002년과 2007년 사이에 87%나 증가했다. 1990년의 250억 달러 이후 시계열 자료를 추적해보면 2000년 이후부터 증가 추세가 가파르게 올라가고 있음을 확인할 수 있다.[29] 특히 개발도상국으로 간 해외송금은 모두 2,400억 달러에 달할 정도로 막대한 액수이며, 이는 2002년 1,160억 달러에 비해 107%나 늘어난 수치다. 현재 해외에서 일하면서 가족들을 돕는 인구수는 1억 5천만 명으로 해외송금은 송금대상 나라의 빈곤 수준을 낮출 뿐만 아니라 경제성장과 투자를 위한 종자돈 공급에 큰 역할을 하고 있다. 우리가 월남전과 중동 건설경기 붐에서 큰 성장 동력을 얻는 혜택을 입었음을 떠올리면 된다. 세계화는 성장의 과실을 누리지 못하던 나라들에게 더 많은 기회를 제공하고 있음을 확인할 수 있다. 개도국 가운데서는 인도가 270억 달러, 중국이 257억 달러, 멕시코가 250억 달러, 필리핀이 170억 달러, 파키스탄이 55억 달러, 방글라데시가 60억 달러를 해외송금으로 받았다(2007년 기준).

## 전망 세계화와 성장의 열매를 가져라

글로벌중산층의 성장에 대해서는 낙관적인 시각이 단연코 우세하다. 이는 세계화 추세가 앞으로도 계속될 것이라는 전망과 궤를 같이한다고 할 수 있다. 글로벌중산층은 2006년 기준으로 약 4억 명 수준에서 2030년까지는 12억 명으로 증가할 것으로 전망된다. 이는 2006년도 기준으로 세계인구 7% 수준에서 15%까지 늘어나는 것을 뜻한다. 앞에 소개되었던 IBRD보고서(2007)의 핵심은 앞으로 그 성장 속도나 폭이 커지게 될 것이라는 점이다. 중국만 하더라도 글로벌중산층은 2000년의 5,600만 명에서 2020년 3억 6,100만 명으로 6배 가까이 늘어날 전망이라고 한다. 실제로 중국 정부는 2020년을 전면적 샤오캉小康사회 건설의 목표연도로 삼고 있다. 샤오캉은 나름대로 여유 있는 삶을 구가할 수 있는 생활수준을 말한다.

현재 65억 명인 세계인구는 개도국 위주로 인구가 지속적으로 증가하여 연평균 6천만 명씩 늘어남으로써 2030년에 80억 명까지 증가할 전망이다. 노동력 인구 역시 30억 명에서 2030년에는 41억 명으로 증가할 전망이다. 이 같은 노동인구의 증가는 글로벌 경제의 생산규모를 2005년의 35조 달러에서 2030년 72조 달러로 늘리게 될 것으로 보인다. LG경제연구원의 윤상하 연구원은 2030년에는 1인당 GDP가 1만 달러에 육박하는 글로벌 중산층 규모가 대폭 늘어날 것이라 밝혔다.

2000년 31조 8천억 달러를 기록했던 전 세계 실질 GDP는 2010년 43조 4천억 달러, 2020년 58조 8천억 달러, 그리고 2030년에는 79조 2천억 달러에 육박할 것으로 예측된다. 이를 1인당 GDP로 환산하면 2000년 5,199달러 수준이었던 전 세계의 1인당 GDP가 2010년에 6,286달러, 2020년에는 7,669달러, 그리고 2030년에는 9,250달러에 도달한다는 전망이다. 따라서 2030년에는 인구 83억 2천만 명에 1인당 실질소득 1만 달러에 육박하는 글로벌중산층의 시대가 도래하게 된다. 그러나 실제로 1인당 소득 1만 달러를 넘는 국가들은 OECD를 제외하면 그리 많지 않을 전망이어서 부의 전 세계적인 편중 현상은 여전할 것으로 보인다.[30]

여기서 우리가 특히 주목해야 할 부분은 글로벌중산층에 편입하는 인구들이 가장 많이 등장할 것으로 보이는 BRICs 국가들이다. 위 보고서에 따르면 2000년에 이들 나라의 인구는 26억 4천만 명이었지만 2010년에는 29억 1천만 명, 2020년에는 31억 5천만 명 그리고 2030년에는 33억 2천만 명을 돌파할 것으로 전망된다. 이들 국가에서 가장 많은 글로벌중산층이 증가할 전망은 인구증가 이외에 경제성장률 전망에 대한 수치로도 충분히 뒷받침된다. 이 보고서에 의하면 BRICs 지역의 연평균 실질경제성장률은 2010년부터 2030년까지 연평균 5~6%대를 유지할 것으로 전망된다. 이는 같은 기간 동안 OECD 국가의 2%대, 차세대 선두 국가들(아시아 45개국, 라틴 아메리카 34개국, 아프리카 53개국, 이머징 유럽 16개국, 기타 8개국 등 총 156개국이 포함됨)의

3~5%대에 비해 상대적으로 높은 수준을 나타낸다. 결과적으로 이들 국가의 1인당 소득 역시 2007년의 1,489달러에서 2020년 2,985달러, 2030년에는 4,845달러에 도달할 전망으로 인구 규모와 소득 면에서 향후 수십 년간 글로벌 기업들에게 거대한 시장을 제공할 것이다.

우리가 미래를 어떻게 보든 일단 형성된 세계화를 향한 거대한 물꼬를 뒤로 돌리는 것은 불가능하다. 그리고 글로벌중산층이 나날이 생성되고 있는 나라들 경우에는 이미 돈의 위력을 체험한 수많은 사람들이 부를 얻기 위한 경주에 뛰어들고 있다고 보면 된다.

글로벌중산층 증가에 큰 비중을 둘 수 있는 근거 가운데 하나는 부의 축적 역시 일정한 시간 동안 사람들이 그 가능성을 점쳐보고 확인하게 되는 과정이 중요하다는 점이다. 일단 이륙단계에 들어가기 시작하면 아주 예외적인 상황이 발생하지 않는 한 부의 축적에 확신을 가진 사람들 수가 봇물 터지듯 늘어나는 것은 막을 수 없다. 최근 경제 상황에 대해서 부정적인 시각이 흘러나옴에도 불구하고 글로벌중산층의 성장이 거침없이 내달을 수 있는 이유는 그만큼 이미 성장 동력을 확보한 나라들이 글로벌 금융위기 때문에 잠시 주춤하겠지만 중장기적으로 성장세를 멈출 가능성이 거의 없다는 점 때문이다.

중산층 규모의 대폭적인 증가에 대해 낙관적인 시각을 가질 수 있는 다른 한 가지 이유는 그동안 좀처럼 성장 가능성에 대해서 확신할 수 없었던 지역까지 성장 동력이 마련되고 있다는 점을 들 수 있다. 당장 몇 년 안에 그 효과를 기대할 수는 없지만 상대적으로 소외된 지역에까지 역동적인 성장이 가능하게 된 것은 바로 세계화의 긍정적 측면이라 할 수 있다. 우리는 아프리카의 성장 가능성에 주목해야 한다. 국제통화기금이 발행하는

『재무와 발전(Finance & Development)』 2008년 9월호에는 IMF담당 수석자문관인 데이비드 넬로의 「아프리카 프런티어 마켓의 성장」이란 글이 실려 있다. 기사의 요지는 아프리카 사하라사막 이남의 8개국(Sub-Saharan Africa: SSA)이 제2의 이머징마켓으로 급부상하고 있다는 내용이다.

몇몇 아프리카 국가들은 기관투자가들을 끌어들일 수 있는 자본시장을 발전시킴으로써 '이머징마켓의 두 번째 세대(a second generation of 'emerging market')'를 꿈꾸는 유망한 지원국들이 되었다. … (중략) … 몇몇 아프리카 국가들이 이머징마켓 지위로까지 부상하는 것은 그들에게 대단한 경제적 기회를 제공한다. 자본시장에 접근할 수 있다는 것은 높고 지속가능한 사기업 영역의 성장에 결정적인 요소가 되고 있다. 이 같은 자본시장에 대한 접근은 오랫동안 아프리카 국가들에게는 도저히 도달할 수 없는 것이었다. 그러나 지금 그것은 현실이 되고 있다. 이미 자금의 흐름이 금융기관 중개에 힘입어 경제성장으로 전환되는 증거가 증가하고 있다.[31]

나이지리아, 케냐, 모잠비크, 보츠와나, 가나, 탄자니아, 우간다, 잠비아로 이루어지는 아프리카 사하라사막 이남의 8개국은 1980년대에 이머징마켓으로 고성장을 구가했던 말레이시아, 필리핀, 태국, 싱가포르 등 동남아국가연합(아세안, ASEAN)에 결코 뒤지지 않을 정도의 성장성과 환경을 지니고 있다.

2007년을 기준으로 보면 SSA의 평균성장률은 6.9%로 1980년 아세안 국가들의 평균성장률 7.5%에 육박하고 있다. 그리고 GDP 대비 외국인 직접투자의 비중은 1980년 아시아 비중 1.3%보다 훨씬 높은 4.8%에 이르고 있다. 뿐만 아니라 GDP 규모에서 차지하는 자본유입 규모는 1980년 아세안의 0.1%보다 높은 0.3%, 그리고 외채비중도 아세안의 GDP 대비 27%보다 훨씬 낮은 12%를 차지하고 있다. 그러나 이런 객관적인 지표 이외에 SSA의 성장에 대해서 낙관적인 시각을 가질 수 있는 중요한 이유는 기관투자가들이 큰 관심을 갖고 있다는 점이다. 물론 여기에는 더 높은 수익을 추구하는 기관투자가들이 적극적으로 새로운 투자처를 찾는 것도 중요한 역할을 하고 있지만, 그에 앞서 SSA의 성장 가능성에 대해서 투자자들이 관심을 증대하고 있는 데는 다음 세 가지 이유를 꼽을 수 있다. 즉, 본격적인 경제성장이 이미 시작되었다는 판단, 그런 성장이 사기업이 주도하는 성장이고 공공정책 역시 20세기의 우울한 과거를 벗어젖히고 시장경제 중심의 성장정책을 사용하고 있다는 점, 그리고 투자가들이 투자할 수 있는 자본시장을 갖고 있다는 점이다.

성장 가능성을 가장 먼저 알아차리는 사람들은 수익을 추구하는 투자가들이다. 최근 들어서 아프리카 국가들의 자본시장은 기관투자가들로부터 관심을 불러일으키고 있다. 마치 아시아 국가들처럼, 이머징마켓의 첫 번째 세대 국가들이 그래왔던 것처럼 아프리카 국가들 역시 기관투자가들을 그들의 자본시장에 초대하고 있다. 2005년만 하더라도 이들 8개국의 자본시장은 국내총생산액이 20%를 차지했고 이 수치는 1980년 아시아 국가의 평균과 비슷하다. 하지만 2007년이 되면 60퍼센트 이상을 넘어서게 된다. 아프리카 8개국의 성장과 같은 일들이 제대로 이루어질 수 있다면 일정한 시차를 두고 주변 국가들의 성장에 미치는 긍정적인 효과는 무척 커질 것으로 보인다. 세계화는 낙후된 아프리카 대륙까지 깨우치고 있는 중이다. 우리가 그다지 기대를 걸 수 없었던 지역까지 세계화의 파고가 밀어닥치고 있는 중이다. 결국 이는 생활수준을 크게 향상시킴으로써 글로벌중산층에 편입될 수 있는 지원자 수가 대폭 늘어나고 있음을 뜻한다.


## **대응** 글로벌인재로 '나' 를 변화시켜라


글로벌중산층의 지속적인 성장이 가져올 수 있는 파급효과의 으뜸은 구매력을 가진 인구수가 점점 증가하는 것이다. 이들은 생필품만이 아니라 지위재 성격을 가진 제품의 구매에 열을 올리게 될 것이다. 때문에 글로벌 기업들은 이들 시장의 성장에 따라서 현지화를 통해서 시장을 선점하는 데 열을 올리게 될 것으로 보인다. 이런 점에서 한국 기업들도 예외가 아닐 것이다. 한국의 대기업과 중견 기업들 가운데 소비재 사업을 다루는 기업들은 시장 선점을 위해서 해외사업의 비중을 크게 증가시킬 것이다.

하지만 수치가 증가한다고 해서 비즈니스 기회가 누구에게나 쉽게 주어지는 것으로 예상하는 것은 올바르지 않다. 그 이유 가운데 하나로, 이미 글로벌 브랜드를 소유한 기업들의 공격적인 마케팅이 기승을 부리게 될 것이기 때문이다. 그들은 제품 라인업이란 차원에서 글로벌중산층들의 구매력이 진화해가는 것에 맞추어 제품 전략과 상품개발 전략을 적절히 혼합해나갈 것이다. 다시 말하면 장기적인 시장 전망에 토대를 두고 초기 단계에서 큰 이익을 남길 수 없더라도 그들 제품과 브랜드에 대한 인지도를 높일 수 있다면 글로벌중산층에 맞는 저가 상품들도 극적으로 출시해서 시장점유율과 제품 인지도를 높여갈 것이다. 전 세계를 상대로 규모의 이익을 실현할 수 있는 기업들의 경우엔 얼마든지 가격인하로 맞설 수 있기 때문에 상대적으로 신생 기업들의 고전이 예상된다. 그러니까 시장은 급속하게 커지지만 신생 기업들이 끼어들 수 있는 여지는 기대만큼 커지지 않을 것이다. 이런 점에서 초기의 시장 개척 비용을 투자라고 생각하고 접근하는 기업들일수록 중장기적으로 수익을 창출할 가능성이 높다.

정보통신혁명은 글로벌중산층에게 또 다른 변화를 가져다줄 것이다. 설령 그들의 구매력이 선진국 시장의 소비자에 비해서 턱없이 부족한 실정이지만 제품에 대한 기대수준은 선진국 시장과 비슷하다. 그러니까 과거에 비해서 입수할 수 있는 정보량이 크게 늘어남과 아울러 선진국의 소비자들과 거의 비슷한 수준의 정보를 입수할 수 있게 됨으로써 제품에 대한 기대수준이 크게 높아졌다는 것이다. 이는 이미 글로벌시장에서 브랜드를 갖고 있는 기업들이 사업을 하기에 훨씬 우호적인 상황에 놓여 있음을 뜻한다. 가격은 저렴해야 하지만 품질이나 브랜드력은 상당 수준까지 높아진 까다로운 고객들이 이머징마켓에서 만나게 되는 글로벌중산층들일 가능성이 높다.

글로벌중산층의 등장으로 인하여 촉발된 구매력 증가는 또 다른 측면에서 전염성이 강한 효과를 낳는다. 이는 구매력을 갖기 위한 사람들의 욕망을 크게 강화시킬 것이다. 앞으로 '부를 향한 질주의 시대'라는 명칭을 더할 수 있을 정도로 사람들은 더 많은 수익을 거두기 위해 헌신하게 될 것이다. 그 결과는 비교적 삶의 속도가 느리고 심적인 편안함을 누릴 수 있었던 사람들까지도 더욱 더 분주해짐을 뜻한다. 사람들의 생각은 점점 서구화되고 가치관 역시 물질적인 부분을 크게 중시하는 쪽으로 변모되어가고 있다. 비교적 물질적인 욕망으로부터 자유로웠던 지역까지도 점점 더 물질 위주의 가치관이 우세하는 사회로 전환되는 일이 예상된다.

글로벌중산층들 가운데 일부는 가격이나 품질 그리고 브랜드 모두에 관심을 갖게 될 것이다. 그들의 소비성향 역시 비싼 프리미엄 가격을 지불하고서 선진국 중산층들이 구입하는 명품이나 대중화된 명품 즉 매스티지Masstige 등을 구입할 수도 있고 그렇지 않으면 아주 싼 가격에 글로벌 기업들이 만들어낸 상품들을 구매할 수도 있다. 이들의 선택은 기업으로 하여금 철두철미하게 브랜드전략을 통해서 가격을 높이거나 아니면 놀라운 정도로 저렴한 가격에 상품이나 서비스를 판매하도록 압력을 가하게 될 것이다. 때문에 어떤 기업이라도 글로벌중산층을 공략하는 전쟁에 뛰어드는 한 저렴한 가격을 어떻게 만들어낼 것인가를 두고 고민하지 않을 수 없다. 때문에 가격인하를 위한 생산기지의 재조정 혹은 더욱 더 활발한 글로벌 소싱 등으로 대처하게 될 것이다.

글로벌중산층의 부상 역시 지역이나 국가에 따라 큰 편차를 보임으로써 그만큼 기업들 차원에서 각국의 특성과 성장에 대한 전망이 시장 진출에 중요성을 갖게 될 것으로 보인다. 때문에 시장과 기회 선점을 기대하는 기업들의 경우엔 그만큼 앞을 내다보는 능력, 즉 시장의 교두보 확보를 위한 시장 특성에 대한 면밀한 분석이 예상된다. 이렇게 지역과 국가별로 차이가 일어나게 되면 그만큼 미래를 제대로 내다볼 수 있는 기업들이 누리는 과실이 더욱 커지게 된다. 선진국이건 중진국이건 간에 많은 기업들이 인구 성장의 정체로 말미암아 시장 성장에서 어느 정도 한계에 봉착하게 될 것이다. 이를 타개하기 위한 중요한 전략 가운데 하나가 바로 글로벌중산층의 대거 등장이 예상되는 지역으로의 적극적인 진출이다.

해외시장 진출에 열을 올리는 기업들이 늘어나는 것만큼 기업들은 해외 비즈니스를 주도할 수 있는 인력 부진 때문에 애를 먹게 될 것이다. 다른 업종이나 타사의 경험을 바탕으로 많은 기업들은 자체적으로 해외 비즈니스 인력 양성에 에너지를 쏟을 것으로 보인다. 그러나 제대로 된 인력을 양성하는 데 상당한 시간과 비용이 필요하기 때문에 자체 인력 양성과 함께 인재시장으로부터 사람들을 적극적으로 수혈하게 될 수밖에 없을 것이다. 현지어를 능숙하게 구사하고 현지 사정에 정통한 사람들에 대한 수요는 꾸준히 증가할 것이다. 특히 사업을 진두지휘하는 상위직 인재에 대한 수요는 더욱 커질 것으로 보인다. 최근 일부 기업들을 중심으로 고위직에 외국인들을 배치하는 일은 기업들의 해외시장이 확대되면서 인재 수요가 어떻게 바뀌어나갈지를 제시해주는 측면이라고 하겠다.

이 같은 환경 변화가 직업인에게 주는 메시지는 분명하다. 해외시장에서 활동할 수 있는 충분한 경험이나 언어 등을 확보하는 데 성공한 사람들의 활동 무대가 크게 넓어지게 된다는 점이다. 이런 점에서 경력을 관리해가는 사람들에게 역할 모델이 될 수 있는 사례가 있다. 1997년 1월 LG전자 인도법인장을 맡아서 2008년 초 그만둘 때까지 10년 동안 LG매출을 360억 원에서 1조 8천억 원까지 끌어올려 LG전자를 인도 1위 가전회사로 만든 김광로 씨를 보자. 그는 은퇴와 동시에 5월에 인도 최대의 가전 비디오콘의 부회장으로 영입되었다. 비디오콘은 그룹 매출 45억 달러 가운데서 가전 매출이 15억 달러나 될 정도로 인도에서 가장 큰 가전업체다. 그의 말처럼 'CEO수출'인 셈이다. LG 근무시절 인도대륙 100여 도시를 누빌 정도로 현장에 정통한 그를 두고 비디오콘의 세크하르 조티 부사장은 "케이알 킴(김광로)은 어지간한 인도인보다 인도 지리에 밝고 시장도 꿰뚫고 있다"고 평가한다. 글로벌중산층 증가와 해외시장의 비약적 성장에 따라서 스스로를 인재로 만들어가기를 원하는 사람이라면 앞서간 사람들의 경력 관리에서 한 수 배울 필요가 있다. 국내 기업에게만이 아니라 스스로를 타국 기업에게도 팔 수 있을 정도로 능력을 갖추기 위해 노력해야 한다. 이제 중장기적인 계획을 갖고 자신의 경험 폭을 확대해나가고 장기적으로 해외사업 확대에 따라 요구되는 인재에 걸맞게 자신을 성장시켜나간다면 얼마든지 기회를 만들 수 있는 시대가 되었다. 물론 어중간한 인재가 아니라 특별한 경험과 지식으로 확실한 성과를 만들 수 있는 인재가 되도록 해야 한다.

# 10장 소비동조화,
##      나날이 심화되는 군중심리

세계 주요 도시 거리들은 비슷비슷한 브랜드들이 자리를 차지하고 있다. 햄버거, 커피, 도넛, 스테이크 전문점들, 패밀리레스토랑, 아이스크림점, 편의점 등 글로벌 브랜드들이 세계 거리를 표준화해버리는 현상은 앞으로 더욱 힘을 받게 될 것이다. 물리적 공간뿐만 아니라 가상공간의 활성화는 사람들 의식 속에 글로벌 브랜드를 깊이 각인시켜주고 있다. 앞으로도 글로벌 브랜드들의 약진은 세계 주요 도시들을 넘어서 중소도시로까지 계속 확장해나갈 것이다.

## 현상 모든 것이 왜 닮아가는가?

외환위기 이전 한국의 주요 도시 거리 풍경과 지금을 비교해보자. 특히 대도시 가운데서도 변화한 거리의 풍경에는 정말 많은 변화가 일어났다. 서울 중심거리에는 어김없이 잘 알려진 글로벌 브랜드의 입간판을 단 업체들이 즐비하다. 사람은 늘 변화된 환경에 금방 적응해버리기 때문에 지난 10여 년 사이 거리 풍경에서 일어난 변화에 대해 별다른 차이를 느끼지 않을 수도 있다. 하지만 그 기간 동안 실제로 대도시 거리 풍경이 어떻게 변화해왔는지를 관심 있게 지켜보고 그 의미를 깊이 새겨볼 필요가 있다. 왜냐하면 그곳에서 바로 미래 변화가 진행 중이기 때문이다.

어느 나라를 방문하든지 정도 차이는 조금씩 있을지라도 대도시 거리 풍경이 점점 더 비슷비슷한 모습으로 바뀌어가고 있다. 글로벌 브랜드의 지점들이 거리 곳곳을 메우고 있는 광경은 이제 너무 익숙하다. 이따금 서울의 번화한 거리에서 여기가 혹 뉴욕의 어느 거리인가를 의심하게 할 정도로 글로벌 브랜드의 지점들이 중요 장소들을 차지하고 있다. 때로는 뉴욕보다 더 뉴욕다운 정취를 느낄 수 있는 곳을 발견하는 일도 어렵지 않다. 국내 브랜드들이 쇠락의 길을 걷고 글로벌 브랜드의 지점들이 속속 그 자리를 차지하는 일을 어떻게 이해할 수 있을까? 물론 글로벌 브랜드의 틈바구니 속에서 국내 브랜드로서 걸출한 입지를 구축하는 데 성공한 브랜드들도 있다. 그리고 그들 가운데 일부는 글로벌 브랜드로 발돋움하기 위해 해외진출에 열을 올리는 경우도 있고 일부는 괄목할 만한 성과를 거두기도 한다.

이는 점점 세계 소비자들의 소비 행위가 비슷비슷한 모습으로 바뀌어가고 있음을 뜻한다. 특히 일정 이상의 소득수준을 갖고 있는 소비자들의 경우 소비행위 자체가 점점 동질화되어가고 있다. 물론 음식처럼 개인의 식성을 변화시키기 힘든 부분들은 자신에게 익숙한 국내 브랜드들을 선호한다. 하지만 쉽게 변화할 수 있는 기호나 취미 그리고 취향과 같은 부분에 관한 한 전 세계 도시인들의 기호가 점점 한쪽으로 수렴되고 있다는 증거를 곳곳에서 찾을 수 있다.

1999년 초판이 발간된 이후 선풍적인 인기를 끌었던 토머스 프리드먼의 『렉서스와 올리브 나무』에서 저자는 말레이시아를 방문했을 때 자신이 경험한 사례를 소개한다. 이 책이 발간된 지 꽤 시간이 흘렀지만 당시 토머스 프리드먼의 미래 내다보기 가운데 인상적인 대목이 있다. 그가 말레이시아를 방문하여 켄터키프라이드치킨 프랜차이즈를 소유하고 있는 이샥

이스마일과 대화를 나누는 대목이다. 토머스 프리드먼은 말레이시아 시내 곳곳에서 켄터키프라이드치킨 사업이 번창할 수 있었던 이유에 대해서 직접 사업을 하는 사업가로부터 진정한 이유를 듣고 싶어한다. "왜, 사람들이 켄터키프라이드치킨에 열광하는 건가요?"라는 그의 질문에 돌아온 답은 맛 이상의 의미를 지니고 있었다. 소비자들은 켄터키프라이드치킨의 맛 이외에 이 음식에 포함되어 있는 상징성에 더 매력을 느낀다는 점이다. 여기서 상징성은 무엇을 뜻하는가?

말레이시아 사람들에게 켄터키프라이드치킨은 단순한 음식이 아니라 현대적 감각의 노출이나 미국화에 대한 기호 혹은 자신이 유행의 최첨단에 있음을 확인할 수 있는 구매행위다. 다시 말하면 사람들에게 켄터키프라이드치킨을 사먹는 것은 음식을 구매하는 일일 수도 있지만 동시에 '현대적인 것' 혹은 '미국적인 것'을 소비하는 간편한 의식이라고 할 수 있다. 그러니까 큰 비용을 지불하지 않고 자신에게 일상의 소소한 호사스러움을 제공하는 행위라 할 수 있다. 이 대목을 주목하지 않을 수 없는 것은 그것이 유독 말레이시아 사람들만이 글로벌 브랜드의 치킨, 햄버거, 커피, 아이스크림 등을 소비하면서 느끼는 특별한 심정 상태가 아니라는 사실이다. 이스마일의 다음과 같은 답은 글로벌 브랜드가 세계 곳곳의 대도시 풍경을 동질적으로 만들어놓는 중요한 특징을 제대로 설명하고 있다.

이곳 사람들은 서구적이고 미국적인 사람이 되고 싶어합니다. 그리고 바로 그런 것들을 먹습니다. 시골마을에서는 더 심합니다. 켄터키프라이드치킨에 몰려든 사람들이 항상 길게 줄지어 서 있습니다. 그들은 먼 길을 마다하지 않고 달려온 사람들입니다. 그들은 켄터키프라이드치킨에 오므로써 미국과 모종의 유대관계를 맺는다고 느낍니다. 이곳 사람들은 또한 무엇이든 현대적인 것을 좋아하는데, 켄터키프라이드치킨에서 식사를 하면 자신도 현대화되었다는 기분을 느끼는 것 같습니다.[32]

토머스 프리드먼의 이 같은 설명은 지금으로부터 거의 10년 전 이야기다. 이후 소비동조화 현상은 많은 부분이 진행되어왔다. 지방 중소도시를 방문할 기회가 많은 필자가 느끼는 바도 토머스 프리드먼이 내리는 전망과 비슷하다. 서울의 주요 중심도시로부터 시작된 소비동조화 현상은 점점 그 범위를 확장해가는 추세다. 서울에서 어느 정도 소비 수요가 있다면 이는 지방의 중소도시까지 서서히 확산되어간다. 전북의 교통 요충지인 한 지방도시의 역 광장에서 바라볼 수 있는 풍경 변화도 좋은 사례에 속한다. 역 광장의 가까운 거리에 얼마 전에 화려한 외관을 자랑하는 글로벌 브랜드의 도넛점이 입지했다. 주변 가게들에 비해서 사람들의 이목을 확 끌어당길 정도로 화려하고 깔끔한 외관을 자랑한다. 자세한 경영사정이야 알 수 없지만 비교적 사업이 잘되는 것처럼 보인다. 인구 규모가 그다지 많지 않은 지방도시까지 글로벌 브랜드의 지점이 진출하고 있는 생생한 사례 가운데 하나라 할 수 있다. 아마도 수년 내에 더 많은 글로벌 브랜드들이 주변에 자리를 차지하게 될 것이다.

또 한 가지 현상은 우리 사회에서 언제부터인가 구멍가게를 찾아볼 수 없다는 것이다. 패밀리마트, GS25 등과 같은 대형 유통업체들의 브랜드 파워로 거의 전 거리가 포화 상태에 있다고 해도 과언이 아니다. 물론 이 가운데 한국 특유의 브랜드로 입지에 성공한 기업들도 있지만 많은 수는 이미 일본에 바탕을 둔 글로벌 브랜드의 지점화가 되었다고 할 수 있다.

　신흥시장의 소비 형태 연구들도 신흥시장 소비자들의 소비패턴이 서구와 비슷해지는 '소비동조화 현상'에 대한 부분을 강조하고 있다. 이 같은 현상은 통신과 미디어 발달로 어느 나라에 있든지 간에 구매력을 가진 사람들이라면 누구든 비슷한 상품과 서비스 정보를 접하게 되고 실제로 이를 손쉽게 구매하거나 소비할 수 있는 환경이 조성되었기 때문이다. 게다가 유명 유통업체들인 월마트, 까르푸, 테스코 등이 전 세계에 진출해 있기 때문에 어느 곳을 가더라도 표준화된 다양한 제품군에 노출된다는 점도 소비동조화의 중요 이유 가운데 하나라 할 수 있다. 또 한 가지 이유로 해외 여행이 크게 늘어나고 있는 점도 무시할 수 없다. 유행에 민감한 20, 30대 젊은 층은 자신이 갖고 싶은 최고의 구매 목록을 직접 현지에서 확인하고 구매할 수 있다. 예를 들어 한국의 명품은 1996년 유통시장 개방과 함께 본격적으로 수입되기 시작했는데, 그간 연평균 경제성장률을 훨씬 웃도는 10~12% 정도 성장해왔다. 현재의 명품 시장 규모는 총 3조 원에 달하며 이 가운데 1조 원가량이 해외여행객을 통해서 들어오는 물량이라고 한다. 최근 들어서는 여행과 쇼핑을 함께 겸하거나 아예 쇼핑을 목적으로 하는 여행도 많이 늘어나고 있는 추세다. 한 곳의 유행이 곧바로 다른 나라로 퍼져갈 수 있는 우호적인 환경이 마련된 셈이다.

　그밖에 의복이나 음악 그리고 영화 등과 같은 상품들에도 동조화 현상은 급속히 진행되고 있다. 동조화 현상의 중심은 어떤 상품이든 구매력을 가진 사람들은 톱 브랜드를 선호한다는 점이다. 소비자들은 날로 세련돼가고 있다. 그렇기 때문에 어느 정도 구매력이 뒷받침되는 사람은 인도에 살건 중국에 살건 한국에 살건 간에 세계 최고 수준의 톱 브랜드를 선호하고 이를 구매할 수 있는 자유가 허용된다. 지불할 여력만 있다면 얼마든지 톱 브랜드 상품을 매장에서도 구매할 수 있지만, 온라인을 통해서 해외 구매를 대행시킬 수도 있다.

##  '빌려서라도 사용하는' 소비시대

그렇다면 앞으로 이 같은 추세는 어떻게 변화해갈 것으로 예상할 수 있을까? 소비동조화 현상의 앞날은 먼저 정보 유통 속도나 양에 의해서 크게 영향받을 것으로 보인다. 앞으로도 더 많은 정보가 빠르게 유통될 수 있다는 점에서 보면 이것은 누구든 확신을 가질 수 있는 측면이다. 지난 10년을 되돌아보아도 정보의 유통 속도와 양에서는 놀라울 정도의 기술 발전이 있었기 때문이다. 인터넷과 위성 방송의 활성화는 누구라도 거의 실시간으로 자신이 사는 장소를 떠난 다른 곳에서 무엇이 유행하고 있는지를 손쉽게 알 수 있도록 도와준다. 뿐만 아니라 과거에는 외국어를 제대로 구사할 수 있는 소수 사람들만이 패션이나 생활과 관련된 잡지들을 활용할 수 있었던 것이 이제는 빠른 번역을 통해 혹은 현지업체 도움을 받아서 자국에서 시차없이 받아볼 수 있게 되었다. 이는 유행이 한 장소에 머물지 않고 동시에 다른 장소에까지 빠른 속도로 전파될 수 있음을 뜻한다.

게다가 유튜브 같은 동영상 공유사이트는 특별한 지식 없이도 특정 가수나 사람들의 의복, 행동, 주장 그리고 사는 모습들을 거의 실시간으로 공개하고 있다. 사람들은 자신이 원하는 시간에 수시로 유튜브 등과 같은 동영상 웹사이트에 접속해서 관련 정보를 얻을 수 있게 되었다. 동시접속이란 면에서 시간과 공간 개념은 이제 거의 깨진 상태다. 앞으로 기술상의 진보가 한층 더 이루어지게 되면 더 많은 정보를 접촉할 수 있는 사람들의 절대수와 비중은 크게 늘어날 수밖에 없다. 기술 발전이 소비동조화 현상 확산에 어떤 영향을 미치게 될지를 전망해볼 수 있는 사례로서, 얼마 전 임종한 『마지막 강의』의 저자 랜디 포시 교수의 강연을 들 수 있다. 카네 기멜론대학의 유망한 컴퓨터공학과 교수이자 세 자녀의 아버지인 그는 췌장암 선고를 받고 시한부 인생을 살았는데, 2007년 9월 18일에 있었던 그의 고별 강연은 전 세계 사람들이 들을 수 있었다. 과거 같으면 이런 일이 어떻게 가능했겠는가?

"이 자리에 서게 되어 영광입니다. 이 강의가 전에 '마지막 강의'로 불렸다는 걸 사회자가 말하지 않았군요. 여러분은 죽기 전에 마지막 강연을 할 수 있다면 어떤 말을 하시겠습니까?"라는 말로 시작하는 그의 강연은 과거 같으면 강연이 열렸던 그 장소에 있는 사람들만이 들을 수 있었을 것이다. 그의 강연이 유튜브를 통해서 전 세계 천만 명이 넘는 사람들이 보고 듣고 감동할 수 있었던 것은 앞으로 정보유통이 가져올 수 있는 변화에 대해 우리에게 분명한 메시지를 준다. 지구촌 어디에서 무슨 일이 일어나건 간에 그것이 사람들의 흥미를 끌 만하다면 순식간에 퍼져나갈 수 있고 사람들의 공감대를 만들어낼 수 있다는 것이다. 물론 여기에는 영어라는 매개체가 필연적으로 개입될 수밖에 없다. 영어로 전달할 수 없다면 결국 지식이나 정보의 생산자가 되기는 힘들다. 영원한 소비자로서 살아갈 수밖에 없다는 점을 고려하면 앞으로 영어가 무엇인지 그리고 다음 세대에게 영어의 의미가 무엇인지를 자연스럽게 생각하게 된다.

소비동조화 현상을 부추기는 또 하나의 요소로는 기업들의 움직임을 들 수 있다. 대다수 선진국이나 중진국의 경우는 내수시장이 어느 정도 충족된 상황에 도달해 있고, 내수시장 성숙도에 따라 많은 기업들이 본격적으로 바깥세상에서 성장의 교두보를 확보하기 위해 노력하는 중이다. 이들은 자사 제품이나 서비스를 표준화하여 전 세계를 상대로 적극적인 마케팅 활동에 들어서 있다. 아무리 뛰어난 상품이나 서비스가 존재한다고 하더라도 이를 다른 나라 소비자에게 전달하려는 기업의 강한 열망이 없다면 소비동조화 현상은 한층 더디게 진행될 것이다. 메리어트 인터내셔널 CEO이자 회장인 빌 메리어트는 호텔업의 해외시장 개척에 대해서 "지난 13년간 미국이 전 세계 여행 및 관광산업에서 차지하는 비중이 35% 감소한 반면, 인도와 중국의 거대 신흥중산층의 소득증가로 전 세계 여행 및 관광산업은 61% 증가했다"고 말한다. 메리어트호텔의 고가 브랜드와 중저가 브랜드가 전 세계시장을 향해서 나아가야 할 당위성을 설파한 것이라 할 수 있다. 소비동조화는 두 가지 요인, 즉 소비자의 수요와 생산자의 수요가 맞물릴 때 더욱 가속화될 것이다. 이런 면에서 공급하는 사람들이 갖고 있는 절박감과 필연성, 즉 외국에서 시장을 더욱 확대해야 한다는 점도 중요한 역할을 담당한다.

자본주의의 고도화는 시장 확대를 뜻한다. 이런 점에서 세계화 진전은 더욱 더 시장 영역으로 포함되는 상품이나 서비스의 수가 늘어나고 이들을 이용하는 소비자의 수와 빈도가 증가하는 것을 뜻한다. 때문에 이익 추구에 열심인 기업들의 움직임은 이미 선진국 시장에서 검증받았거나 인기를 끌었던 상품이나 서비스를 적극적으로 선진국 이외 시장에 확산하는 일이라 할 수 있다. 이런 측면에서 보면 선진국 특히 미국은 미국의 생활양식이나 쇼핑양식 등을 표준화하여 세계의 다른 나라에 더욱 더 적극적으로 수출할 것으로 예상할 수 있다. 다국적 기업들뿐만 아니라 한국처럼 내수시장이 어느 정도 성숙기를 맞고 있는 국가들의 중소 중견기업들도 점점 더 내수시장의 한계를 극복해야 하는 절박감을 갖고 있기 때문에 바깥 해외시장에서 활로를 개척해나갈 것이다. 이런 과정에서 점점 더 내수시장에서 거둔 성공 스토리를 해외시장에서 다시 한 번 성공적으로 펼치는 기업들도 등장하게 될 것이다. 물론 성공을 거두는 기업들은 당분간은 소수에 머무는 데 그칠 것이다.

소비동조화의 또 하나의 요소로는 욕망의 진화를 들 수 있다. 어떤 모습으로든 무리 속에서 자신의 정체성을 찾는 사람들은 다양한 동조압력을 느끼게 된다. 자신을 기준으로 소비하는 것이 아니라 타인이 무엇을 사용하고 소비하는가에 관심을 갖게 된다. 물론 이따금 그런 부분에 초연한 사람들도 있지만 대다수 사람들은 동조압력을 받게 된다. 다름에 대해서 스스로를 지탱하는 데 필요한 심리적 비용을 지불하기보다는 처음부터 특정 무리나 집단에 자신을 속하게 하는 편안함을 선택하는 사람들이 대다수다. 이런 점에서 소비자들 스스로 선진국 특히 미국이나 유럽의 생활양식이나 소비패턴 등을 앞서가는 사람들의 상징으로 생각하고 소비활동을 통해서 얻을 수 있는 것으로 받아들이게 된다. 결과적으로 그들의 선택은 선진국에서 어느 정도 소득 있는 사람들의 소비패턴을 본받음으로써 자신역시 일정한 계층에 속해 있다는 것을 입증하고 확인받고 싶은 것이다. 인정받고 싶은 욕구의 또 다른 형태는 지위재 성격의 소비를 행함으로써 가능해진다. 소비동조화 현상의 이면에는 선진국의 중산층들이 누리는 상품이나 서비스를 소비함으로써 비슷한 계층에 속해 있다는 것을 다른 계층들로부터 인정받고 싶은 요소도 존재한다는 점을 무시할 수 없을 것이다.

소비동조화 현상의 확산과 관련해서 사람들이 갖고 있는 생각의 변화도 큰 몫을 담당하고 있다. 그러니까 당연히 여기는 것이 무엇인가라는 점이다. 이 점에 있어서는 미국 사회에서 전 세대와 현 세대 사이에 어떤 인식의 변화가 있었는가를 살펴볼 필요가 있다. 이는 미국만의 변화가 아니라전 세계에서 어느 정도 구매력을 지닌 사람들이 갖고 있는 소비에 대한 인식 변화다. 그러니까 절약하는 것이 올바른 것이 아니라 소비하는 것이 올바르다고 받아들이는 사람들이 주류를 차지하게 되었다는 점이다.

내 아버지 세대에는 경제적 생산력의 한계로 인해 물질적 안락함을 추구하려는 욕망을 상당히 절제하며 사는 문화가 주류를 이루었다. 그러나 현재 내가 사는 문화는 중류층 사람들마저도 상당 수준의 물질적 만족감을 향유하며 살 수 있는 문화다. 이렇게 생산의 문화는 소비의 문화로, 저축의 문화는 현재를 즐기는 문화로, 건강은 나중에 생각하고 우선 열심히 일하던 근로의 문화는 건강을 위해 좋다는 것은 무엇이든 마다하지 않는 문화로 바뀌었다. 무엇을 생산해내는가보다 무엇을 사들이는가가 더 중요한 문화가 되었기 때문에 호사스러움은 더 이상 추구할 목표가 아니다. 많은 사람들에게 그것은 생필품 같은 것이 되었다. … (중략) … 많은 미국인들에게 명품이나 호사품을 소비하는 일은 이제는 텔릭(telic : 자극 억제)이 아니라 패러텔릭(paratelic : 자극 추구)으로 바뀌었다. 생산이 과정으로, 문제 해결이 희열의 추구로, 물건이 경험으로 바뀌었다는 의미다.[33]

그러나 소비동조화가 가져오는 폐해가 없는 것은 아니다. 대다수 중진국의 소비자들도 과거와 비교할 수 없을 정도로 씀씀이가 커진 것이다. 절약을 권하는 사회로부터 소비를 권하는 사회로 한 사회의 방향이 이동하면서 사람들이 저축보다는 현재의 소비에 우선순위를 두게 된다. 또한 소득이 부족한 경우에는 미래 소득을 끌어다가 현재에 사용하는 현상도 유행하게 된다. 이것은 그래서 빚이 증가하고 살림은 팍팍해지는 상황이 전개됨을 뜻한다. 또한 소비동조화 현상이 가져올 수밖에 없는 자영업의 몰락에 대해서도 비난의 목소리를 높이는 사람들이 있다. 도심지를 거닐 때마다 스스로 가슴이 덜컥 내려앉는 느낌을 갖는다고 고백하는 사람들도 있다. 그 이유를 급속히 토종 브랜드를 쫓아내버리는 다국적 브랜드의 약진이 가져오는 자영업의 초토화와 일자리 악화에서 찾는 전문가도 있다. 『빈곤의 카운트다운』 저자인 김재인 씨도 이런 주장을 펼치는 사람들 가운데 한 명이다. 그는 "10여 년 전만 해도 서울 곳곳에서 다방이니 커피숍이니 하는 곳이 많았다. 그런데 다국적 커피숍이 상륙하면서 말 그대로 토종 다방과 커피숍은 하나 둘 문을 닫기 시작했다"는 점을 지적하면서, "결국 다국적 프랜차이즈의 상륙은 자영업을 극도로 위축시켜 국가 경제의 25%를 차지하는 부분에 큰 타격을 가하고 있다"고 비판한다. 그의 논리가 옳고 그름은 차근차근 따져봐야겠지만 그렇다고 해서 지금 소비자들이 평화다방, 길다방 그리고 청록다방에 들어갈 수는 없는 일이 아닌가?

고도 소비사회로 진행되어간다는 것은 더 많은 소득이 기업의 손으로 들어간다는 것을 뜻한다. 반면에 개인은 소비라는 측면에서만 국한해서 보면 과거에 비해 더 많은 소비성향을 드러낸다는 것을 뜻한다. 이런 추세 때문에 각국은 건전한 소비에 대해서 골머리를 앓게 될 것이다. 각국의 정부는 소비자들로 하여금 스스로가 자신의 소득에 걸맞은 소비를 행할 수 있도록 교육하는 일의 중요성을 깨우치게 된다. 그러나 이 문제 역시 소비를 촉진해야 사회가 돌아갈 수 있다는 것, 그리고 개인의 절약이 개인적인 차원에서는 바람직할 수 있지만 절약의 역설에 해당한다는 점 등 때문에 어중간한 위치를 차지하게 될 것이다. 과도한 소비에 대해 일부 신용카드 업체 등에 비난의 화살을 향할 수 있음도 불구하고 이미 소비를 강조하는 방향으로 향한 물꼬를 뒤로 돌리기는 거의 불가능한 일이다. 빌려서라도 사용하라! 이런 시대적인 분위기를 탈피하기 위한 시민단체들의 활동도 요란하게 이루어지겠지만 시대의 도도한 흐름을 역으로 거스를 수 있는 가능성은 별로 높아 보이지 않는다. 앞으로 빌려서라도 사용하라고 외치는 목소리는 어디서든 점점 더 거세질 것이다.


## **대응** 현명하게 소비하는 법을 배워라


소비동조화 대상이 될 수 있는 상품이나 서비스가 전 세계적으로 거둬들일 수 있는 이익은 엄청날 것이다. 하지만 작은 차이라 하더라도 이런 대상에 포함되지 않는 상품이나 서비스는 형편없는 이익을 차지하게 될 것이다. 1등과 나머지 사이의 격차를 두고 혹자가 이야기하는 '승자독식 시장'을 머리에 떠올릴 수 있을 것이다. 소비동조화 대상이 되는 상품이 되기 위해선 브랜드가 필수적이라 할 수 있다. '아하, 그 상품'이란 감탄사가 흘러나올 수 있을 정도의 상품이나 서비스 대열에 들 수 있다면 그 상품이나 서비스는 그야말로 전 세계를 대상으로 죽죽 뻗어나갈 수 있을 것이다. 제조상품이건 아니면 프랜차이즈될 수 있는 식음료건, 음반, 영화, 책이건 어느 것을 막론하고 소비동조화 대상이 될 수 있을 정도로 소비자 마음속에 강인한 이미지를 각인시킬 수 있다면, 이는 정말 대단한 기회가 될 것이다.

게다가 소비동조화 현상은 일종의 진입장벽을 만드는 효과를 낳게 된다. 다시 말하면 이미 소비동조화 대상이 되어 있는 상품이나 서비스를 물리치고 새로운 상품이나 서비스가 기존의 장벽을 뚫고 들어가기가 여간 어렵지 않다는 뜻이다. 소비동조화는 일종의 네트워크 효과와 같다. 갑이란 분야에서 최고는 A이고, 을이란 분야에서 최고는 B이고 하는 식의 도식이 일단 만들어지고 나면 아주 탁월하지 않는 한 그 간극을 비집고 들어가기 쉽지 않다. 그리고 일단 특정 상품이나 서비스를 사용하는 사람들의 수가 늘어나면 늘어날수록 일종의 잠금효과(lock-in)처럼 그 상태에서 자신을 위치시키고 싶어하는 상품이나 서비스가 그만큼 커진다는 것을 의미한다.

소비자 측면에서 소비동조화 현상은 더 많은 소득을 소비행위에 지출하는 것을 뜻한다. 때로는 충동구매도 자주 일어날 수 있다. 생활에 반드시 필요하기 때문에 구입하는 경우뿐만 아니라 소비동조화 현상의 대상이 되는 상품이나 서비스의 경우 지위재 성격을 지니게 될 가능성이 높다. 반드시 필요하지 않지만 타인들이 갖고 있기 때문에 나도 갖고 싶거나 체험하고 싶은 그런 상품이나 서비스에 가까울 수 있다. 이는 더 많은 소득을 사치재에 가까운 상품이나 서비스를 구매하는 데 소비자들이 지출하는 것을 뜻한다. 신용카드 활성화와 금융산업 발전은 신용을 담보로 더 많은 비용을 소비에 투입하도록 유도함으로써 저축률이 감소하는 뚜렷한 트렌드를 낳게 될 것이다. 이는 많은 나라들이 미국식의 생활양식에 가까운 모습을 취해가는 것을 말한다. 미래 소득을 끌어다가 현재 소비를 활성화하는 그런 상황이 대다수 나라에서 진행되어갈 것이다.

결국 개개인의 입장에서 소비동조화가 가져오는 소비 압력으로부터 자신을 어떻게 보호할 수 있을 것인가라는 과제가 주어지게 된다. 자본주의가 고도로 발전하면 그 사회는 소비를 더욱 부추기고 그 소비를 통해서 경제가 활성화되는 그런 메커니즘을 갖게 된다. 소비동조화 현상도 이런 일련의 과정으로 이해할 수 있다. 지나친 소비를 행하지 않도록 하고 주변의 소비와 관련된 동조압력으로부터 자신을 보호하는 일이 중요성을 더해갈 것이다. 하지만 이런 과정에서 실패를 맛보는 사람들은 과도한 소비와 이로 인한 지출로 인하여 소득 증가에도 불구하고 늘 허덕거리는 삶을 면할 수 없게 된다. 스스로 소비를 조절하는 일은 소비에 대해 관대한 생각이 주류를 차지하는 사회 속에서 쉽지 않은 일이다. 그렇기 때문에 대다수 사람들은 소비동조화 대상이 되는 상품이나 서비스를 생산하는 기업들을 위해 열심히 돈을 지출해주는 대상으로 자신을 자리매김할 수 있을 것이다. 물론 그런 소비를 통해서 스스로 만족감을 갖게 되겠지만, 궁극적으로 자신의 위치는 거대한 피라미드 하부에서 소수의 상층부 사람들을 지원하는 것을 상상하면 된다. 때문에 스스로를 보호하는 일의 중요성을 꼭 강조해두고 싶다.

소비동조화 현상의 또 다른 특색 가운데 하나는 소비자들의 기대수준이 한껏 커짐으로써 웬만한 수준의 상품이나 서비스는 소비자들의 외면을 받기 십상이란 점이다. 과거 같으면 국내 브랜드 수준에 대해서 고객들이 어느 정도 용인할 수 있었겠지만 소비동조화 현상은 전반적으로 고객들의 눈높이를 크게 향상시킨다. 결과적으로 이는 내수시장에서조차 더 나은 상품이나 서비스 창출에 대한 압박감을 더하게 된다는 것을 뜻한다. 이는 꼭 특정 상품이 아니라 하더라도 전체적으로 소비자들의 기대수준이 높아지는 것을 뜻한다. 소비동조화 대상이 될 정도로 좋은 상품이나 서비스를 사용해본 사람이라면 다른 상품이나 서비스에 대해서도 높은 수준의 기대를 갖게 된다. 경쟁의 폭과 범위가 확대되는 것과 똑같은 효과가 발생함으로써 이런 추세에 발맞추지 못하는 기업들은 어려움을 경험할 것이다.

소비동조화 현상은 소득수준이 높은 사람들의 경우 어느 나라를 불문하고 소비하는 상품이 거의 비슷한 유형을 만들어낼 것으로 보인다. 특히 명품 상품인 경우 특정 상품을 구매하는 사람이라면 특정 유형의 특성을 지니는 사람들임을 충분히 추정할 수 있다. 『럭셔리 신드롬』이란 책에서 저자 제임스 트위첼은 명품에 대해서 관심을 갖게 된 결정적인 계기를 소개하고 있다. 고학년 학부생들에게 강의 자료로 준 것은 『로브 리포트Robb Report』지에서 선택한 '최고 중의 최고' 상품 목록이었다고 한다. 그런데 정작 작가는 '최고 중의 최고'를 선택하는 데 학생들에 비해 비교할 수 없을 정도로 무지함을 드러내는데, 놀랍게도 학생들은 작가 자신이 한 번도 들어보지 못한 '최고 중의 최고' 브랜드를 일목요연하게 분류해내더라는 것이다. 남성복 디자이너-아르마니, 정장-조르지오 아르마니, 펜-오마스 등 60개가 넘는 제품 항목을 놀라울 정도로 정확하게 찾아내더라는 것이다. 젊은 계층의 향후 소비패턴을 드러내는 한 가지 사례라 할 수 있다.

# 11장 공간·시간·가격파괴, 모두가 현재진행형

앞으로도 부(富)는 3차원(공간, 시간 그리고 가격)에서 적절한 변화를 시도하는 기업가들에 의해 계속해서 창출될 것이다. 세계화는 세 가지 측면에서 극적인 변화를 시도함으로써 기회를 선점하고 막대한 부를 창출해내는 사람들의 수가 대폭 늘어나는 데 큰 역할을 할 것이다. 하지만 잘못된 판단 혹은 성급한 판단으로 역사의 뒤안길로 처지는 기업가들도 만만치 않게 목격하게 될 것이다.

## 현상 3차원의 변화에 도전하는 기업들

어느 시대나 부를 창출하는 방법에서 변화는 있었다. 늘 새로운 방법을 일찍 알아차리고 그 방법을 선점하는 사람들(혹은 기업들)은 큰 기회를 잡을 수 있었다. 새로운 기회를 잡기 위해 처음 그런 시도를 하는 사람들은 대부분 혹독한 비난과 비판 그리고 도산의 위험을 무릅써야 했다. 하지만 그런 기회를 남보다 앞서 활용해 이익을 거두는 사람들이 늘어나면 관망 자세로 기다리던 기업들이 너나 할 것 없이 급히 뛰어들게 된다. 이렇게 해서 새로운 부의 창출 방법이 큰 대세를 이루고 하나의 거대한 추세를 형성함으로써 현재와 미래에 큰 영향력을 행사하게 된다.

세계화의 진전은 기업들에게 생산 장소의 최적화가 얼마든지 가능하다는 점을 알려주었다. 이는 기업으로 하여금 과거와는 비교할 수 없을 선택의 자유를 행사할 수 있도록 해주었다. 타국에서 사업을 펼치는 데 따르는 다양한 위험, 즉 '컨트리 리스크country risk'가 따르긴 하지만 생산요소 면에서 가장 우월한 지위를 가진 장소를 향한 기업들의 움직임은 활발하게 이루어지고 있다.

한국 기업만 하더라도 국내투자는 제자리걸음을 면하지 못하고 있다. MB정부가 '비즈니스 프렌들리'라는 기치를 내걸고 사업 환경을 적극적으로 개선하겠다는 약속을 거듭하고 있음에도 불구하고 2008년 상반기 기업의 국내투자는 0.5% 증가하는 데 머물렀다. 반면에 해외직접투자는 43%(금액 기준 147억 2천만 달러)가량 늘어났다. 이 같은 상황은 2008년만의 일이 아니라 최근 몇 년간 하나의 뚜렷한 현상으로 자리잡은 것이다. 내국인들의 해외직접투자는 2003년 신고기준으로 59억 3천만 달러에 머물렀지만 2005년과 2006년이 되면 각각 91억 7천만 달러와 185억 3천만 달러까지 증가한다. 여기서 해외직접투자에는 개인도 포함되지만 그 비중은 6.7%로 아직 낮은 수준이다.

해외기업의 경우도 마찬가지다. 예를 들어 미국 기업의 경우를 살펴보면, 1960년과 1969년 사이에 미국 기업의 해외직접투자는 420억 8천만 달러였지만 1970~79년(1,227억 2천만 달러), 1980~89년(2,062억 7천만 달러), 1990~99년(9,504억 7천만 달러), 2000~07년(1조 6,290억 5천만 달러)까지 증가한다. 1960~69년에 비해서 2000~2007년에 38.7배까지 늘어났음을 보여준다. 기업들마다 입지 선택의 폭을 넓혀가는 과정에서 본사의 근거지인 모국이나 생산공장 등이 입지한 지역사회와의 유대관계는 점점 희박해지고 있다. 이는 기업의 운명과 자신의 창업과 성장의 모태가 된 모국의 운명과는 별개 과제로 다루어지기 시작했다는 것을 뜻한다.

기업들이 기존의 공간 개념에 머물 수 없는 것은 날로 치열해지는 경쟁이 큰 역할을 하고 있음에 틀림없다. 베인앤컴퍼니에 따르면 21세기 처음 10년 동안 평균적인 미국 기업들은 4년마다 고객의 절반 이상을 잃고 있다고 한다. 때문에 만일 그들이 기존의 공간 개념에 머물고 있다면 이는 곧바로 몰락을 뜻한다. 하지만 기업들은 이런 어려움을 극복하기 위해서 전 세계를 상대로 자신의 공급체계를 재조정하고 있다. 이는 더 값싼 장소로 현재의 공장을 옮기는 일일 수도 있고 더 싸게 공급할 수 있는 새로운 공급 파트너를 구하는 일일 수도 있다. 이것은 미국 기업들만의 일이 아니라 전 세계 대부분의 기업들이 처한 상황이다. 『슈퍼자본주의』의 저자 로버트 라이시 교수는 전 세계적 공급 체계의 정착이 가져오는 기업의 공간 파괴 혹은 조정에 대해 이런 평가를 내리고 있다.

‘우리’는 누구였는가? ‘그들’은 누구였는가? 미국 기업들이 1970년대부터 ‘경쟁력을 잃었다’ 기보다, 미국이 완전히 미국 기업인 기업들을 잃기 시작했다고 보는 게 더 정확하다. 더 이상 미국인이 소유하는 기업들의 실적과 미국인들의 실적 사이에 자동적인 연관성은 없다. 이것은 중요한 변화를 가리키는 것이다. … (중략) … 1970년대 초부터 시작된 혁명은 신기술에 의한 것이었고, 이것의 현실적인 효과는 과거 미국의 과점 생산 체계를 무너뜨려, 부품이나 서비스가 가장 싸게 잘 공급되는 곳에서 조달되는 전 세계적 공급체계로 이행시킨 것이다.[34]

한편 기업가들이나 투자가들의 변화도 주목할 만하다. 기업가들의 성장에 대한 기대나 투자자들의 기대수익률 변화를 눈여겨볼 필요가 있다. 사람들은 점점 더 높은 기대수준을 갖게 되었다. 그리고 그런 기대를 가능한 빠른 시간 안에 이루어내야 한다는 조바심을 내게 되었다. 하나의 기업을 만들어서 시간을 두고 차근차근 키워나가는 것을 정상으로 여기는 시대에는 기업을 사고파는 일이 이상한 일까지는 아니지만 그다지 환영받지 못했다. 불과 얼마 전까지만 하더라도 우리 사회에서 매수합병은 생소한 단어였지 않는가? 하지만 이제 창업해서 오랜 시간 공을 들여서 기업을 키워나간다는 생각은 절대적인 진리라기보다는 여러 가지 선택 가운데 하나가 되어버렸다. 다시 말하면 사람들의 인식이 그만큼 크게 변화했다는 것이다. 그런 기업가들의 시각을 드러내는 대표적인 사례로서 얼마 전 매수합병 시장에서 크게 성장해온 어느 기업의 TV 광고를 들 수 있다. '세상을 움직이는 방법을 압니다' 라는 제목의 이미지 광고, 즉 "30년을 투자해 세계 1위 기업이 될 수도 있고 세계 1위 기업을 인수해 30년을 단축할 수도 있습니다. 우리는 후자를 선택했습니다"에서 추측해볼 수 있다. 근래 기업가들이나 투자가들의 인식 변화를 이처럼 압축적으로 드러낸 문장을 어디에서 볼 수 있겠는가? 한마디로 기존에 기업가들이 오랫동안 정상으로 여겨왔던 기업경영에 있어서 시간 개념, 즉 '기업은 자신이 창업해서 시간을 두고 착실히 키워야 한다' 는 믿음을 선택 가운데 하나로 받아들이는 기업인들이 대거 늘어나고 있다. '필요하면 기업을 팔아버릴 수도 있고 필요하면 기업을 사서 키울 수도 있다' 는 쪽으로 유연한 생각을 가진 기업인들이 늘어나고 있다. 이를 두고 필자는 기업경영에서 '시간의 파괴' 현상이라 이름 붙이길 원한다. 시간에 대한 통념의 파괴를 말한다. 위 광고 사례처럼 30년 동안 투자를 통해서 성장할 수도 있지만, 일거에 30년짜리 우량 기업을 사서 30년을 단축할 수도 있다.

　사람들은 기업의 성장 시간을 줄일 수 있다면 이에 대해서 기꺼이 비용을 지불할 의사가 있다. 여기서 눈여겨볼 수 있는 현상은 국내 기업이건 해외 기업이건 간에 새로운 금융기법을 이용해 기업을 사서 규모나 경쟁력을 키우는 일들이 가능하게 되었다는 것이다. 이런 일들을 전문적으로 도와줄 수 있는 컨설팅 회사나 금융기관들이 기다리는 상황이다. 자기 자금을 얼마 투자하지 않더라도 계열사의 신용이나 인수하는 회사의 자산을 담보로 하는 차입매수(LBO)방식으로 얼마든지 기업을 인수하게 되었다. 물론 성급한 매수합병으로 어려움을 경험하는 일부 기업들도 있지만 많은 기업들이 점점 유력한 성장전략의 하나로 매수합병 방법을 선택하고 있다.

　지난 몇 년간의 국외 매수합병 사례를 살펴보면 미증유의 증가 상황이었음을 알 수 있다. 물론 이 같은 현상은 당분간 국제금융시장의 동요나 국내 금융기관들의 보수적인 대출로의 회귀 때문에 어려움을 경험할 것이다. 하지만 사람들의 인식 변화를 근본적으로 막을 수 있는 방법은 없다. 그것은 무엇을 정상으로 보는가에 대한 판단 기준이 바뀌었다는 것을 말한다. 시간을 줄일 수 있다면 기꺼이 비용을 지불하려는 경제주체들이 늘어남으로써 기업들은 적당한 가격에 사고파는 일들이 빈번히 일어나게 될 것이다. 때문에 기업의 매수합병을 통해서 기업을 키워나가는 일이 유행병처럼 번지고 있다. 그리고 기업을 어느 수준까지 키운 다음에 능력 있는 사람에게 넘겨버리는 일도 극히 정상적인 선택 가운데 하나로 받아들여지게 되었다. 편집자의 교정 원고를 받아서 마무리하던 날 경제신문의 일면에는 '삼성, 전 계열사 M&A 나서라' 라는 기사가 대문짝만하게 실렸다. 이것은 시간에 대한 인식의 변화를 단적으로 드러내는 사례 가운데 하나다. 이미 되어 있는 것을 사버려라! 그리고 시간을 단축하라!

삼성이 기업인수 합병(M&A)을 내년도 핵심 경영 전략으로 채택하고 모든 계열사에 시장조사와 자금 계획 수립에 나설 것을 지시했다. 최근의 글로벌 금융위기가 성장을 위한 또 다른 기회가 될 수 있다는 전략적 판단에 따른 것으로 풀이된다. 총 261조 원(2006년 말)의 자산을 보유하고 있는 삼성이 M&A 시장에 동원할 수 있는 자금은 50조 원 정도로 추산된다.[35]

한편 가격도 마찬가지다. 우리가 생각하는 정상가격이란 것은 마치 고정관념처럼 우리의 의식을 지배한다. 물건이나 서비스를 판매하는 사람들은 원가에다 최소한 이 정도의 이익을 더할 수 있어야 생존이 보장될 수 있다는 가격이 있다. 하지만 이 같은 선입견의 틀을 깨면서 국내외 시장에 도전장을 제시하는 기업들이 속속 늘어나고 있다. 물론 이들이 초과이윤에 대한 유혹을 버리고 이런 결정을 내리는 데는 불가피한 면도 있다. 보통 사람들의 실질임금 성장이 정체되는 현상이 뚜렷해지고 소비자들이 선택할 수 있는 힘을 많이 가지는 상황에서 기업들은 변신이 필요하다고 판단하기 때문이다. 다시 말하면 선택의 폭을 넓히려는 소비자들의 움직임에 미리 편승하는 것이 오히려 이익을 늘리는 결과를 낳는다는 사실에 대한 확신을 가진 사람들이 늘어나고 있기 때문일 것이다.

가격파괴의 대명사는 역시 세계시장을 선도하는 노키아 사례를 들 수 있다. 가격파괴로 저가시장에서 압도적인 우위를 차지하는 노키아는 50달러 이하의 초저가폰 시장에서 시장점유율 95%를 차지하고 있다. 초저가 시장의 중요성을 미리 알아차리고, 글로벌소싱을 적극적으로 활용하며,

대규모 부품 조달에 따른 비용 절감 부분을 기반으로 거둔 노키아의 성공 사례는 다른 경쟁사에도 큰 자극을 주었다. 그동안 초저가시장을 소홀히 해왔던 삼성전자 역시 최근 들어 불가능하게 여겨졌던 노키아의 플랫폼 방식 생산원가 경쟁력을 확보함으로써 30달러 중반대의 컬러폰을 출시하면서 노키아의 아성인 초저가시장에 도전장을 내밀기 시작했다. 삼성전자의 한 관계자는 "올해 30달러대 초저가 제품 5~56종을 출시하는 등 기능과 디자인을 갖춘 초저가 라인업을 확대할 것이다. 노키아를 잡기 위한 삼성의 '울트라 로엔드' 전략이 본격화되기 시작했다. 2008년 한 해 동안 2억 5천만대, 시장점유율 20%를 달성하고 2010년까지 세계시장점유율 25%를 목표로 뛰고 있다"고 말한다. 누군가 시장을 선도하며 그런 움직임이 수익을 확보하거나 성장하는 데 도움이 된다면 당연히 경쟁사로 하여금 같은 움직임에 동참하도록 만들게 된다.

여기서 주목할 만한 점 가운데 하나는 연구개발, 제조, 마케팅 등을 다른 기업에 맡기는 방식인 '글로벌네트워크비즈니스모델(Global Network Business Model : GNB)'을 채택함으로써 전통적인 수직계열형 경영방식을 탈피하는 데 성공한 기업들이 가격파괴 주도자로 등장하고 있다는 점이다. HP, 닌텐도, 델, 애플 등은 제조역량이 뛰어난 대만기업과 GNB를 형성함으로써 사업 리스크를 줄임과 동시에 가격을 크게 낮출 수 있게 되었다. 국내외를 가리지 않고 최적의 파트너를 구할 수 있는 환경이 조성되고 있음을 고려하면 가격파괴의 여지는 얼마든지 남아 있다고 할 수 있다.

국내 기업에서는 일부 유통업체들을 중심으로 가격파괴 움직임이 추진되고 있다. 유통업체와 거래 관계에 있는 거래 당사자들의 반발도 예상되지만 이런 추세를 막을 수 있는 가능성은 별로 보이지 않는다. 왜냐하면 고객들이 절실히 원하기 때문이다 고객들은 점점 더 사용해야 하는 지출이 늘어나기 때문에 자신들의 비용지출에 대해서 엄격함을 유지하려 할 것이다. 지위재 성격을 가진 상품이 아니라면 한 푼이라도 더 싼 가격으로 구매하려는 고객들이 대폭 늘어나는 그런 추세도 일부 기업들에게 오히려 기회를 제공하는 셈이다. 하지만 기존 질서에 익숙한 대다수 기업들에겐 곤혹스런 일이자 큰 도전과제임에 틀림없다.

## 전망 글로벌경쟁의 가치를 이용하라

살아남기 위해, 때로는 더 나은 성장의 기회를 갖기 위해 기업의 해외이동은 한층 더 힘을 받을 것이다. 날로 치열해지는 경쟁 시장에서 승리하기 위해 기업들은 해외이전을 선택하는 것 이외에 다른 대안이 없을 것으로 보인다. 또한 침체 국면에 들어간 내수시장의 한계를 극복하고 더 나은 성장의 기회를 확보하기 위한 기업들의 이동 또한 점점 더 열기를 더해갈 것으로 보인다. 한편 일본의 제조기업 가운데 일부가 해외사업을 줄이고 모국으로의 유턴을 시도하고 있다는 소식이 전해지기도 하지만, 이는 보편적인 현상이라기보다는 특수한 경우에 속할 것이다. 여기서 특수한 사정이라는 것은 제품의 고도화로 인하여 연구개발과 부품 및 소재 기업 그리고 생산공장 사이에 시너지 효과가 큰 경우라면 얼마든지 국내에서 사업을 전개하는 편이 낫다는 것이다. 게다가 안정적인 노사관계가 확립되어 있고 오랜 경기침체로 근로자의 실질임금 상승률이 경쟁국에 비해 크게 둔화된 경우에도 모국이 생산입지로서 매력을 지닐 수 있다.

대표적인 사례로 캐논사는 해외생산 비중이 2004년도에 피크에 도달해 당시 42%까지 차지했지만 그 비중은 2007년에는 39%까지 떨어졌다. 캐논의 후지오 미타라이 회장은 "일본에서 제조업을 영위하는 것이 매우 중요합니다. 제품개발과 생산은 함께 가야 합니다. 그리고 일본이 바로 제품 개발과 실제 생산 간의 커뮤니케이션이 이루어지는 곳입니다"라고 말한다.[36]

하지만 대부분의 국가에서 생산비용은 예외적인 상황이 발생하지 않는 한 하방 경직성이 강한 속성을 갖고 있다. 일단 한번 높아진 생산 비용을 낮추는 일은 어렵다. 소득수준의 증가에 따라서 임금수준뿐만 아니라 각종 생산비용이 높아지는 현상을 막을 수 없기 때문에 한때 제조공장을 유치하는 데 혁혁한 성과를 거둔 나라라고 하더라도 임금상승에 따라서 마치 썰물이 빠져나가듯 제조공장들이 떠나버리는 상황을 피할 수 없다. 물론 단순한 생산비용 면에서의 우위가 아니라 일본 기업처럼 자신만의 독보적인 경쟁 우위 요소를 갖고 있다면 이야기는 달라지겠지만 말이다. 외신은 '세계의 공장, 찬바람이 불다'는 제목으로 최근 수년간 중국의 동남 연해 지역을 휩쓸었던 '민공황(民工荒·노동력 부족 현상)'이 언제 있었던 화려한 날들이었는가라고 되물을 정도로 썰물처럼 해외로 떠나버린 기업과 경영난을 견디지 못해 도산한 중국 기업들의 상황을 전하고 있다.

중국 제조업의 발상지이자 돈 많은 기업인들을 가장 많이 배출했던 저장(浙江)성 원저우(溫州)에 찬바람이 불고 있다. 원저우는 세분화된 제조업 공정으로 원가 경쟁력이 높아 중국 제조업의 발상지가 된 곳이면서 세계적인 제조업기지로 알려진 곳이다. 하지만 이전과 달라진 현재 원저우의 상황이 중국 제조업의 현주소를 적나라하게 얘기해주고 있다. 원저우에서 신발공장을 하고 있는 한 공장사장은 5일 『화하시보華夏時報』에 "한 분기 죽어라고 일했지만 남는 게 없다"면서 "공장을 팔기로 결심했다"고 말했다. 중국 공장들의 과장된 표현만은 아니다. 원저우 소재 30만 개 제조업체들 가운데 지금 20% 이상이 공장가동을 중단했고 4만 개는 도산했다. 원저우의 제조기지들이 된서리를 맞은 것은 인건비 상승에 원유가, 원재료 가격상승, 위안화 절상에 따른 환차손, 수출세 환급 중단, 이자율 상승 등이 집중적으로 작용했기 때문이다. 원래 저렴한 인건비에 편승해 원가를 최대한 낮춰 물건을 만들어 팔았기 때문에 최근 중국에 부는 변화를 감당할 수 없었다. 원저우의 복장상회회장 정천아이鄭晨愛는 이것이 "중국 제조업이 겪고 있는 보편적인 현상"이라며 "특히 원저우에 재난이 집중됐을 뿐"이라고 말했다. … (중략) … 현재 원저우의 현지 신문에는 공장매각 광고가 줄을 잇고 있다. '황금입지, 시설완비, 언제든지 입주 가능에 가격은 상담 가능'이다. 현재 원저우에서는 어떻게든 살아서 겨울나기가 최대목표가 될 정도로 모든 사람들의 사정이 급박해졌다.[37]

공장의 해외이전을 간단한 셈으로 이야기하면, 궁극적인 승자는 기업을 소유하고 있는 지배주주와 그 밖의 투자자라 할 수 있다. 이들은 공간의 확장에 따라서 생산장소를 마음껏 재조정할 수 있을 뿐만 아니라 새로운 시장의 확보라는 면에서 유리한 위치에 서게 된다. 물론 여기서 큰 혜택을 받는 사람들 중에 소비자를 포함시키지 않을 수 없다. 저렴한 가격의 상품을 공급받을 수 있기 때문이다. 하지만 기존 공장에 고용되었던 사람들 가운데 다수가 패자로 전락할 가능성이 높다. 실제로 많은 근로자들은 특정 공장에만 한정된 붙박이형 스킬이나 지식을 소유하고 있다. 재훈련을 통해서 과거에 일하던 조직에 비해서 더 높은 보수를 지불받는 경우도 있지만 현실적으로 이 같은 경우는 소수에 지나지 않는다. 이런 점에서 세계화는 특별한 능력을 소유한 직업인들에게는 과거와 비교할 수 없을 정도로 기회를 제공하지만 다수의 직업인들에게는 과거에 비해 생활수준의 정체 내지 하락을 의미할 수 있다. 왜냐하면 비슷한 능력을 다른 나라의 근로자들이 얼마든지 제공할 수 있는 상황이 전개되기 때문이다. 그동안 경제적인 논리로 정당화하기 힘들었던 프리미엄을 누렸던 근로자들이 큰 타격을 받게 된다.

글로벌라이제이션은 세계경제 전체라는 시각에서는 막대한 가치 창조로 연결된다. 다시 말하면 '포지티브 섬positive-sum' 게임에 해당하지만 특정 업무에 익숙해 다른 분야로 대체할 수 없는 대다수 근로자에게는 생활수준의 정체 내지 하락을 뜻하게 된다. 폴 크루그먼 교수는 최근작에서 1950년대를 전후해서 미국에서 일어난 사건을 재미있게 소개하고 있다. 이는 대다수 국가들의 보통 근로자들이 앞으로 경험하게 될 상황을 매우 정확히 가르쳐준다.

대압착시대(경제사가인 클라우디아 골딘과 로버트 마고가 1920~50년대 미국에서 벌어진 소득격차가 줄어드는 현상, 즉 부유층과 노동자계급의 차이가 급격히 줄고 노동자 사이의 임금차도 줄어드는 현상을 지칭한 말) 이후 1940년대 중반에서 1970년대 중반에 이르는 30년간은 육체노동자들의 황금기였다.

1950년대 말 고졸 학력의 미국인들은 물가상승폭을 고려할 때 오늘날 비슷한 조건의 노동자들과 비슷한 임금을 받았다. 그리고 그들의 지위도 물론 상대적으로 더 높았다. 아주 좋은 직장을 가진 육체노동자들은 대졸학

력 전문직 종사자와 거의 같거나 더 높은 보수를 받았다.[38]

크루그먼 교수는 이렇게 육체노동자들이 높은 생활수준을 누릴 수 있었던 이유에 대해서 결론을 내려준다. 그것은 우호적인 세계경제 환경이 큰 역할을 한 것으로, 구체적으로 말하자면 미국의 제조업체에 대항할 수 있는 외국 기업들이 거의 없었기 때문이다. 그리고 1924년도의 엄격한 이민법 제정으로 노동자가 부족해진 데서 그 이유를 찾는다. 앞으로 기업들의 공간 이동에 접하게 되는 국가나 보통 근로자들은 미국의 역사적 사례에서 경험한 일들이 자신의 일이 될 수 있음에 주목해야 한다. 여기서 육체노동자들은 오늘날 보통의 화이트칼라나 블루칼라를 지칭한다고 보면 된다. 날로 치열해지는 경쟁은 거침없이 근로자들의 삶에 영향을 미치게 될 것으로 보인다.

공간 파괴와 관련해서 반드시 언급해야 할 부분이 앞에 잠시 소개했던 '글로벌네트워크비즈니스모델GNB' 이다. 물론 제조공정의 모듈화가 가능한 업종을 중심으로 GNB를 받아들이게 될 것이며 동시에 이런 비즈니스 모델이 보편적인 것으로 받아들여지기까지에는 어느 정도 시간이 필요할 것이다. 하지만 이를 통해 날로 치열해지는 시장환경 속에서 완제품업체들이 장기적인 거래관계를 통해 긴밀한 네트워크를 유지해오던 수직계열형 비즈니스모델을 전면적으로 재평가할 수 있다. 이미 일부 업종, 예를 들어 전자부품 및 소재나 자동차 협력관계에서는 더 저렴한 부품 및 소재 공급을 촉진하기 위해 장기계약의 연결고리가 약해지고 있음을 확인할 수 있다. 가치사슬 가운데 중요 부분들, 이를테면 연구개발, 제조 그리고 마케팅 등을 글로벌 관점에서 최적지로 이동시켜 사업 활동을 전개할 수 있게 된다. 이런 추세가 진행되면 기존의 장기거래에 익숙한 협력업체나 구성원들의 거래량이 대폭 축소되어버릴 수도 있다. 이는 별 고민 없이 당연하게 받아들였던 장기관계라는 프리미엄이 소멸해버릴 수 있는 위험이 있음을 뜻한다.

모든 것이 숨 가쁘게 빨라지는 시대가 되었다. 일부에서는 슬로푸드나 슬로라이프라는 용어가 등장하고 있지만 이것은 일종의 반사작용으로 이해할 수 있다. 대세는 역시 빠름이 지배하는 시대다. 따라서 앞으로 빠름에 주목해서 좋은 비즈니스 기회를 선점하는 기업들이 등장함은 물론이다. 그런데 이런 추세 속에서도 기업들의 성장 전략에서 일어나는 변화에 주목해야 한다. 가능하면 매수합병을 통해서 기업을 성장시키는 성향이 강해질 것이다. 왜냐하면 기업 성장에 따르는 시간을 확연히 줄일 수 있기 때문이다. 물론 잘못된 판단으로 어려움에 처하는 기업들도 있다. 이 같은 추세에 힘을 더하게 되는 요인은 비교적 손쉽게 자금을 동원할 수 있는 환경이 조성되었기 때문이다. 각종 금융기법들이 등장하면서 자기 자금이 충분치 않더라도 정확한 판단에 대한 믿음과 충분한 경영 노하우를 갖고 있다면 얼마든지 기업을 확장할 수 있는 수단들이 속속 등장했다. 때문에 기업들은 이 방법을 애용하게 될 것이다.

이런 추세에 힘을 더하는 다른 한 가지 근거로는 기업을 운영하는 사람들의 인식 변화를 들 수 있다. 과거 같으면 기업을 창업한 사람들은 기업의 성장과 자신의 성장을 동일시했다. 기업 경영을 도중에 그만두거나 팔아치우는 일에 대해서는 사회적으로 그다지 우호적인 평가를 받지 못했다. 그러나 20세기 후반 실리콘 밸리의 붐과 더불어 미국의 사례, 즉 일정한 수준까지 기업을 키우는 데 성공한 기업들은 자신의 취향이 바뀌거나 아니면 다른 일에서 더 좋은 기회를 잡기 위해서 기업을 파는 일을 당연한 일로 여기게 되었다. 이 같은 인식이 범세계적으로 보편적인 하나의 현상으로 자리잡게 되었다.

게다가 예전에 기업가들은 기업 경영에 따르는 고충이 있다고 하더라도 이를 기꺼이 받아들였고 달리 선택할 수 있는 대안이 없었다. 하지만 이제는 변화가 일어났다. 생활인으로부터 직업인 그리고 기업인에 이르기까지 누구든지 선택할 수 있는 자유가 늘어났다. 이런 점에서 사회적인 통념이나 압박에 관계없이 자신의 취향에 따라 얼마든지 삶의 모습을 선택할 수 있게 되었다. 굳이 기업경영에 수반되는 압박감을 감내하지 않더라도 얼마든지 다른 유형의 삶을 살아갈 수 있다. 이런 경우엔 일정 수준까지 키운 기업을 미련 없이 적임자에게 팔아치우게 된다. 게다가 날로 경쟁이 치열해지면서 규모의 이익에 대한 욕망, 여기에 1등 기업과 나머지 기업들 사이의 격차 확대가 더해지면서 점점 더 많은 기업들이 거래 대상이 될 것으로 보인다. 이처럼 매수 합병에 대한 우호적인 분위기를 거스를 수는 없을 것이다. 시간을 두고 기업을 착실히 키워나간다는 기업인들의 시간에 대한 전통적인 믿음은 여러 가지 선택 가운데 하나로 간주될 것이다.

'턱없이 낮은 가격으로 상대방을 후려친다' 는 말이 있다. 이 말처럼, 앞으로 거의 모든 분야에서 아주 특별한 상품이나 서비스를 제외하면 가격은 날로 낮아질 수밖에 없을 것이다. 이는 선택의 폭이 대폭 넓어진 소비자들이 그만큼 가격에 대해서 민감하게 반응하게 됨을 뜻한다. 기업 입장에선 적정한 원가를 보존할 수 있는 수준 정도에서 가격하락 추세를 멈추게 할 수 있다면 바람직할 것이다. 하지만 어느 분야를 보더라도 공정거래에 대한 인식이 높아진 상태에서 기업간 협조가 불가능하게 되었다. 그렇다면 일부 기업들은 얼마든지 가격하락을 주도할 수 있게 된다. 내수시장이건 해외시장이건 간에 한 기업이 치고 나가는 가격인하는 연쇄적으로 다른 기업들의 가격하락을 부추기게 된다. 소비자 입장에선 선순환이 기업 입장에선 악순환이 전개되는 셈이다. 과거에 비해서 글로벌소싱 등을 통하거나 아니면 국내 시장이 아닌 글로벌시장을 상대로 대량생산이 가능하기 때문에 그만큼 가격인하의 가능성은 커질 수밖에 없다.

특히 글로벌 브랜드를 가진 기업들의 경우에는 새롭게 부상하는 시장을 대상으로 저가 상품 개발에 박차를 가할 것이기 때문에 그만큼 글로벌 브랜드를 중심으로 가격인하 압력이 더욱 높아질 것이다. 내수기업들도 마찬가지다. 글로벌소싱을 통해서 가격하락에 대한 여력이 확보될 뿐만 아니라 상위 기업들을 중심으로 시장에서 월등한 우위를 차지함으로써 규모의 경제를 실현시키고 이에 따라 자신의 몫이 될 수 있는 잉여이익의 일부를 소비자들에게 돌려주는 일들이 일상적으로 자리잡게 될 것이다. 또한 기업들은 점점 더 초저가 기술의 등장에 열을 올리게 될 것이다. 이는 연구개발이나 설계 단계부터 가격하락을 중요한 목표로 삼아서 절감 가능한 모든 방안을 강구한다는 것을 뜻한다. 기존의 가격하락에 비해서 근본적인 조치들이 성공을 거두게 되고 이런 노하우들이 축적되면서 더 많은 영역으로 본격적인 초저가 기술의 활용이나 초저가 비즈니스 모델이 공유될 것이다.


## 대응 무한경쟁의 일상화, 혁신을 꿈꿔라


기업의 해외이동은 다수 근로자들에겐 소득감소와 생활수준 하락으로 연결될 것이다. 이론적으로 재훈련을 통한 전직의 가능성이 있다. 그러나 특정 업종에 특화된 근로자들이 전직 훈련을 통해서 더 높은 부가가치를 만드는 업종으로 이동하는 것은 생각보다 어려운 작업이라 생각한다. 때문에 많은 나라들이 전직 훈련을 위해서 예산을 배정하고 이를 실행에 옮기고 있지만 공적인 지원 성격의 전직훈련 경우에는 대부분 그 효과가 의문시된다.

기업의 해외이전에도 불구하고 전직 이후에 소득수준을 높이는 데 성공한 사람들은 공식적인 전직 훈련보다는 스스로 재직하고 있는 동안에 미래 준비의 일환으로 자신을 갈고 닦아온 사람들일 것이다. 왜냐하면 근로자의 전직에서 중요한 부분은 말과 글로써 전달될 수 있는 종류의 지식이 아니라 노하우 성격의 지식이기 때문에 공적 성격의 전직 훈련에서 가르치기 힘들다고 본다.

또한 한 분야에서 오랜 기간 일해온 근로자라면 당연히 전직 훈련을 받기 이전에 스스로 자신의 분야에서 특화된 기능이나 지식을 갖고 있어야 한다. 새롭게 전직 훈련을 통해서 새로운 일자리를 찾는 노력을 기울이는 것이 얼마나 효과가 있을지 의문을 갖게 된다. 결과적으로 기업의 해외이동과 이로 인하여 직간접적으로 일자리를 잃어버리는 사람들은 대부분 소득수준 감소를 경험한다고 보면 된다. 이런 면에서 보면 개인 차원에서 중장기 계획을 갖고 위기가 닥치기 이전에 미리미리 준비하는 일이 반드시 필요하다.

기업의 해외이동과 관련해서 국가 차원의 개입 여지는 제한적이다. 하지만 자국의 사업 환경을 지속적으로 개선함으로써 기업이 사업전략의 고도화를 통해서 자사의 경쟁력을 유지할 수 있도록 돕는 방법이 필요하다. 세계화가 진행되고 이의 파급효과를 분석하기 시작하는 국가라면 일단 기업이 떠나고 이어서 방출된 근로자들의 생활수준을 높이는 일이 무척 힘들다는 사실을 알아야 한다. 가능한 특정 기업이 스스로 제품이나 서비스를 고도화해나가는 과정에서 근로자들을 재훈련해나가는 것이 훨씬 효과적이다. 따라서 노동환경에서부터 시작해서 각종 규제와 세제에 이르기까지 사업환경을 크게 개선하는 일이 정말 중요하다.

한편 매수합병의 활성화는 그만큼 경영 능력이 중요해진다는 것을 뜻한다. 자사 이외에 다른 기업들을 인수해서 정상화시킬 수 있는 기업들의 성장 속도는 날로 빨라진다. 때문에 자체적으로 경영자를 양성하는 일이나 필요한 경우 적절한 경영자를 인재시장으로부터 스카우트하는 방안도 시행될 것이다. 당연히 능력 있는 경영자들에겐 엄청난 보수가 주어질 것이다. 그러나 매수합병 시장이 활성화되면서 판단 실수나 불운으로 말미암아 인수 가격이나 타이밍 등에서 실기한 기업들 중에는 오히려 어려움에 처하는 기업들도 늘어나게 될 것이다.

기업이 행하는 거래 가운데 가장 고액이면서 중요한 거래가 바로 매수합병이라고 할 수 있다. 이런 추세가 자리를 잡게 되면서 근로자들 역시 새로운 환경에 적응해야 하는 일이 일어나게 된다. 오너십의 주체가 내국인에게서 외국인으로 바뀔 수 있고 내국인 가운데서도 지배주주의 성격이 바뀔 수 있다. 실력 이외의 변수에 지나치게 의존하는 사람들이 예상치 못한 상황에 봉착할 수 있는 가능성에 대해 미리미리 준비해둘 필요가 있다.

근로자들 스스로도 프로페셔널리즘으로 무장할 필요가 있다. 스스로의 능력을 기초로 자신과 회사가 계약관계에 기초해 있다는 생각을 갖고 있다면 그만큼 매수합병의 유행이라는 새로운 추세에 걸맞게 자기 자신을 준비시켜나갈 수 있을 것이다.

가격하락은 또 다른 차원의 파급효과를 낳게 된다. 우선은 언제든지 사업부서가 분사화될 수 있고 때로는 다른 협력업체에 외주로 돌려질 수 있다. 저명한 저자이자 강연자인 톰 피터스는 오래전에 이런 이야기를 한 적이 있다. "당신이 안심해선 안 된다. 당신이나 당신이 속한 부서가 일하는 사업이 바로 외부업체와 경쟁하고 있다고 생각하고 일을 해야 한다. 효율이 떨어지면 언제든지 외주화될 수 있음을 명심해야 한다." 바로 이 점이 현실세계에서 실현되고 있다고 보면 된다. 게다가 가격하락은 효율성이란 관점에서 기업이 비용과 편익을 측정하고 이에 따라 의사결정을 행하게 됨을 뜻한다.

외부 압력은 기업에게 하나의 도전이다. 가격하락 압력은 기업에게 원가 절감을 위한 지속적인 경영혁신의 과제를 안겨다줄 것이며 동시에 근원적인 가격하락을 위해서 기업의 프로세스를 다시 짜는 노력을 기울이도록 요구하게 될 것이다. 이런 와중에 근로자들은 노동강도가 세지는 현상을 피할 수 없을 것으로 보인다.

무한경쟁이라는 단어가 하나의 유행어로 그치기를 바라지만, 세계화의 진전은 진부한 이야기가 아닌 무한경쟁의 일상화를 뜻한다고 할 수 있다. 게다가 직업의 안정성에 끼치는 파급효과도 무시할 수 없을 것이다. 노동시장의 유연성이 보장된 사회에서는 인력 감축과 같은 상황이 하시라도 발생할 수 있지만 그렇지 못한 경우는 핵심 기능을 제외한 대부분의 기능을 외주화하거나 분사로 처리해 기업들이 가격인하 압력에 적극적으로 대처해나갈 것으로 보인다.

그러나 고객들이 가질 수 있는 선택의 폭은 계속해서 넓어질 것이다. 이런 면에서 고객들은 실질적인 가격파괴로 소득 보전 효과도 만만치 않게 보게 될 것이다. 소비자로서는 큰 혜택을, 생산자로서는 곤곤함을 동시에 안게 되는 사람들은 때로는 세계화의 밝은 면을, 때로는 세계화의 어두운 면을 동시에 체험하게 될 것이다. 하지만 밝은 면은 당연하게 여기고 어두운 면은 가혹하게 받아들이기 때문에 삶의 환경은 나날이 나아지지만 스스로 나아지고 있다는 체감은 별로 느끼지 못할 것이다.

# 12장 신자유주의정책, 공세가 본격화되다

어떤 사회든 다양한 세계관을 가진 사람들이 존재한다. 이들 가운데는 신자유주의정책이나 세계화가 가져오는 변화에 동참하기를 거부하는 사람도 있고 그런 세상이 가져올 수 있는 불확실한 미래를 의도적으로 과장하는 사람들도 있다. 특히 지식인들 가운데는 신자유주의정책의 어두운 일면들을 의도적으로 조장하는 사람들이 등장하게 된다. 하지만 새로운 환경이 가져다주는 기회를 적극적으로 활용하기를 원하는 경제주체라면 스스로 올바른 생각을 가져야 하고 이에 더해 올바른 시대정신 확산에 힘을 더해야 한다.

## 현상 밝은 세계관과 어두운 세계관의 공존

늘 새로운 것을 배우고 현장에 적용하면서 항상 더 높은 곳을 향해 나아가는 사람들을 만날 때가 있다. 이들은 타고난 바탕이 그런 건지 부지런함에서 둘째가라면 서러워할 사람들이다. 이런 사람들을 비율로 따지면 얼마나 될까? 5%, 10%, 20% 정도 될까? 아마도 사람마다 내놓는 답이 다를 것이다. 그동안의 경험으로 미루어보면 이런 사람들은 결코 다수가 될 수 없으며 늘 소수에 속하는 사람들이다. 이들은 변화하는 일, 새로운 환경에 적응하는 일을 조금도 수고스럽게 생각하지 않으며, 오히려 당연한 일이라고 생각한다. 삶에서 늘 경험하는 일은, 어떤 일이나 현상을 두고 그것을 상수常數로 생각하느냐 아니면 변수變數로 생각하느냐는 대단히 중요하다는 것이다. 상수라면 자신이 변경할 수 없기 때문에 오로지 그것에 적응해야 한다고 생각하지만 변수라면 스스로 그런 상황을 뒤집을 수 있다고 생각하게 된다. 여러분에겐 세상이 상수인가 아니면 변수인가. 이 두 가지는 전적으로 개인의 세계관과 가치관이 개입된 선택사항이라 할 수 있다. 한마디로 각 개인이 변화하는 세상을 어떻게 보는가라는 관점의 문제다.

아무튼 대다수 사람들은 그냥 그 자리에 머물러 있고 싶어한다. 이들은 해오던 것을 계속하려는 관성이 강한 사람들이다. 이들에게 전례, 관례, 그리고 선례는 늘 호감이 가는 단어들이다. 특별하게 외부 쇼크가 주어지지 않는다면 그들은 마지막 순간까지 자신이 해오던 일들을 계속하려는 속성을 갖고 있다. 그들은 결코 변화에 친화적이지 않다. 우리가 주변에서 흔하게 만날 수 있는 사람들은 대부분 이런 사람들이다. 그래서 필자는 본래 인간의 성정이나 체질 자체는 변화에 익숙하지도 않고 변화를 좋아하지도 않는다고 생각한다. 그렇다면 이런 사람들이 변화할 수밖에 없는 특별한 이유가 있는가? 그것은 환경이 변화하면서 자신의 이익이나 생존에 직접 영향을 끼치는 일들이 일어나기 때문이다. 사람은 본래 자기 이익에 충실하고 강한 생존욕구를 갖고 있기 때문에 변화하지 않고선 어찌할 수 없는 상황을 만나게 되면 그때가 돼서야 비로소 변화를 시도하게 된다.

어느 사회를 방문하건 간에 정도 차이가 있을지 모르지만 현재 진행되고 있는 각국의 개혁들, 즉 신자유주의정책(워싱턴 컨센서스에 잘 요약되어 있는 정책들—예산 삭감, 작은 정부, 규제완화, 재산권 강화, 자본시장 자유화, 외환시장 개방, 관세 인하, 국가 기간산업 민영화, 외국자본의 기업 M&A 허용 등으로 이루어진 정책 조합들)이 가져오는 다양한 파급효과에 대해서 반감을 가진 사람들이 의외로 많은 것 같다. 특히 월스트리트발 금융위기는 평소에 이 같은 생각을 가져왔던 사람들에게 큰 호기를 주고 있다. '미국 금융자본주의의 몰락', '신자유주의의 종언' 같은 구호나 슬로건을 예사롭게 사용하는 사람들이 주변에 크게 늘고 있다.

그런데 생업에 종사하는 사람들은 이것저것 깊이 생각할 만한 겨를이 별로 없다. 왜냐하면 하루하루 자신에게 당면한 문제들을 해결하는 데 급급하기 때문이다. 이따금 그들 역시 분주함 속에서도 생활인으로서 때로는 직업인으로서 자신의 주변에서 어떤 일들이 일어나고 있고 그런 일들이 자신의 앞날에 어떤 영향을 미치게 될 것인가를 고민할 때가 있다. 이때 보통 사람들은 자신의 관점이나 지식 혹은 정보에 의거해서 변화의 전체 모습을 파악하는 일이 쉽지 않다. 때문에 의도하건 아니건 간에 지식인들의 도움을 구하게 된다. 지식인들 역시 각자가 세상을 바라보는 나름의 관점이 다르기 때문에 현재 진행되는 변화의 실상이나 그런 변화가 앞으로 가져오게 될 변화의 파급 효과에 대해서 나름의 의견을 갖게 된다. 이분법으로 나누는 데는 늘 문제점이 따르지만, 변화를 자연스러운 과정으로 받아들이고 이에 대해서 적극적인 대처가 필요하다고 주장하는 사람들이 있는 반면에 변화에 대해 저항해야 하며 우리가 깨어나서 힘을 합친다면 그런 변화의 물결을 올바른 방향으로 되돌릴 수 있다고 주장하는 지식인들이 나타나기 마련이다.

현재 경험하는 변화의 강도가 강할수록 그리고 그런 변화가 자신의 삶에 미치는 부정적인 영향이 강할수록 변화를 거스를 수 있다고 주장하는 지식인들의 주장이 마음에 들 수가 있다. 이럴 때도 감성이나 감정이 대단히 중요한 역할을 하게 되는데, 이를테면 변화를 싫어하는 원시 본능에 더 강하게 다가선 저자들의 주장이나 의견 그리고 서적들이 단시간 내에 사람들의 호소를 끌어낼 수 있다. 그리고 일단 이런 주장이나 의견을 받아들이기 시작하면 그 다음부터는 자신의 믿음체계를 그것에 맞게 구성하게 되고 그런 믿음체계를 뒷받침하는 정보를 선별적으로 받아들이게 된다. 이렇게 하다보면 자신이 만든 믿음체계의 옳고 그름을 떠나서 그 믿음체계를 추종하게 된다.

이때 독자들은 지식인들도 자신의 의견이나 주장을 세일즈하는 사람으로 이해할 필요가 있다. 자신의 지식을 이용해서 사회에 영향력을 발휘하기를 원하는 사람들이 의외로 많다. 그런데 문제는 그런 지식이 현실이나 진실과 동떨어진 경우 그런 잘못된 선택으로부터 개인이나 조직 그리고 국가가 지불해야 하는 비용은 지식인이 아닌 각각의 경제주체들에게 떠넘겨진다는 것이다.

어느 사회든 변화에 대항해야 한다고 주장하는 지식인들이 있기 마련이다. 이들이 가진 특성은 '세상은 이러저러해야 한다'는 당위론을 내세우는 것이다. 실상 세상은 당위론과 달리 어떤 힘들의 조합에 따라서 일정한 방향으로 나아가고 있음에도 불구하고 말이다. 실제로 지식인들은 현업에서 스스로 흥하고 망하는 그런 리스크를 온몸으로 안고 자신의 생계를 해결해가는 사람들이 아니다. 한마디로 거친 황야에 서서 스스로 생계를 유지해본 경험들이 없는 사람들이다. "당신 벌어봤어?"라는 질문에 대해 "봉급은 받아봤어." 정도의 답은 내놓을 수 있겠지만 "내가 리스크 감당하면서 벌어보지는 않았다"라는 것이 정답일 것이다. 그렇기 때문에 자칫 잘못하면 현실과 유리된 그런 주장이나 의견을 내놓을 수 있다. 실제로 현실이 어떻게 돌아가는지에 대해서는 시장에서 조그만 장사를 하는 사람들보다 지식인들의 현실감각이 떨어질 가능성도 있다. 20세기 지식인 가운데 가장 큰 영향력을 발휘했던 카를 마르크스 역시 스스로 의도적으로 악행을 저지른 사람이 아니라고 생각한다. 현실을 떠나서 자신의 논리체계 위에서 이론을 구성하다보면 터무니없는 주의나 주장을 낳게 되고 이런 주의주장이 수많은 사람들을 가난과 폭정으로 이끌게 된다.

오늘날 한국 사회에서 유행하는 신자유주의나 신자유주의 정책에 대한 비난이나 비판 그리고 세계화에 대한 비난이나 비판 같은 주의주장들은 늘 변화를 기꺼이 받아들이기 힘든 보통 사람들의 본성에 호소력이 크다. 그리고 그런 주의주장들을 마치 금과옥조처럼 받아들이는 이념화된 일부 단체들의 움직임을 우리는 여전히 목격하게 된다. 아마도 그런 주의주장을 외치는 사람들은 이미 사고가 거의 경화되어 있을 뿐만 아니라 반대 그 자체가 자기 자신에게 주는 이익이 너무 크고 자신이 그런 주의주장을 바꾸기에는 이미 너무 많이 와버렸기 때문에 자신의 주의주장이 잘못되었다 하더라도 이를 번복할 수 없게 된 상태라 할 수 있다.

이런 점에서 일반 독자들에게 변화의 부당성과 변화를 거스를 수 있는 가능성을 주장하는 지식인들의 주의주장에 대해서는 세심한 주의가 필요하다. 이때 유려한 필력과 화려한 학력은 자칫 주의주장이 가진 문제를 직시하는 것을 방해할 수도 있다. 『나쁜 사마리아인들』이란 책이 국내에 소개되었을 때 필자는 이런 류의 책들이 보통 사람들의 현재 진행중인 변화에 대단히 부정적인 영향을 미치게 될 것으로 내다보았다. 때문에 당연히 이런 류의 책이 나오면 주류 경제학을 공부하는 그 수많은 학자들 가운데 논리적인 허점을 하나하나 지적하는 논문이나 책이 나왔어야 했다. 왜냐하면 이런 책들이 한 시대의 지적 분위기를 형성하는 데 큰 역할을 하기 때문이다. 그런데 놀랍게도 대학이나 연구소에 몸담고 있는 그 많은 경제학자들 가운데 합리적인 비판서를 내놓은 사람은 거의 없었다. 재야경제학자 중 한 사람인 21세기경제학연구소장 최용식 씨가 『거짓말 경제학』에서 한 장을 전부 할애해 저자인 장하준 교수 주장의 논리적인 허점을 낱낱이 해부하고 있다. 여러분 가운데 관심이 있는 분들이라면 꼭 최용식 소장의 글을 정독해보기 바란다.

장하준 교수는 신자유주의의 대표적인 반대론자 가운데 한 사람으로, 신자유주의를 철저하게 거부한다. 시장개방, 규제완화 그리고 민영화 모두를 반대한다. 그리고 더욱 강력한 국가개입을 통해서 얼마든지 잘살 수 있다고 주장한다. 그가 최근 내놓는 신자유주의 정책에 대한 전면적 반대 논리는 보통 사람들이 듣고 싶고 보고 싶은 현실을 제시하는 것이다. 그러니까 그는 현재 진행 중인 변화를 싫어하는 대다수 사람들의 원시본능에 호소하는 그런 책으로 인기를 끌고 있는 것이다.


지금까지 계속 강조해왔듯이 시장은 현재 상태를 강화하려는 경향이 농후하다. 자유시장은 각국이 이미 잘하고 있는 것에 충실할 것을 지시한다. 이는 단도직입적으로 말해 가난한 나라들에게 현재 하고 있는 생산성이 낮은 활동을 계속하라는 이야기다. 그러나 그런 생산성 낮은 활동을 하고 있는 것이 바로 이 나라들이 가난한 원인이다. 만일 가난에서 벗어나기를 원한다면 이 나라들은 시장에 대항하여 더 높은 소득을 올릴 수 있는 보다 어려운 일을 해야 한다. 가난에서 벗어나려면 그 외에 다른 방법(시장에 대항하라!-편집자 주)이 없다. … (중략) … 안타깝게도 이런 시간 개념(특정 산업을 선택해서 그 산업이 경쟁력을 가질 때까지 시장 개방을 보호하는 일-편집자 주)은 나쁜 사마리아인들이 권장하는 신자유주의 정책과는 양립할 수 없는 것이다. 자유무역을 하게 되면 가난한 나라들은 당장 자신보다 한 수 위인 외국 생산업체들과 경쟁해야 한다. 결국 가난한 나라의 회사들은 새로운 능력을 제대로 익혀보기도 전에 무너질 수밖에 없는 것이다. 개방적인 외국인 투자 정책은 장기적으로 볼 때 보다 우월한 외국 회사들이 개발도상국에 진입할 수 있도록 허용한다는 점에서 해당 국가의 회사들이 축적할 수 있는 능력의 범위를 제한한다. 자본시장 개방은 자본을 경기에 따라 쏠려다니게 만들어 장기적인 프로젝트를 흔들어놓고, 고금리 정책은 '미래의 가격'을 올려 장기적인 투자를 불가능하게 만든다. 요컨대 신자유주의는 경제발전을 어렵게 만들고, 생산성이 높은 새로운 능력의 획득을 까다롭게 하는 것이다.[39]

결국 그의 주장은 신자유주의정책이 가져오는 폐해는 가난한 나라는 영원히 가난을, 부자 나라는 영원히 부자라는 위치를 견고히 하기 때문에 스스로 문을 걸어잠그고 외자를 규제하면서 국가가 특정 산업을 육성해 집중적으로 키우는 일정한 시간이 필요하다는 말이다. 그리고 이를 위해서 이른바 선진국들 즉 나쁜 사마리아인들이 자신들이 보호주의를 통해서 성장해왔듯이 개발도상국들에 대해서 특별한 대우를 허용해야 한다고 말한다. 이제야말로 선진국들이 개명된 이기주의를 발휘해야 할 때라는, 듣기만 해도 감정적으로 훈훈해지는 그런 주장을 펼치고 있다. 하지만 이런 주장에 대해서 최용식 소장은 그의 주장이 가진 허점을 신랄할 정도로 지적하면서 이렇게 결론내리고 있다.

세계에서 개방을 하지 않고 경제번영을 누리는 나라가 과연 하나라도 있을까? 단 하나도 없다. 오히려 폐쇄경제에서 개방경제로 나아간 나라들이 지금 경제번영을 누리고 있다. … (중략) … 베트남도 예외는 아니며, 러시아나 과거 소련으로부터 새로 독립한 나라들도 마찬가지다. 개방의 속도가 비교적 빠른 나라들은 빠르게 회복된 것은 물론이고 경제도약의 발판을 다진 반면에 ,여전히 문을 닫아 건 쿠바, 미얀마, 북한 등은 심각한 경제난에 시달리고 있다. 그런데 장 교수는 초국적 기업의 폐해를 앞세워 외국자본 혹은 외국기업의 유치를 결사적으로 반대한다. 이게 과연 국가경제의 장래를 위해서 바람직한 일일까? … (중략) … 장 교수는 신자유주의를 철저하게 거부한다. 규제완화도 거부하고 민영화도 거부하며 개방화도 거부한다. 규제완화와 민영화와 개방화를 추진한 나라들이 그렇게 하지 않은 나라들에 비해서 상대적으로 번영하고 있음에도 불구하고, 그는 무조건 반대만 한다. 그럼 신자유주의의 대안은 도대체 무엇이란 말인가?

장 교수는 '서장'에서 신자유주의의 대안을 내세웠지 않은가! 그렇다면 규제를 강화하고 대외폐쇄를 하고 공영화 혹은 국영화를 강화하자는 말인가? 설마 이것은 아닐 것이다. … (중략) … 그럼 도대체 장 교수가 내세우는 대안은 과연 무엇이란 말인가? 아무것도 없는 게 아닌가!

정치적으로나 사회적으로, 장 교수의 발언들이 규제강화와 대외폐쇄와 국영화로 받아들여질 소지가 크다는 데 문제의 심각성이 있다. 이명박 정권의 신자유주의 정책이 실패하면 그 가능성은 점점 더 커질 것이다. 만약 이런 일이 실제로 벌어진다면 한국경제의 미래는 과연 어떤 모습일까? 상상만으로도 끔찍한 후퇴만이 기다리고 있는 것이 아닌가![40]

경제상식에 반하는 장하준 교수의 주장을 보면서 『나쁜 사마리아인들』을 읽은 필자의 소감을 『월간조선』에 소개한 적이 있다. 장 교수가 "가난한 나라들이 자국의 능력을 향상시킬 수 있도록 허용하면 경기자들 간의 수준 격차가 좁아지게 되고, 그 결과 경기장을 기울어지게 만드는 것이 더 이상 불필요해지는 것을 보다 쉽게 앞당겨질 수 있다"는 주장을 펼치는 것은 지나치게 낭만적이고 허황된 견해임을 이렇게 지적했다.

그것은 현실이 아니다. 그것은 머리에서나 구축될 수 있는 낭만의 세계다. 현실의 경제주체들은 그가 개인이건 기업이건 나라건 간에 격차를 확대하기 위한 치열한 투쟁의 장에 서 있다. 격차 확대를 향한 욕망과 행동이 표출되는 곳이 시장이고 이를 통해서 문명은 끊임없이 나아짐을 향해 나아가게 된다. 현실은 현실이고 주장은 주장일 뿐이다. 물론 나는 따뜻한 마음을 가진 한 지식인이 선진국의 도덕적 의무를 주장하는 데 대해서 박수를 보내고 싶다. 하지만 그의 주장들이 사람들로 하여금 자유무역에 반감을 일으키게 하고, 은연중에 경제적 민족의식을 고양시키고, 작은 정부나 민영화는 잘못된 이데올로그들의 주장이라고 믿도록 만드는 것은 지식인의 제대로 된 책무가 아니라고 본다. 끝으로 장 교수의 주장에는 개인이나 기업이 존재하지 않는다. 그곳에는 선진국과 후진국이란 도식이 대결구도로 등장한다. 분석의 틀로는 도움이 될 수 있을지 모르지만 실상 경제활동은 개인이나 기업이 한다. 선진국의 개인이나 기업이 후진국의 어떤 나라나 누구를 위해 어떤 양보를 해야 한다고 보는가. 참으로 어려운 문제다.

## 전망 비관론과 낙관론, 어느 편에 설 것인가

앞으로 이 같은 주의주장이 잦아들 전망은 있는 것인가. 그럴 가능성은 별로 없다. 특히 미국발 금융위기는 신자유주의 정책에 대한 반감과 불신을 일으키고 이런 믿음에 대해서 동의하지 않는 지식인들의 본격적인 움직임으로 연결될 가능성이 있다. 특히 이번에 노벨경제학상을 받은 폴 크루거먼 교수 역시 대중서를 통해서 신자유주의정책 가운데 많은 부분을 거부하는 학자 가운데 한 사람이다. 노벨상 수상자로 선정될 정도로 우수한 학자이기 때문에 그가 미치는 지적 영향력은 앞으로도 무시할 수 없을 것으로 보인다. 그는 최근작에서 이렇게 외친다.

국가 정책의 목적은 뉴딜정책(거대정부와 높은 세금에 의한 복지정책–편집자 주)을 완성하는 것이다. 최근에 그 중요성이 부각된, 회피 가능한 위험을 보장하도록 사회보험을 확대해야 한다. 진보주의 운동가가 된다는 것은 당파성을 띤다는 것이다. 적어도 지금은 말이다. 진보주의 운동의 안건이 입법화되는 유일한 방법은 민주당에서 대통령이 나오고 동시에 민주당이 의회에서 공화당의 반대를 극복할 수 있도록 다수당이 되는 것이다. 이러한 정치적 우위를 점하려면 진보주의 운동의 안건에 반대하는 이들이 고의로 의사진행을 방해한 점에 대해 정치적인 대가를 치르게 할 수 있는 리더십 곧 과거 프랭클린 루스벨트처럼 더 나은 사회를 만들려는 우리의 노력을 방해하는 어떤 이익집단의 증오도 개의치 않았던 리더십이 요구될 것이다.[41]

세계화의 거센 물결은 승자와 패자 사이의 간격을 확대시키고 새로운 환경에서 낙오되어 어려움을 경험하는 사람들을 계속해서 만들어낼 것이다. 특히 성장을 위한 매력적인 환경 조성에 실패한 국가들의 경우 세계화의 어두운 일면들이 속속 드러나게 될 것이고 이런 과정에서 빈부격차 문제를 지나치게 과장하고 이를 해결하기 위해서 정치적인 해법이 동원되어야 한다고 주장하는 사람들의 목소리는 더 높아지게 될 것이다.

경제논리보다는 정치논리가 유행하는 국가들의 경우 해결책을 찾기보다는 문제를 더 악화시키는 상황이 일어날 것으로 보인다. 이런 상황이 전개되면 신자유주의정책이나 세계화를 역행하는 것이야말로 문제해결의 지름길이라고 열성적으로 주장하는 지식인들과 이들과 연대한 사회운동이 틀림없이 등장하게 된다. 이들은 모든 경제 문제와 사회악의 원인을 신자유주의 정책에서 찾을 뿐만 아니라 더욱 위험한 일은 미래 세계를 암울함과 암담함으로 가득 찬 세계로 묘사하면서 사람들을 잘못된 길로 나아가도록 적극적으로 유도할 수 있다는 점이다.

이럴 때 한 사회의 구성원들은 역사로부터 지혜를 얻어야 한다. 그리고 가방 끈이 상대적으로 긴 사람의 주의주장이라고 해서 액면 그대로 받아들여선 안 된다. 특히 근사한 학위나 좋은 대학에 재직하고 있다는 것만으로 그의 주의주장을 그대로 받아들여선 안 된다. 학문적 업적과 화려한 수사에 대한 지나친 맹신은 위험하다.

인류역사는 그야말로 형편없는 지식인들의 주의주장들이 얼마나 파괴적인 결과를 가져왔는가를 잘 보여준다. 일부 지식인들의 허황됨을 자세히 알기 원하는 사람이라면 폴 존슨의 『지식인의 두 얼굴』이란 책을 참조하기 바란다. 앞으로 지식인들의 주의주장을 읽거나 듣고 난 다음 그들의 주장이 과연 진실에 가까운가를 고민하는 사람들이라면 폴 존슨의 다음과 같은 경고에 귀를 기울이기 바란다.

길거리에서 무작위로 골라낸 10여 명의 사람도 도덕적 문제와 정치적 문제에 대해 인텔리겐치아대표자만큼이나 사리에 맞는 관점을 내놓을 수 있을 것이다. 그러나 나는 더 멀리 나아가고 싶다. 인류의 운명을 발전시키겠다는 계획 아래 무고한 수백만 명의 목숨을 희생시키는 것을 목격한 우리의 비극적인 20세기가 남긴 중요한 교훈은 지식인들을 조심하라는 것이다. 우리는 그들을 권력의 조종간에서 멀찌감치 떼어놓는 데서 그치지 말고, 그들이 집단적인 조언을 내놓으려 들 때는 그들을 특별한 의혹의 대상으로 삼아야만 한다. 지식인들의 위원회를, 회의를, 연맹을 경계하라. 그들의 이름이 빽빽하게 박힌 성명서를 의심하라. … (중략) … 집단을 이룬 지식인들은 여론과 압도적인 정설을 만들어낼 수 있는데, 그런 여론과 정설 스스로가 비합리적이고 파괴적인 행동 경로를 창출해내는 경우가 잦기 때문이다. 그 무엇보다도 우리는 지식인들이 습관적으로 망각하는 것, 즉 인간이 관념보다 중요하고 인간이 관념의 앞자리에 놓여야만 한다는 사실을 항상 명심하고 있어야만 한다. 모든 폭정 중에서 최악의 폭정은 사상이 지배하는 무정한 전제정치다.[42]


폴 존슨이 들고 있는 형편없는 지식인들은 누구나 아무런 의심 없이 최고 지성으로 선택할 수 있는 인물들이다. 장 자크 루소, 카를 마르크스, 헨릭 입센, 버트런드 러셀, 장 폴 사르트르, 조지 오웰, 노암 촘스키 등 쟁쟁한 당대의 기라성 같은 지식인들이 포함된 것이다. 이처럼 그들조차 턱없는 오류를 범할 수 있다면 보통 지식인들에 대해서 무비판적인 갈채나 찬사를 보내는 데는 유의해야 한다.

우리가 주의해서 분류해야 할 또 한 부류의 지식인들은 향후의 한국경제뿐만 아니라 세계경제의 앞날을 암울하게 묘사하고 이로 인하여 젊은이들의 삶의 질이 점점 더 악화될 수밖에 없다는 논지를 펼치는 지식인들이다. 이런 지식인 가운데 대표적인 인물로 성공회대에 적을 두고 있는 우석훈 교수를 들 수 있다. 그가 박권일 씨와 함께 쓴 『88만원 세대』라는 책은 그 제목만큼이나 많은 젊은이들로부터 심정적인 동조를 얻었던 책이다. 이 책의 논리가 가진 문제점 역시 최용식 소장이 낱낱이 분석해서 제시하고 있다. 자세한 내용은 그의 책 『거짓말 경제학』을 참고하더라도 우 교수 논리의 맹점에 잠시 주목해보자.

지금 20대를 기다리고 있는 진짜 불행은 그들이 30대가 되었을 때 나타나게 될 것이다. 지난 5년 동안 개혁이라는 이름으로 만들어놓은 경제시스템은 전 세계 어디서도 보기 어려운 '강자만이 살아남는다'는 시스템이다. 이 시스템은 때로 신자유주의라고 불리기도 하고, 혹은 '한국형 승자독식'이라고 불리기도 한다. '한미FTA 체제'라고 불리기도 한다. 이름이야 어떻게 불리든, 지금부터 펼쳐질 시스템은 특별한 외부 간섭이나 내부에서의 변화가 없다면 완벽한 승자독식의 세계이다.[43]

누구든 자신의 믿음에 따라 한국경제와 세계경제의 비관론에 손을 들어줄 수 있다. 그러나 그런 주장이 객관적인 자료나 분석 결과에 의지하지 않고 자신의 이념에 바탕을 두고 견강부회 식으로 끌어낸 결론이라면 이는 반드시 엄격한 검증을 받아야 한다. 게다가 아무런 검증을 받지 않은 비관론이 젊은이들을 비롯해서 다수의 대중들에게 뚜렷한 의도를 갖고 전달된다면 이는 더더욱 검증을 받아야 한다. 막연한 비관론에 대해서 최 소장은 이런 논리로 반박하고 있다.

우 교수가 진실과는 거리가 먼 사실을 내세우는 이유는 뻔하다. 한마디로, 신자유주의를 '만악萬惡'의 근원으로 규정하기 위해 위와 같은 취약한 논리를 펼친 것이다. … (중략) … 과연 신자유주의가 승자독식을 부르는 것일까? 오히려 신자유주의 배척이 '강자승리'와 '승자독식'을 부르는 것은 아닐까? 신자유주의 배척이 낳은 경기부진의 희생양이 누구겠는가. 일자리를 잃어도 못사는 사람부터 먼저 잃고, 사업이 망해도 영세업체부터 망하지 않던가 말이다. … (중략) … 비관은 사태를 악화시킬 뿐이다. 비관은 절망을 낳고, 절망은 자포자기를 낳으며, 자포자기의 결과는 비극뿐이다. 반면에, 낙관과 희망은 긍정적인 생각을 갖게 하며, 긍정은 능동적이고 적극적인 사고를 불러일으킨다. 그래서 어떤 어려움이라도 이겨내게 하고 도전의지를 불태우게 한다. 끊임없이 도전하는 자에게는 반드시 기회가 주어진다. 이게 인생사가 아니던가. 경제도 희망과 낙관만이 살려낸다.[44]

시간의 흐름은 우 교수의 비관론이 맞아떨어질지 아니면 최 소장의 낙관론이 올바른지를 가르쳐줄 것이다. 필자는 비관론이 맞아떨어질 가능성은 거의 없다고 본다. 세계경제는 단기적인 불황을 슬기롭게 극복할 것이다. 물론 이런 조정 과정에서 많은 고통을 겪는 경제주체들이 있을 것임에 틀림이 없다. 그러나 시야를 최소 2~3년 이상으로 확대한다면 세계경제는 역동성을 회복할 것이다. 이런 점에서 한국경제 역시 예외가 아닐 것이다. 이 책에서 많은 트렌드 전망을 통해서 필자는 일관되게 낙관론의 지배라는 부분에 초점을 맞추어왔다.

앞으로의 세계에 불안감을 갖고 있다면 시카고대학의 노벨경제학상 수상자인 게리 베커 교수가 방한해서 가진 인터뷰 내용 중 세 가지 점에 주목해야 한다. 그가 자신의 학문적 업적에다 노년의 지혜를 더해 전달하는 간단명료한 메시지야말로 세계화의 앞날에 대해 지나친 비관론을 확산하는 지식인과 대중이 경청할 필요가 있다.

"세계화에 대한 불만이 고개를 들고 있습니다"라는 질문에 대해 게리 베커는 "경제는 늘 불안합니다. 어떻게 안정을 담보할 수 있을까요? 결론은 글로벌 마켓으로 가는 수밖에 없습니다. 세계화에 대한 두려움을 없애야 합니다"라고 말하며, "글로벌화의 스피드에 불만을 가진 사람들이 많은데요"라는 질문에 대해서는 "글로벌화는 거대한 찬스를 준다는 걸 여러 나라들이 잘 모르고 있어요. 세계에는 더 큰 시장이 있습니다. 중국은 13억 인구의 큰 시장이고, 미국도 3억 인구의 시장이죠. 한국 인구가 5천만 명인데 그 정도의 규모로는 홀로 살아가기 힘듭니다. 글로벌 체제로 성공적으로 이전해야 합니다"라고, "국민들이 글로벌 마인드를 갖도록 하기 위해서 교육이 필요하다고 생각합니까"라는 질문에 대해서는 "세계화는 부자나 선진국을 위한 것이 아니라, 가난한 사람과 한국경제에 도움이 된다는 것을 알아야 합니다. 인도에 신분제도가 엄격했지만 글로벌 경제가 급속히 발전하면서 인도의 정치, 사회 제도도 달라지고 있습니다", 이렇게 말했다.[45]

##  더 멀리, 더 넓게 보는 자가 이긴다

미지의 것은 항상 불안감과 함께한다. 개방을 확대해나가는 것 그리고 민영화나 규제완화를 통해 제대로 사용되지 못하는 자원을 방출해서 더 나은 용도를 찾도록 하는 일은 모두 가진 자나 선진국을 위한 정책들이 결코 아니다. 설령 기여분이란 면에서 더 많은 몫을 승자그룹이 가질지라도 그것은 결국 구성원 전체가 이익을 보는 일이다.

그렇다면 신자유주의정책에 대한 반감이나 반세계화 분위기 확산에 대해 필요한 조치는 개방의 성과에 대해 좀 더 적극적으로 의견을 소통하는 일이다. 이는 정부가 주도할 수도 있지만 정부의 유관 기관들이 조직적으로 나서야 하는 일이다. 단순히 주장이나 이론에 의존할 것이 아니라 실제로 개방의 성과 등을 수치로 드러내는 경우에 일반 대중을 설득할 수 있는 가능성은 훨씬 높아지게 된다.

한미FTA나 쇠고기 파동, 주요 기업들의 노동문제 그리고 교원 단체를 중심으로 이루어지는 교육개혁 저항 등과 같은 문제를 우리 사회가 해결해나갈 때 체계적이고 조직적이면서도 지속적인 홍보나 계몽 활동이 부족한 것이 사실이다. 그냥 문제가 생겼을 때 마치 소나기처럼 잠시 반짝 하다가 그 다음에는 원상으로 돌아가는 일들이 반복되고 말았다.

사회 구성원들을 적극적으로 설득하는 데는 방송의 힘도 매우 중요하다. 시청각 자료를 이용해서 타인을 설득하는 일은 문자나 자료에 비해서 월등한 힘을 갖게 된다. 우리는 방송이 여론을 왜곡된 방향으로 끌어갈 수 있음을 이미 쇠고기 협상과정과 이후 촛불시위를 통해서 충분히 체험한 바 있다. 이런 일들은 한 번 정도 겪는 것으로 충분하다. 과거의 실책으로부터 충분히 배울 수 있어야 한다. 우리 사회에는 수많은 국책기관들이 존재하고 국가정책에 대한 이해를 도울 수 있는 언론미디어들이 존재한다. 이런 점에서 적극적으로 정보를 유통시키고 우호적인 의견을 가진 사람들이 우군이 될 수 있도록 만드는 데는 조직적인 접근이 필요하다.

신자유주의정책과 세계화의 성과를 우리 사회가 더 많이 누리기 위해서는 계속해서 성장할 수 있어야 한다. 이런 점에서 그 어떤 나라보다도 성장에 우호적인 환경이 조성될 수 있도록 제도개혁에 박차를 가해야 한다. 그것도 그냥 '개혁을 하는 척' 정도의 개혁이 아니라 실질적인 개혁으로 더 많은 경제활동이 이 땅에서 이루어질 수 있도록 해야 한다. 불필요한 비용을 낮추고 불필요한 걸림돌을 제거하는 활동은 정치적 리더십의 정립과 올바른 방향 설정으로 가능한 일이다.

장기적으로는 시대정신을 바꾸어나가는 일이 필요하다. 사회운동이란 차원에서 건강한 세계관으로 무장한 시민사회단체 활동에 기대를 걸 수 있다. 하지만 더 큰 힘은 정권의 색채에 관계없이 시대정신의 변화를 위해 노력하는 제대로 된 씽크탱크나 시민사회단체의 등장에서 나올 수 있다. 정권이 바뀌게 되면 마치 전리품을 챙기는 듯 씽크탱크나 시민사회단체의 핵심 구성원들이 정치계에 입문해버리고 만다. 물론 그런 사람들이 다 비난받아야 하는 것은 아니다. 자신의 믿음을 현실정치에서 구현하기 위해 직접 정치에 뛰어드는 사람들도 있어야 한다. 하지만 정치라는 것이 어차피 타협을 기초로 할 수밖에 없다면 타협과 무관하게 지속적으로 시대정신의 변화에 기여하는 논객들이 활동할 수 있는 무대는 반드시 마련되어 있어야 한다. 건강한 시대정신을 만들고 이를 적극적으로 확산하는 존재는 한 사회의 빛과 소금의 역할을 하는 사람들이다. 이들을 후원하고 그들을 확고히 뿌리내리게 하는 절호의 기회를 놓치지 않도록 해야 한다.

이 글을 탈고할 즈음에 18년 6개월 동안 미국 연방준비제도이사회 의장을 지냈던 앨런 그린스펀의 회고록 『격동의 시대』를 읽었다. 그가 마치 선언문처럼 주장하는 다음과 같은 주장이야말로 세계화에 대해 이 시대 사람들이 깊이 경청하고 새겨야 할 메시지라고 생각한다. 그는 세계화라는 대세는 역행할 수도 없고 역행시켜서도 안 된다고 주장한다.

자본주의와 마찬가지로, 자본주의를 세계시장으로 확대한 세계화도 사람들로부터 격렬한 비난을 받고 있다. 하지만 그들은 창조적인 파괴에서 파괴밖에 볼 줄 모른다. 모든 믿을 만한 증거를 볼 때, 세계화의 이점은 그 비용을 훨씬 능가하며 경제학의 영역 너머까지 그 혜택이 가고 있음이 드러나고 있다. 예를 들면, 경제학자 베리 아이켄그린과 정치학자 데이비드 르블랑은 2006년 말 발표한 연구논문에서 이렇게 말한다. "1870년부터 2000년까지 130년 기간 동안, 세계화와 민주주의 사이에 나타난 긍정적인 관계가 양 방향 모두에서 진척이 있었다는 증거를 발견했다. 먼저 교역 개방은 민주주의를 촉진한다. … (중략) … 금융 개방이 민주주의에 미치는 영향은 그만큼 강력하지는 않지만 그 역시 같은 방향으로 기여한다. … (중략) … 한편 민주주의는 자본 통제 요소를 제거할 가능성이 높다."

따라서 우리는 창조적 파괴의 어두운 면이 초래하는 두려움을 명확히 밝혀 완화시키는 데 노력을 경주해야지, 전 세계적인 번영이 의존하고 있는 전체 경제 체제를 무너뜨리려고 해서는 안 된다. 혁신은 테크놀로지나 소비자 제품, 세계화가 확장되어 종국에 그 속도가 떨어지기 시작하면, 우리의 금융 시스템은 유연성을 유지할 필요가 있을 것이다. 어떤 식으로 위장을 하고 나타나든(국내든 국외든, 정치든 경제든, 교역이든 금융이든) 보호주의는 경제침체와 정치적 권위주의를 재촉할 뿐이다. 보호주의에 기대지 않아도 우리는 해낼 수 있다. 아니, 그래야 한다.[46]

아마도 이 즈음에서 독자들은 '미국발 금융위기로 신자유주의정책은 심각한 손상을 입은 것이 아닌가? 이제 폐기되어야 하지 않는가?' 라고 말할 수도 있다. 필자는 이번 사태의 원인으로 통화공급과 신용창조 급증에 주목하고 싶다. 전자는 주택시장에 거품을 조장하였고 후자는 신자유주의정책의 일환으로 이루어진 탈규제의 결과물이다. 전자는 반자유주의정책의 대표격에 해당한다. 신자유주의정책을 주장하는 사람들은 일찍부터 경제 문제를 낳는 중요한 문제점을 자의적인 통화공급에서 찾았다. 그래서 정치가들이 인위적으로 통화량을 조작하지 않아야 한다고 주장해왔다. 이번 사태는 신자유주의정책 때문에 발생한 것이 아니라 반자유주의정책 때문에 발생하였다. 근본원인 가운데 하나는 통화팽창에 있다.

후자는 탈규제의 결과물이지만 자유주의의 근본 원칙 즉 '자기 책임의 원칙' 이 실종되었기 때문이다. 대출을 행한 자는 그 대출에 대해서 책임을 져야 한다. 하지만 이번 사태가 밝혀지면서 알게 된 것처럼 주택대출을 토대로 만들어진 파생상품이 원래의 목적인 위험 분산이 아니라 투기 목적으로 이용되었다. 표면적으로 보면 이번 조치는 탈규제에서 비롯되었지만 탈규제 역시 반드시 자유주의원리에 준해서 이루어졌어야 했다. 설령 문제가 발생했다고 해서 신자유주의정책 전부를 뒤집을 수는 없는 일이다. 시장에서 이루어지는 조치들은 실험의 성격이 강하다. 부작용을 완벽하게 예상하고 그것을 막을 수는 없다. 미국 정부의 7천억 달러 규제 금융은 14조 달러나 되는 미국의 국내총생산의 5%에 해당한다. 반면에 외환위기를 경험한 한국 정부가 투입한 167조 원은 국내총생산의 35%나 된다. 우리는 이것을 시장의 실패를 보완하는 과정으로 이해하면 된다. 투자은행 모델이 폐기되고 새로운 비즈니스 모델의 등장으로 이해하면 된다. 1980년대

남미 외채위기가 발생했을 때는 상업은행들의 방만한 대출 때문에 문제가 발생하였다. 1997년 한국의 외환위기가 발생했을 때 역시 상업은행의 방만한 대출 때문에 문제가 발생하였다. 두 경우에 대해서 우리는 자본주의체제를 문제 삼거나 대출과 부채를 교환하는 상업은행이라는 비즈니스 모델 자체를 부정하지는 않았다. 그 운용상의 문제점을 해결함으로써 더 나은 비즈니스 모델로 진화시켜나가고 자본주의체제의 버전을 높여나갔다. 이번 경우도 마찬가지다. 지나치게 이데올로기 성격의 주의주장들이 난무해선 안 된다.

신자유주의정책이나 세계화는 우리의 적응 대상이자 활용 대상이지 맞서싸워야 할 투쟁 대상이 될 수는 없는 일이다. 이런 점에서 일부 지식인들은 더 멀리, 더 넓게 볼 수 있어야 하고 이미지가 아닌 사실에 바탕을 둔 정론을 펼치도록 해야 한다. 그리고 정론을 가진 더 많은 지식인들이 대중과의 소통에 적극적으로 나서야 한다.

# 13장 욕망의 진화,
## 꿈은 더 높은 곳을 향하여

변화는 늘 혼돈, 불확실성과 함께한다. 따라서 쉼 없이 진행되는 세계화의 거센 물결 또한 모든 경제주체들에게 불확실성과 불안정성을 안겨다준다. 승자와 패자가 확연히 나뉘고, 기회의 물결에 편승하지 못한 사람들의 불만과 한탄이 커지며, 급기야 이는 동질적인 집단의 규합과 정치 세력화를 낳게 될 것이다. 하지만 대세를 거스를 수는 없을 것으로 본다. 대다수 사람들은 저마다의 자리에서 '더 많이, 더 빨리, 더 효율적으로'를 간절히 원하기 때문이다. 그 이면에는 잘살고 싶다는 욕망이 강하게 자리잡고 있다. 한마디로 보통 사람들을 중심으로 진행되는 욕망의 진화에 주목하면 미래를 내다볼 수 있다.

## 현상 결코 충족될 수 없는 기대와 욕망

물질적인 면에서 우리의 살림살이는 놀라울 정도로 풍요로워졌다. 물론 사람마다 정도 차이가 있을지 모르지만 보편적인 한국인들의 삶 역시 크게 개선되었다. 전 세계적으로 역사의 수레바퀴를 완전히 거꾸로 돌려온 쿠바나 북한 그리고 미얀마 등과 같은 소수 나라들을 제외하면 물질적인 면에서 대다수 나라의 보통 사람들이 처한 생활수준이 크게 개선된 점은 분명하다. 절대빈곤 인구도 크게 줄어들었음은 물론이다.

그럼에도 불구하고 사람들이 느끼는 행복감의 정도가 크게 나아졌는지, 이에 대해서는 단호하게 '그렇다'라는 답을 내놓을 수 없다. 아마도 물질적인 수준에서 크게 나아진 대부분의 나라들이 갖는 고민거리 가운데 하나는 그에 비례해서 개개인이 느끼는 행복감의 정도가 크게 나아지지 않았다는 점일 것이다. 어떤 문제가 일어났을 때 사람들은 '사실'에 관해서만 생각하면 된다. 그러나 보통 사람들은 '사실'과 '이미지'를 혼동하게 된다. 때문에 객관적인 지표와 주관적인 판단 사이에는 늘 격차가 존재하게 된다.

영국 레스터대학의 심리학자들이 주도해서 발표한 세계 각국의 행복지수(The Happy Planet Index) 순위를 참조해보면, 조사대상 179개국 가운데 한국인은 103등으로 1인당 국민소득 순위(34위)와 삶의 질 순위(29위)에 비해서 턱없이 떨어진다. 물론 여기에서 행복지수는 주관적인 행복도를 나타낸다. 다시 말하면 소득수준이나 삶의 질과 같은 객관적인 수치에 비해서 개개인이 느끼는 주관적인 수치가 크게 차이가 남을 확인할 수 있다. 미국의 경우도 행복지수는 23위에 머물고 있다. 왜 이런 차이가 발생하게 된 것일까? 주관적인 행복감과 객관적인 풍요도 사이의 격차에 대해서 그레그 이스터브룩이 집필한 『진보의 역설 : 우리는 왜 더 잘살게 되었는데도 행복하지 않은가』라는 책에는 흥미로운 설명이 소개되어 있다.

30년 전만 하더라도 보통의 미국인들은 집 한 채에 자동차 한 대를 굴릴 정도 그리고 여기에 연 1회 정도의 휴가를 갈 정도의 형편이 되면 스스로 성공한 삶이라고 여겼다. 그러나 다행인지 불행인지 알 수 없지만 사람들이 가진 행복한 삶의 골대 자체가 저만큼 크게 이동해버리는 상황이 일어났다. 아마도 이와 같은 일은 한국뿐만 아니라 물질적인 수준이 크게 향상된 대부분의 국가들이 이미 경험하고 있거나 앞으로 경험할 수밖에 없는 일이라 하겠다.

이제 대다수 미국인들은 과거 수준의 물질적인 성취에 더 이상 만족하지 않는다. 이제는 커다란 집, 두 대의 자동차, 잦은 외식, 비행기를 이용한 멋진 휴양지에서의 근사한 휴가를 원한다. 여기에다 각종 명품들 예를 들어 멋진 손목시계, 보석, 비싼 스포츠유틸리티 자동차, 호화판 파티, 그 밖의 고급 사치재들을 자신도 얼마든지 가질 수 있고 가져야 하는 생활필수품처럼 여기게 되었다.

이에 대해 그레그 이스터브룩은 주관적인 행복감이 크게 나아지기 힘든 이유를 두고 "이제 사람들에게 부분적으로 필요한 물건과 원하는 물건 사이의 경계가 모호해졌기 때문이다"라고 진단한다. 풍요로운 사회는 계속해서 갖고 싶어하는 물건이 쏟아져나오기 때문에 웬만큼 고소득을 올리더라도 원하는 모든 것을 살 수 없으므로, 각 개인의 삶은 행복보다는 불행에 더 큰 비중을 두는 삶이 될 수밖에 없다.


필요한 것과 원하는 것의 구분이 모호해지는 현실은 중요하다. 필요한 것은 충족될 수 있기 때문이다. 어떤 사람이 음식, 의복, 거주지, 의료 서비스, 교육과 교통 수단이 필요하다고 가정해보자. 일단 필요한 것을 얻고 나면 필요는 충족된다. 이와는 반대로 원하는 것은 절대로 충족될 수 없다. 많이 원하면 원할수록 더욱 불만족스러워진다. 더 많이 얻을수록 소유물에 지배당하는 기분은 더 강해진다. 이러한 풍요의 딜레마를 데이비드 마이어스는 '승자는 전리품의 것(The victor belongs to the spoils)' 이라는 유명한 표현으로 비꼬았다.[47]


현재처럼 끊임없이 상품과 서비스가 공급되고 이를 사는 사람들이 늘어나면서 경제가 운영되는 체제를 선택하고 있는 한 필요한 것과 원하는 것

사이의 간격은 점점 더 커질 수밖에 없다. 때문에 원하면서도 갖지 못하는 사람들이 느끼는 소외감 이를테면 상대적 박탈감은 점점 더 심해질 것이다.

일자리 문제만 해도 그렇다. 일자리가 없는 것이 아니라 기대를 만족할 만한 일자리가 부족하다고 할 수 있다. 기대수준을 낮추면 일자리를 잡을 수 있는 가능성은 크게 높아질 것이다. 하지만 임금수준, 노동조건, 후생조건 등이 자신이 기대하는 것에 따르지 못하기 때문에 자발적으로 실업 상태에 들어가는 사람들이 많다.

결국 현재 우리나라뿐만 아니라 성장하는 국가들이 갖는 문제의 중심에는 날로 높아지는 기대수준이라는 과제가 있다. 기대수준은 결국 욕망의 정도와 밀접하게 연결되어 있다. 국가가 환경 개선을 통해서 소득을 높이고 일자리를 증가시키려는 노력을 꾸준히 기울여야겠지만 기대수준의 차이에서 발생하는 문제를 근원적으로 해결하기 힘들다는 문제에 주목하지 않을 수 없다.

게다가 기대수준의 만족이 힘들다는 사실에 대해서 오래전부터 사회학자들은 '관계불안(reference anxiety)'이라는 용어로 해석해왔다. 다시 말하면 소득이 아무리 증가하더라도 그것이 행복 증가로 이어지지 않는 중요한 이유는 이웃에게 지지 않으려고 허세를 부리는 현상이 누구에게나 있기 때문이라는 것이다. 예를 들어 소득이 증가했을 때 사람들이 "이 정도의 삶이라면 괜찮은 게 아닌가?"라고 자신을 중심으로 질문을 던지고 해답을 구할 수 있다면 별반 문제가 없다. 그러나 사람들은 "다른 사람들 삶의 수준에 비해서 나는 어떤가?"라고 비교대상을 중심으로 사고하고 행동하기 때문에 좀처럼 행복감 자체가 높아질 가능성은 현저히 낮아지게 된다. 그런데 근래 주목할 만한 특징 가운데 하나는 그 비교 대상의 폭이 훨씬 넓어지게 되었다는 점이다. 이제는 과거의 이웃이 아니라 손쉽게 정보를 접할 수 있는 대부분의 사람들이 비교 대상이 되기 때문에 문제 해결이 더욱 어렵다고 할 수 있다. 과거처럼 비교대상이 물리적인 근접성에 따라 결정되었다면 지금 훨씬 행복할 수 있을 것이다.

상대적 박탈감이란 문제는 현재뿐만 아니라 앞으로도 점점 더 관심을 갖는 주제가 될 것임에 틀림없다. 그러나 이 문제는 근원적으로 해결하기 힘든 과제라고 본다. 이따금 공공정책을 이용해서 이런 문제의 해결을 위해 정부가 나서는 경우도 있지만, 이는 문제에 대한 해결책을 제시할 수 없을 뿐만 아니라 재원의 낭비라는 결과를 낳게 된다.


## 전망 욕망은 진화하고 변화는 계속된다


이제 과거에는 상상할 수 없을 정도로 보통 사람들의 기대수준이 높아졌다. 어느 저명한 경제학자가 "인류역사는 사치재가 보통재가 되는 역사다"라고 말한 것은 매우 정확한 지적이다. 이런 움직임이 여기서 멈춰질 가능성은 없다. 점점 더 사람들의 기대수준은 높아질 것이다. 필자는 여기에는 '욕망의 진화' 라는 단어가 적합한 표현이라고 생각한다. 보통 사람들이 갖고 있는 자신의 생활, 인생 그리고 직업에 대한 기대수준이 현실의 적합성과 관계없이 점점 더 높은 수준을 향해 달려가고 있는 중이다. 이런 움직임을 두고 보통 사람들에게 '더 많이', '더 빨리', '더 효율적으로' 라는 꾸민 말을 붙이는 것은 일견 적절한 표현이다. 더 많은 것에 대한 기대가 가진 긍정적인 측면은 성장에 대한 강력한 추진력을 제공할 것이라는 점이다. 이것은 앞으로 한국경제뿐만 아니라 세계경제를 장기적인 관점에서 긍정론과 낙관론으로 볼 수 있는 중요한 포인트 가운데 하나라고 생각한다. '더 많이 갖고 싶다'는 욕망만큼 강한 추진력이 있겠는가? 그것도 가능하면 '더 빨리 이루고 싶다'는 욕망만큼 강한 추진력이 있겠는가? 지금까지 일부 선진국에 국한되었던 사치재화가 구매력을 갖기 시작한 사람들을 일깨우고 있다. 그들도 선진국의 보통 사람들이 갖고 있는 상승 욕구와 비슷한 수준 이상으로 자신의 삶에 대한 기대감을 갖기 시작했다.

선진국에서 시작된 이 같은 움직임이 선진국에 그치지 않고 중진국을 거쳐서 후진국에 이르기까지 전 세계가 욕망의 도가니로 빠져들어가는 것을 예상할 수 있다. 먼 사례를 들지 않아도 중국의 경우를 보면 된다. 남동 내륙에서 시작된 돈에 대한 열풍이 점점 더 내륙으로 확산되어가는 현상을 관심 있게 보면 되는 것이다. 마치 빠른 속도로 전염되는 것처럼 욕망의 전염 속도는 가속화될 것으로 보인다. 돈, 자본 그리고 생산요소 못지않게 중요한 것이 잘살고 싶고 잘되고 싶다는 욕망의 존재라고 할 수 있다. 여기에 또 하나의 큰 충격을 주는 것은 비교 대상이 갑자기 세계적인 수준으로 넓어졌다는 점이다. 이제 세계의 부자들이, 세계의 잘사는 사람들이 무엇을 입고 무엇을 먹고 어떻게 사는지를 세계 사람들은 상당히 자세히 알게 되어버린 세상이 되었다. 누가 얼마나 버는가 역시 과거에는 비교할 수 없을 정도로 범용화된 정보가 되었다. 누가 재산을 얼마나 갖고 있는지도 관심만 가지면 낱낱이 알 수 있는 세상이다.

사람들이 이런 정보에 흥미를 가진다는 것을 파악한 언론미디어에서는 재산 순위, 소득 순위, 브랜드 순위 등과 같은 랭킹들을 일상적인 정보로 유통시킨다. 자신이 몇 등인지를 확인한 사람들이 쉽게 자신의 현재 위치에 만족하기는 쉽지 않다. 그들은 끊임없이 타인과 자신을 비교하고 그런 과정에서 편안함이나 안정감을 갖기 힘들 것이고 동시에 더 많은 것에 대한 기대감을 갖게 될 것이다.

그러나 현실은 주관적인 행복도만이 아니라 객관적인 경제지표 또한 벌여나갈 것이다. 가진 사람과 그렇지 않은 사람들 사이에 재산 분포나 소득 분포의 격차는 날로 커질 것이 틀림없다. 그러니까 승자 그룹에 속한 사람들의 재산이나 소득수준의 증가 속도가 훨씬 가팔라질 것으로 보인다. 이 글을 쓸 즈음 재계 전문 사이트 재벌닷컴이 2005년 말과 2008년 9월 11일 사이에 100대 부자의 재산(예금 및 부동산 제외)을 조사해서 비교한 결과를 보니, 재산 총액은 30조 6,118억 원에서 48조 3,048억 원으로 58% 증가했다. 중요한 이유는 경제 규모가 커지고 주식시장이 활성화되면서 보유자산가치가 크게 상승한 것이 중요한 부분을 차지했다고 한다. 진보 색채가 강한 정권이 등장하고 나서 부자들에게 별반 유리하지 않은 정책이 나오기도 했지만 시장의 힘이 보여준 실상은 실로 놀랍다. 아마도 앞으로 이같은 현상은 계속될 것으로 보인다. 물론 증시 상황 여부에 따라서 오르고 내리는 현상은 있겠지만 부자가 더욱 더 부자가 되는 현상을 막을 수 있는 여지는 별로 없다.

이런 빈부격차의 확대는 두 가지 현상을 가져올 수 있다. 하나는 체념이고 다른 하나는 질투와 시기심이다. 물론 보통 사람들은 자신이 도저히 따라갈 수 없는 엄청난 부호들에게는 대부분 질투나 시기심보다는 체념에 가까운 감정을 가지게 될 것이다. 그러나 사람은 그룹사고의 특징을 갖고 있다. 그러니까 나와 특정인이나 특정 그룹을 비교하는 것에서는 포기하거나 체념할 수 있지만 내가 속한 그룹과 다른 그룹 사이의 상대적 격차에 대해서라면 이야기가 달라질 수 있다. 여기서는 분노, 실망, 섭섭함 그리고 좌절감 등 다양한 감정이 표출될 수 있다.

여기서 두 가지 현상을 예상해보는 일이 가능하다. 하나는 개인이 느끼는 행복감이 앞으로 더 높아질 가능성이 있는가라는 점이다. 나는 이 부분에서는 크게 낙관하지 않는다. 높은 기대감에다 빈부격차의 확대 그리고 비교대상의 확대에 따라서 사람들이 자신의 삶에 만족하는 정도는 낮아질 수밖에 없다. 물론 대안은 얼마든지 있다. 개인적으로 그런 문제에 대해서 다른 대상과의 비교가 아닌 자신의 과거와 현재를 중심으로 사고할 수 있다면 얼마든지 행복감을 더 느낄 수 있다. 그러나 보통 사람들이 이런 자세를 선택하기는 쉽지 않을 것이다. 다른 하나는 빈부격차의 확대가 가져오는 사회적인 소요와 같은 문제점을 생각해볼 수 있다. 평화 시에는 이런 상황을 가정하기 힘들지만 예상치 못한 상황의 전개는 얼마든지 일어날 수 있다.

그리고 다른 한 가지 예상은 정치 분야에서 이 같은 확산이 가져올 수 있는 효과는 무엇인가라는 점이다. 나는 보통 사람들의 기대감이 훨씬 높아지는 점을 고려해서 어떤 국가라도 지속적으로 나라 경제가 일정 수준 이상 성장할 수 있는 데 정책의 최우선점을 두어야 한다고 생각한다. 그런 상황을 만들어내는 데 실패하는 경우, 성장의 과실이 특정 계층에 지나치게 유리하게 배분되고 있다는 판단을 공유하는 그룹이나 계층들이 정치적으로 선택할 수 있는 수단은 재분배에 더욱 역점을 두는 정치 세력에게 표를 더해주는 일이 될 것이다. 이런 점에서 우리 사회가 어떤 방향으로 가게 될지 현재로서는 확신할 수 없다. 다만 특별한 실수가 없다면 정부는 성장 촉진책을 계속해서 내놓을 것이고 이런 과정에서 빈부격차는 확대되겠지만 많은 사람들이 성장의 과실 가운데서 자신도 일부를 가질 수 있다는 확신을 갖게 된다면 정치 세력의 성격 면에서 큰 변화가 일어날 가능성은 낮아질 것이다.

정치란 표를 얻어야 가능한 것이다. 사람들의 변하는 욕망을 충족시키지 못하는 정치적 아젠다를 제시하는 정치세력이 집권에 성공하거나 정치적 영향력을 확대하는 일은 현실적으로 많은 어려움을 갖게 될 것이다. 지나치게 강한 진보 색채 정치세력이 점점 더 위축될 가능성은 여기에서 찾을 수 있다. 그러나 다수의 사람들이 미래에 대한 기대감을 가질 수 없는 경우가 발생한다면, 그 반대 상황이 일어날 가능성은 있다. 물론 가능성은 낮지만 말이다.


## 대응 욕망의 현실화는 긍정과 낙관의 힘으로


사람들의 욕망이 '더 많이, 더 빨리, 그리고 더 효율적으로'를 추구하는 한 성장세는 더욱 더 힘을 받게 될 것이다. 세계경제의 단기적인 조정과정에서 미래를 비관적으로 보는 사람들도 있지만 머지않아 긍정론이 지배하는 그런 세상을 목격하게 될 것이다. 하지만 그런 성장에도 불구하고 격차와 확대라는 현상으로부터 자유로운 나라는 드물 것으로 보인다. 그렇다면 개인의 입장에서 선택할 수 있는 한 가지 대안은 더 성장성이 높은 분야에서 적절한 리스크를 안으면서 자신의 경력을 관리해나가는 것이다. 물론 단기적으로 지나치게 안정성이 높은 분야를 선택할 수도 있지만 미래 사회 욕망의 진화라는 면에서 보면 자신만이 독야청청하는 그런 자리를 유지하기는 무척 힘들 것이다. 욕망의 진화가 개인에게 던지는 메시지는 단호하다. 아주 예외적이지 않다면 적절한 리스크를 안고 항상 더 높은 곳을 향해서 빠르게 움직일 수 있어야 한다는 것이다. 특히 나이가 젊고 활동 기간이 긴 사람들일수록 안정이란 한때의 구호에 자신의 행동반경을 미리 제한하지 않도록 해야 한다. 현재의 불확실성에 지나치게 사로잡힌 나머지 큰 그림을 보는 데 실패하지 않도록 해야 한다.

그러나 행복이나 심적 안정감의 회복에 대해서는 자신만의 독특한 방법을 갖고 있어야 한다고 본다. 그것은 쉽지 않은 일이긴 하지만 가급적이면 타인과의 비교 대상을 스스로 조정하는 문제다. 이웃의 삶이 아닌 자신의 삶을 중심으로 삶을 바라보는 방식을 선택하지 않는 한 물질적인 수준 향상에 따라서 행복감의 수준을 끌어올리는 일은 힘들다고 본다.

한편 한 국가가 개개인의 마음속에 일어나는 욕망에 직접적으로 영향을 미칠 수 있는 수단은 없다. 그리고 욕망을 낮추기 위한 특별한 방법이 있는 것도 아니다. 어쩌면 미래에 대한 기대감을 높이고 현재의 보상을 어느 정도 미루도록 요구하는 일은 정치하는 사람들에게는 꼭 필요한 요소라 할 수 있다. 아무리 성장을 위해서 우호적인 환경이 조성되고 기대한 만큼의 성장을 거두어들인다 하더라도 상대적인 박탈감을 크게 낮추는 일은 공공정책으로 불가능한 일이라 생각한다. 때문에 귀한 자원을 상대적 박탈감 해소를 위한 공공정책에 사용하는 잘못을 범하지 않도록 해야 한다. 이런 점에서 생필품 가격에 대한 규제나 보조금 지불에 대해서는 어느 정도 이해할 수 있지만, 생필품을 넘어서는 상품이나 서비스에 대해 재정을 지출하는 의사결정은 인기영합정책의 대표적인 사례에 속한다고 할 수 있다.

한 국가의 성장이나 발전에 관심을 갖는 사람들이라면 사람들이 이미 갖고 있는 높은 욕망을 충분히 활용할 수 있어야 한다. 이는 그런 욕망을 현실화하기 위해서 필요한 정책들의 성격을 적극적으로 홍보하는 일이다. 여전히 진보 색채가 강한 지식인들을 중심으로 신자유주의 성격(?)의 정책에 대한 집요한 공격은 계속될 것이다. 그러나 그 반대 정책을 선택할 때만이 여러분의 욕망이 충족될 수 있다는 논리나 사실을 사건이 터질 때만 사용할 것이 아니라 평소에 조직적으로 보통 사람들에게 알릴 수 있도록 노력해야 한다.

# 냉철하게 바라보고, 다부지게 준비하자!

살아가면서 하나 둘 익히게 되는 삶의 지혜라는 것이 있다. 그 커다란 지혜 중 하나가 바로, 광풍이나 해일에 비유할 수 있는 상황이 발생하면 특정 현상에 압도되지 않도록 노력해야 한다는 사실이다. 그러니까 이런 돌발 상황과 마주칠 때는 평소보다 더 냉정하게 그리고 객관적으로 상황을 바라보려고 노력해야 한다는 점이다. 유행에 휘둘리거나 지나치게 귀가 얇아지면 특정 현상에 좌지우지 끌려다니게 되고 그 결과 잘못된 판단과 잘못된 행동으로 이어지게 된다.

이 책의 집필을 마칠 즈음, 현재 세계시장은 '미국 금융자본주의의 붕괴 내지 몰락'이라고 부를 정도로 경제 위기감이 한껏 고조되어 있다. 이러한 때일수록 사건이나 현상의 이면에 실린 깊은 경제적 사회적 의미를 읽어낼 수 있다면 우리는 미래를 제대로 준비할 수 있을 것이다. 일단 눈앞의 사건에 주목해야 하지만 지나치게 현재 사건에 집착하지 말고 조금 더 큰 그림을 볼 수 있다면 세상의 흐름을 제대로 읽어낼 수 있을 것이다. 허황되다고 표현할 정도로 지나친 낙관론을 가지고 살아가는 것도 바람직하지 않지만 대형 사건들에 혼이 빠진 나머지 현재와 미래를 지나치게 우울하게 본다면 그것도 분명 큰 문제인 것이다.

본문에서 말했다시피 다수의 경제학자들은 경기침체를 늘 생활인들보다 본능적으로 좀 더 길게 보는 경향이 있다는 것을 염두에 두어야 한다. 그들은 경기 전망에서 늘 보수적인 시각을 제시하므로 보통 사람들은 그들의 전망보다 '좀 더 낙관적이고, 공세적이고, 주도적인' 관점을 유지할 필요가 있음을 다시 한 번 강조하고 싶다.

지금까지 글로벌 환경 변화의 13가지 주요 현상들을 살펴보았는데, 각 현상들의 미래 방향은 향후 3년을 전후해서 일어날 수 있는 가능성이 높은 것들을 전망해본 것이며, 이와 함께 각 현상들마다 의사결정이나 행동 과정에서 고려해야 할 일들을 정리해보았다.

누구든지 자신의 관점과 지식을 중심으로 미래를 내다보기 때문에 이따금 여러분의 생각이나 판단 그리고 의견과 차이가 나는 부분이 있었을 것이다. 그리고 차이 나는 의견에 대해서는, 아 이렇게 볼 수도 있구나 하고 너그러운 마음으로 받아들였으리라 믿는다. 결국 미래 내다보기는 자신만의 독특한 의견을 만들어가는 과정이라고 생각한다. 그렇다면 가장 효과적인 미래 준비는 이 사람 저 사람 모두의 의견을 참조해서 자신만의 의견을 새롭게 구축해가는 과정이 될 것이다.

　이 책은 미래에 대한 나의 호기심에서 시작되었지만, 궁극적으로는 독자들이 현재에 대한 지나친 집착을 떠나 조금 냉정한 시선으로 세상 흐름을 파악하고 미래를 준비하는 데 도움이 되었으면 하는 바람에서 집필된 것이다. 가파를지언정, 미래는 더 높고 푸르다. 우리는 현재와 함께 미래 또한 결국 우리 자신이 건설하고 혜택 받아야 할 몫임을 잊지 말아야 한다.
　미래에 대한 여러분만의 의견을 만들고 조합해가는 과정에서 필자의 판단이나 지식이 하나의 훌륭한 재료가 될 수 있기를 바란다.

| 참고문헌 |

1. 쑹훙빙. 『화폐전쟁』, 랜덤하우스, p.481.

2. 앙드레 코스톨라니, 『돈, 뜨겁게 사랑하고 차갑게 다루어라』, 미래의 창, p.49.

3. 임지은(JP모간 한국 담당 수석이코노미스트), 「글로벌 경제의 5가지 궁금증」, 『조선일보』, 2008. 8. 23.

4. 김영진, 「세계석학들의 지구촌경제 긴급진단」, 『조선일보』, 2008. 7. 7.

5. 짐 로저스, 『불 인 차이나(A Bull in China)』, 에버리치홀딩스, pp.131~135.

6. 김경원, 「조만간 70달러대로 빠질 것」, 『조선일보』, 2008. 6. 16.

7. 이지훈 외 3인, 「원자재가격 급등원인과 전망」, 삼성경제연구소, 2008. 4, pp.16~17.

8. Edward McBride, 'A ravenous dragon', *The Economist*, March 13th 2008.

9. 「이머징마켓들이 더 이상 '이머징'하지 않을 때는 언제인가?」, University of Pennsylvania, Wharton Business School, Knowledge@Wharton, 2008. 3. 5.

10. 김정호, '지구온난화 담담하게 맞이하자', 「지구온난화는 자연현상이다」, 자유기업원 기자간담회, 2007. 8. 2.

11. 기 소르망, 『경제는 거짓말을 하지 않는다』, 문학세계사, p.354.

12. 조영일, '지구온난화는 재앙이 아니다', 「오피니언 리더스 다이제스트」, No.147, 자유기업원, 2007. 10. 4.

13. 조현재 외, 『그린머니』, 매일경제신문사, pp.20~21.

14. 김승범, 「태양의 아들 돈을 쫓지 마시오 돈을 세지 마시오」, 『조선일보』, 2008. 6. 28.

15. 서명수, 『인민복을 벗은 라오바이싱』, 아르테, pp.165~167.

16. 장윤미, 「공식통계 뒤에 감춰진 중국의 실업문제」, 『친디아저널』, 2007. 7. p.6.

17. 김광수경제연구소, 「한국경제의 도전」, p.17.

18. 오마에 겐이치, 『부의 위기』, 국일증권 경제연구소, pp.176~177.

19. 최용식, 『거짓말 경제학』, 오푸스, pp.101~102.

20. 김동성, 「W은행 인기펀드, 3년 만에 깡통위기 파문」, 『데일리서프』, 2008. 9. 3.

21. 이태훈 외 2인, 「국내투자자 펀드 손실 13조 원」, 『동아일보』, 2008. 9. 13.

22. Pallab Ghosh, 'Warning sounded on web's future', BBC News, 15 Sep. 2008.

23. 한동철, 『부자도 모르는 부자학개론』, 씨앗을 뿌리는 사람, pp.7~8.

24. 로버트 프랭크, 『리치스탄』, 더난출판사, p.10.

25. 로버트 프랭크, 『리치스탄』, 더난출판사, p.335.

26. Gabor Steingart, 'America's Middle Class Has Become Globalization's Loser', *Spiegel*, October 24, 2006.

27. 「피라미드 밑바닥 40억 소비자를 잡아라」, 『동아일보』, 2008. 1. 23.

28. Marcos Aguiar and others, 'Decoding the Next Billion Consumers', The Boston Consulting Group, November, 2007.

29. Dilip Ratha et al, 'Remittance Trends 2007', Developing Prospects Group, Migration and Remittnace Team, Nov 29, 2007.

30. 윤상하, 「글로벌 인구-소득 전망으로 본 차세대 유망시장」, LG경제연구원, 2007. 12. 18, p.3.

31. David C. L. Nellor, 'The Rise of Africa's Frontier Markets', *Finance & Development*, September 2008, p.30, 33.

32. 토머스 프리드먼, 『렉서스와 올리브 나무 2』, 창해, p.511.

33. 제임스 B. 트위첼, 『럭셔리 신드롬』, 미래의창, pp.30~31.

34. 로버트 라이시, 『슈퍼자본주의』, 김영사, pp.92~93.

35. 조일훈, 「삼성, 전 계열사 M&A 나서라」, 『한국경제신문』, 2008. 10. 14.

36. Yuka Hayashi, 'Japan Adds Factories at Home', *Wall Street Journal*, 13 June, 2007.

37. 「中 원저우에 부는 찬바람…4만 기업 도산」, 『미주세계일보』, 2008. 7. 5.

38. 폴 크루그먼, 『미래를 말하다』, 현대경제연구원books, pp.69~70.

39. 장하준, 『나쁜 사마리아인들』, 부키, p.318, 322.

40. 최용식, 『거짓말 경제학』, 오푸스, pp.72~76.

41. 폴 크루그먼, 『미래를 말하다』, 현대경제연구원books, pp.340~342.

42. 폴 존슨, 『지식인의 두 얼굴』, 을유문화사, pp.627~628.

43. 우석훈 · 박권일, 『88만원 세대』, 레디앙, p.62.

44. 최용식, 『거짓말 경제학』, 오푸스, pp.85~89.

45. 김희섭, 「출산율 높일 수 없다면 이민을 받아들이세요」, 『조선일보』, 2008. 9. 13.

46. 앨런 그린스펀, 『격동의 시대』, 북@북스, p.542.

47. 그레그 이스터브룩, 『진보의 역설』, 에코리브르, pp.205~206.

KI 신서 1578

공병호의 미래글로벌 키워드 **13**

## 3년 후, 세계는 그리고 한국은

**1판 1쇄 발행** 2008년 11월 15일
**1판 2쇄 발행** 2008년 11월 17일

**지은이** 공병호　**펴낸이** 김영곤　**펴낸곳** (주)북이십일 21세기북스
**기획** 이승희　**편집** 홍우진　**디자인** 네오북　**마케팅** 주명석　**영업** 최창규
**출판등록** 2000년 5월 6일 제10-1965호
**주소** (우413-756) 경기도 파주시 교하읍 문발리 파주출판단지 518-3
**대표전화** 031-955-2100　**팩스** 031-955-2151　**이메일** book21@book21.co.kr
**홈페이지** www.book21.com　**커뮤니티** cafe.naver.com/21cbook

ISBN　978-89-509-1617-6　13320